직업과 경제

직업과 경제

한 만 봉 지음

한국학술정보㈜

직업과 경제란 단어를 놓고 우리는 깊이 있게 생각하여야 한다. 직업에 무게중심을 둘 것인가, 경제에 무게중심을 둘 것인가 둘 중에 선택을 해야 하기 때문이다. 지금 나라가 직업을 찾지 못한 많은 젊은이들과 직업의 존립에 위기를 느끼는 기성세대의 두려움 속에 취업난에 허덕이며, 60만 실업이니 20대 실업이니 하면서 실업난으로 모두들 불안해하고 있다. 물론 수치상의 직업은 그리 모자라지 않는다. 그러나 구직자들의 자존감을 채우고 가치성을 부여할 수 있는 직업이 그리 넉넉하지 않은 것이 지금의 구직난의 원인으로 지목되고 있다. 실업난을 해결할 수 있는가? 직업을 선택하고 그 직업이 과연 평생직장이 될 것인가 ?

그렇다면 어떠한 직업이 구직자들의 자존감과 가치성을 만족시킬 수 있는 평생직장이 될 것이며 그것이 과연 경제적인 안정과 부를 가져다 줄 것인가를 우리는 깊이 있게 생각해 보아야 할 것이다.

소위 좋은 직업을 찾는 구직자들은 어떠한 기준을 가지고 있는가?

무슨 직업을 찾기에 이리도 욕구를 충족시킬 직업이 없단 말인가?

직업은 시대의 변천에 따라 다양한 의미로 불려 왔고 우리의 관념에 인식되어 왔다. 또한 직업은 신성한 것, 하늘이 주는 것, 인류의 역사와 함께한 것 등 많은 정의가 있어 왔다. 이제 현대에 이르러 직업은 자본주의 사회에 적응하기 위하여 필수 불가결한 경제적 재화를 획득하기 위한 가장 기본적이고 중심이 되는 개념이라고 할 수 있다. 이러한 직업으로 그 사람을 평가하는 시대에 이르렀다. 그 직업을 보고 그 사람의 모든 것을 평가하는 판단의 기준이 되고 있다는 말이다. 별 볼

일 없는 직업이라는 인식이 들면 그 직업에 종사하는 사람이 아무리 뛰어난 지혜와, 지식과, 능력을 소유하였더라도 무시하고 평가절하를 시키는 시대에 우리는 살고 있다. 의사, 변화, 박사, 교수, 연구원, 대기업에 다니면 사람의 인격과 실력을 아랑곳하지 않고 높게 보고, 막노동, 환경미화원, 수위 등을 하면 어딘가 질 낮은 사람으로 보는 그런 관점이 어느 순간부터인가 생겨났다.

그렇다면 앞서 말한 좋은 직업이란 어떠한 것이며 이를 규정짓는 요소는 무엇이 있을까? 수없이 많은 사람들의 수없이 많은 가치관은 셀 수 없을 만큼의 다양한 의견을 내놓을 것이지만 나는 몇 가지를 들고 싶다.

무릇 좋은 직업 다시 말해 만족스런 직업이란 다음과 같은 욕구를 충족시킬 수 있어야 한다.

그 한 가지는 행복이다. 자신이 좋아하는 일을 하는 것, 자신의 적성에 맞는 일을 하는 것, 자신이 즐겁게 잘할 수 있는 일을 하는 것을 말한다. 일하는 곳에서 행복을 느껴야 한다. 이것은 일을 더 잘할 수 있는 동기부여가 되는 것이기 때문이다. 그리고 또 한 가지는 대가성이다. 현대와 같은 자본주의 시스템 또는 화폐시장이 형성된 사회에서 적절한 보상이 되는 급여는 직업의 필수적인 중요 요소이다. 적절한 대가가 따르지 않는 직업은 절대적으로 오랜 기간 지속되기 힘든 법이다. 아무리 좋아하는 일이라도 너무 형편없는 급여를 수반하면 곧 근로의욕의 저하를 불러온다. 무료로 봉사하는 마음을 갖고 일한다지만 그것이 지속되면 생계를 위협하고 생활이 안 되기에 경제적인 인센티브는 꼭 필요한 것이다.

그리고 마지막으로 비전이다. 적절한 급여가 그 직업의 구체적, 개인적, 현실적, 현재적 가치성이라면 비전은 그 일의 추상적, 사회적, 명분적, 미래적 가치성, 그리고 지속성을 결정한다. 무릇 직업은 그 직업에 존재하는 사람의 미래를 현재보다 발전적이도록 할 수 있어야 하며, 가시적인 미래의 자신의 모습을 예측할 수 있어야 하며, 사회적인 의미를 보여줄 수 있어야 한다. 이러한 것이 뒷받침되는 직업이라면 지속가능성 있는 직업이 될 것이다.

직업과 경제는 직업에 대한 가치관을 정립해주고, 경제에 대한 마인드를 높여주는 역할을 한다. 우리 모두 직업에 대한 높은 꿈과 비전을 갖고 자기에게 맞는, 꼭 필요한 직업을 얻어 경제력과, 삶에 원동력이 있는 삶을 누리길 바란다.

이 책이 출판되기까지 도움을 주신 한국학술정보(주) 사장님과, 강태우 출판기획팀 팀장님, 정보제공에 힘을 쏟아주신 공주대학교 산업과학대학원 석사과정 조명연 선생님, 교정 및 오타를 손봐주신 미래에셋 FC 장석숙 선생님, 현장에 있는 이야기를 학문과 결합시켜주신 홍성군 자원봉사센터 코디네이터 김영미 선생님, 힘들 때마다 위로와 격려를 해 주신 고려대학교 인문대학 학장님이셨던 김동규 교수님, 고려대학교 부총장님이셨던 표시열 교수님, 성남기능대학 학장님이셨던 민영오 학장님, 성균관대학교 박사과정 지도교수님이신 정덕희 교수님께 감사를 드립니다.

이 책을 통하여 직업과 경제에 대한 가치관이 정립되고, 삶에 힘을 얻는 계기가 되길 바랍니다. 이 책을 처음부터 끝까지 초심을 잃지 않고 읽다보면 진정한 학문하는 지식의 즐거움을 맛보게 될 것이다.

2008. 12. 고려대학교 중앙도서관에서
한만봉 씀

목 차

| I |

직업과
경제
개념정의

1. 경제주체와 객체

1) 경제주체란

직업과 경제를 이해하기 위해서는 경제의 개념을 바로 알아야 한다. 그 중에서 경제의 주체와 객체를 알면 경제가 보이고, 그 보인 경제를 통하여 바람직한 직업의 양상들을 논하여 볼 수 있겠다. 우선 경제주체란 스스로의 의지나 판단에 따라 의사를 결정하고 행위나 작용을 일으키는 대상을 가리키는 말로 경제주체란 스스로의 의지나 판단에 따라 경제행위에 관한 의사를 결정하고 경제행위를 독립적으로 수행하는 대상, 또는 경제활동을 담당하는 행위자를 말한다. 독립적으로 경제행위를 결정하고 스스로 경제활동을 할 수 있는 경제주체로 가계, 기업, 정부, 외국이 있으며 기업에 자신의 생산요소를 공급하고 그 대가로 받은 보수로 소비지출을 하는 가계를 소비의 주체, 개인으로부터 생산요소를 구입하여 생산을 하는 기업을 생산의 주체라 하고 이 가계와, 기업 두 경제주체만으로 구성된 경제를 민산경제라 한다. 가계와 기업에게서 세금을 징수하고 이를 지출하는 재정활동을 하는 정부와 무역을 통한 수출입활동을 하는 외국은 생산과 소비 양 측면에서의 주체가 된다.

(1) 우리 경제의 구성
  ① 경제주체와 경제객체

○ 경제주체 - 가계(소비자), 기업(생산의 주체), 정부
○ 경제객체 - 재화, 용역(서비스)
② 기업의 경제활동:
○ 생산: 재화와 서비스의 생산,
○ 분배: 생산요소의 사용에 대한 대가 (임금, 지대, 이자) 지불
③ 가계의 경제활동:
○ 소득: 기업에 생산요소를 제공한 대가
○ 지출: 기업의 생산물 구입 및 소비
④ 정부의 경제활동:
○ 생산자와 소비자의 경제활동 지원
○ 경제질서 유지
○ 경제 사회 보호

2) 경제객체

경제객체는 경제행위의 대상이 되는 것으로 경제주체에 대한 개념이다. 경제객체에는 재화와 용역의 두 가지가 있다. 여기서 재화란 비물질적 형태인 용역, 경제재와 함께 물질적 형태로 존재하는 유형의 경제활동 과정에서 효용을 갖는 대상물을 이르는 말이다. 유형의 재화라고도 하며 자동차, 쌀, 책, 연필, 컴퓨터와 같이 형태를 갖는 유형물로서 경제주체에서 소용이 되는 물건으로 우리 인간의 욕망을 충족시킬 수 있는 대상물을 말한다. 인간에게 유익한 유형의 어떤 것으로 정의하기도 하며 광의의 개념으로 말하는 재화에는 무형의 용역도 포함된다. 재화는 크게 생산자재와 소비자재, 내구재, 자유재와 경제재 등으로 구분된다. 동일한 재화라 할지라도 누가 구입해서 어떠한 목적으로 사용하는가에 따라 생산자재가 되기도 하고 소비자재가 되기도 한다.

즉 집에서 먹거리를 만들 재료로 소비자가 구매하는 밀가루는 소비자
재이나 식빵공장에서 생산할 빵의 생산원료로 생산업자가 구매하는 밀
가루는 생산자재가 된다. 생산자재와 소비자재를 각 각 생산재와 소비
재로 부르기도 하며 생산재는 다시 본원적 생산재와 생산된 생산재로
구분하기도 한다. 본원적 생산재는 원래부터 존재해 있는 생산자원이자
생산요소인 토지와 노동을 말하며 생산된 생산재는 생산자원인 토지,
노동, 자본의 투입 결과 만들어진 자본재나 중산 생산물 을 말하는데
이렇듯 생산재에는 중간재와 원재료 기계 설비 들이 포함된다. 재화는
사용회수 또는 사용기간에 따라 단기간 또는 한번이나 몇 번 쓰면 사
용할 수 없는 단용재, 장기간에 걸쳐 여러 번 사용할 수 있는 내구재
로 구분하기도 한다. 자유재란 공기나 햇볕과 같이 사용가치는 있으나
그 존재량이 무한히 많아 대가, 즉 돈이나 노력을 거의 들이지 않고서
도 얻을 수 있는 재화를 말하고 경제재란 그 존재량이 한정되어 있어
대사, 즉 돈과 노력을 지불해야만 얻을 수 있는 것으로 우리가 말하는
대부분의 재화가 이에 해당한다. 주의할 것은 일반적으로 자유재라 말
하는 것도 어떤 조건하에 경제재가 되는데 예를 들어 공기가 없는 바
다 속이나 연소가스로 심하게 공기가 오염된 화재현장에서 자유재인
신선한 보통의 공기를 얻기 위해선 상당한 비용이 지불 되어야 하기에
경제재가 된다는 것인데 이러한 경우와 같이 특정 조건하에서 경제재
로 바뀔 수 있는 자유재를 가리켜 상대적 자유재, 그렇지 않은 것을
가리켜 절대적 자유재라 한다. 특정한 상황을 조건지우면 거의 모든
자유재가 상대적 자유재라 하겠으나 통상적으로 바람과 햇볕은 절대적
자유재로, 물과 공기는 상대적 자유재로 구분해 오고 있다. 또 자유재
는 우리 인간에게 유용한 것이나 경제객체는 아니며 경제객체에서 말
하는 재화란 경제재와 인간이 제도적으로 만들어 낸 추상의 상품권리
인 물권과 채권 및 영업권과 특허권 등의 준 경제재를 말한다.

　이러한 자유재와 경제제의 구분은 희소성의 유무에 따라 구분하는
것으로 가격구조와 관련해 생각해 보면 이해가 쉽다. 즉, 수요-공급법

칙에 따라 가격이 오르면 공급이 증가하고 수요가 감소하며 반대로 가격이 내리면 수요가 증가하고 공급이 감소하게 되는데 자유재는 희소성이 없기에 가격이 0원인 공짜일 지라고 가격과 수요에 무관하게 초과공급이 지속적으로 발생하는 재화이며 희소성의 원칙과 수요－공급법칙에 따라 수요와 공급이 가격에 따라 조적되고 변화라는 재화가 경제재이다. 하지만 과거 자유재였던 재화가 환경오염과 도시 문명화, 인구증가 등의 이유로 점차 경제재로 변화되어가고 있는데 대표적인 것이 바로 위에서 예를 든 물과 공기이다. 여기서 경제재가 재화자체의 쓸모, 즉 효용보다 주어진 조건, 즉 처한 환경에 의해 상대적으로 구분되는 것을 확인할 수 있는데 이는 곧 희소성에 의해 재화의 성격과 가치가 달라질 수 있음을 말하는 것이다. 즉 원하는 것을 얻기 위해 비용이 드는 상황인가 아닌가에 따라 자유재가 되기도 하고 경제재가 되기도 한다는 것인데, 비오는날 저수지에서 떠 올린 깨끗한 물 한 잔과 오하시스 하나 없는 사막한 가운데서 길을 잃고 헤매는 사람이 가진 마지막 물 한 잔을 동일한 용도와 크기의 재화이나 그 가치와 효용은 희소성의 차이로 인해 극과 극의 차이가 발생하는 경우로 각 기 처한 상황에서 원하는 물 한컵 을 얻기 위해 지불할 비용을 서로 비교해 본다면 동일한 재화라 할지라도 어느 상황에서 자유재가 되고 경제재가 되는지를 판단하는 일은 그리 어렵지 않을 것이다. 자유재와 경제재의 구분을 더욱 세분화하며 먼저 재화를 자유재와 비자유재로 구분하고 비자유재를 경제재와 비경제재로 나누는 경우도 있다. 이 때 비자유재는 위의 경제재의 정의 그대로 존재량이 한정되어 있어 대가, 즉 돈과 노력을 지불해야만 얻을 수 있는 것을 뜻하며 이러한 비자유재 중에서 남에게 양도할 수 없는 출생, 국적, 지위, 자격, 권력 등의 것을 제외하고 남에게 자유로이 양도할 수 있는 것을 가리켜 경제재라고 말한다. 이 정의에 의하면 우리가 말하는 대부분의 재화는 비자유재, 그 중에서도 경제재에 속하며 경제재는 다시 채권, 물권, 영업권, 특허권과 같은 빗물질재와 쌀, 책, 연필, 컴퓨터와 같이 특정한 물질적 형태를 갖

춘 물질재로 구분할 수 있다. 빗물질재는 위에서 말했듯 준경제재 또
는 관계재라 말하기도 하는데 위에서 경제재와 별도로 준경제재를 나
누었으나 이 곳에서는 이를 경제재 내에 포함 시켜 경제재의 일 부류
로 분류한 것이다. 어떤 재화의 가격이 하락할 때 수요-공급의 법칙
을 위배해 오히려 구입량이 감소하는 재화를 가리켜 기펜재라 한다.
이러한 기펜재는 열등재의 일종으로 소득효과와 대체효과가 반대로 나
타나며 소득효과가 대체효과 보다 더 큰 경우 발생하나 현실 속에서
거의 찾아보기는 힘들고 열등재 중 지출비중이 충분히 큰 재화들에서
확인해 볼 수 있다. 이 기펜재에 속하는 재화로는 마가린, 감자 등이
있다. 소득수준에 관계없이 모든 사람들에게 필요한 재화 또는 용역을
가리켜 메리트재라 한다. 즉 우리가 현실생활에서 공공재적 성격을 띠
는 의료보건, 주택, 교육, 음식물, 전기, 가스 등의 재화가 이에 해당한
다. 이와 반하여 비공공재적 형태로 극히 소수의 사람들이나 특수한
계층, 또는 특별한 경우에만 사용되는 재화와 사회에 유해한 것으로
간주된 재화들을 가리켜 메리트재와 관련해 비메리트재라 한다. 고가의
사치품, 기호품, 마약, 담배 등이 이에 해당한다. 메리트재는 소비경합
성을 갖추고 있기에 시장을 통한 공급과 수요의 조절이 이루어지고 있
으나 시장자율에만 맡길 경우 시장실패로 인한 시장의 왜곡과 사회병
폐의 확산에 따른 사회 불안 및 삶의 질 하락과 인간의 존엄성을 해치
는 심각한 문제는 야기할 수 있으므로 정부의 개입이 필요하게 된다.

3) 시장경제

시장경제는 자유경쟁의 원칙에 의해 시장에서 재화나 서비스의 가격
이 형성되는 경제체제를 말한다. 시장경제라는 말은 경제학상의 용어는
아니지만 일반적으로 사회주의 경제를 계획경제라고 부르는 데 대한 자

본주의의 경제를 이렇게 부른다.

자유주의경제체제에서는 모든 경제주체의 생산활동은 자유로우며, 시장에서의 물품구입도 자유의지에 의해 이루어진다. 이 같은 흐름을 일견 너무 자유로워 무질서한 경제활동처럼 인식되기 쉬우나 그것이 자연스럽게 질서를 유지할 수 있는 것은 가격이라고 하는 메커니즘이 시장에서의 상품매매를 성사시키고, 또 이것을 근거로 생산과 소비를 조정할 수 있기 때문이다. 이러한 경제의 특장은 장기적으로 보아 가격의 자유로운 흐름에 따라 자원의 합리적 분배가 이루어진다는 점에 있다.

시장경제라는 용어는 제2차 세계대전 후부터는 사회주의국가에서도 사용되기 시작하였으며, 따라서 시장경제의 메커니즘은 이들의 중앙집권적 계획경제에 부분적으로 적용되어 갔다. 그것은 비록 계획경제에 의해 가격과 생산량이 결정되었다 하더라도 소비자의 기호에 따라 결국 생산량과 수요량은 일치할 수 없게 된다. 여기에 시장 메커니즘이 개입됨으로써 가격과 수급이 조정되고 시장은 원활히 제 가능을 발휘하게 된다.

이에 계획경제에 의하여 가격을 결정하는 경우라도 시장경제의 수급 균형화작용을 활용해야한다는 주장이 대두되었으며, 이와 관련 1930년대에 F.A.v.하이에크, L.E.v.미제스 등은 사회주의경제하에서의 경제운영불가론을 내세운 데 대하여 F.M.테일러, O.R.랑게 등은 경쟁적 사회주의를 제창, 사회주의경제 불가론을 주창하였다.

4) 수요와 공급(수급) 불균형과 소득분배

시장경제의 특장(特長)은 장기적으로 보아 가격의 자유로운 흐름에 따라 자원의 합리적 분배가 이루어진다는 점에 있다. 시장경제라는 용어는 제2차 세계대전 후부터는 사회주의국가에서도 사용되기 시작하였으며, 따라서 시장경제의 메커니즘은 이들의 중앙집권적 계획경제에 부분적으로 적용되어 갔다. 그러나 그것은 비록 계획경제에 의해 가격과 생산량이 결정되었다하더라도 소비자의 기호에 따라 결국 생산량과 수요량은 일치할 수 없게 된다. 여기에 시장 메커니즘이 개입됨으로써 가격과 수급(需給)이 조정되고 시장은 원활히 제 가능을 발휘하게 된다. 반대로 수급일치로 가는 과정에서 분배의 불균형이 발생하여, 구성원간의 소득격차가 발생한다.

시장경제체제(market system)는 사유재산제도에 기초하여 모든 경제주체들이 시장가격에 따라서 자율적으로 선택하는 가운데 기본적인 경제문제가 해결되는 경제체제이다. 이러한 시장경제체제는 전통적 경제체제나 계획경제체제가 가지지 못한 여러 가지 장점을 가지고 있다.

첫째, 시장경제는 신축성이 있고 변화에 적응하는데 어려움이 적다. 전통경제체제에서처럼 변화가 거의 눈에 띄지 않거나 억제되지도 않고, 계획경제체제에서처럼 변화가 급격하거나 소비자에게 억지로 강요되지도 않는다.

둘째, 생산 및 소비의 자유이다. 생산자들은 그들이 팔릴 것이라고 생각되는 것을 무엇이나 생산할 자유가 있다. 또한 생산자들은 가장 효율적인 방법으로 그들의 생산품을 생산할 자유가 있다. 또한 소비자들은 그들이 원한다면 어떤 상품이라도 그 대가를 지불하고 구입할 수 있다.

셋째, 정부가 지나친 간섭을 하지 않는다는 것이다. 국방이나 치안 등을 제외하고는 정부는 되도록 생산자와 소비자의 행동에 간섭하지 않으려고 한다. 일반적으로 생산자들간에 경쟁이 존재하는 한 시장경제는 잘 돌아가게 되어 있다.

넷째, 의사결정과정이 분권화되어 있다. 시장경제에서는 날마다 사람들에 의해 헤아릴 수 없는 종류의 경제적 결정이 내려진다. 총체적으로 이러한 결정들은 소비자들이 선호하는 재화 또는 용역의 생산에 상대적으로 부족한 자원들을 효율적으로 배분하게 된다.

다섯째, 소비자들이 선택할 수 있는 재화나 용역이 엄청나게 다양하

다는데 있다. 실제로 어떤 제품이든 그 제품을 구입할 구매자가 있는
한 생산이 될 것이다.

　여섯째, 시장경제체제하에서는 시장이 그 어느 다른 가격조정기구보
다도 효율적으로 자기가 노력한 만큼 보상을 받을 수 있게 한다.

2. 경제가 사회에 미치는 영향

　우리나라는 급격한 산업화와 도시화의 사회변동 속에서 경제적으로 고도의 성장을 누리게 되었고, 사회적으로도 급격한 제도적 변화가 이루어졌다. 사회의 기본적인 단위인 가족제도도 구조와 기능에 있어 상당한 변화를 보였다. 기존 가족 형태와는 다른 다양한 가족형태의 출현, 가족기능의 사회적 전이. 또는 가족주의가치관 및 가족구성원의 역할변화 등을 들 수 있다. 가족 구조의 변화를 살펴보면 외형적으로는 전통적 확대가족의 감소, 부부 자녀 중심의 단순핵가족에서 파생된 편부모가족, 동거가족, 독신가구 등의 다양한 가족형태로 나타났으며 내부적으로는 성역할이나 가족관계, 가족주의가치관의 변화를 보였다.

　최근 일련의 변화 속에서 주목할 만한 것이 '맞벌이 가족'의 증가이다. 맞벌이가족은 부부가 함께 경제활동을 한다는 면에서 기능적인 측면이나 가족관계 측면에서 새로운 가족형태로 간주할 수 있다. 하지만 이는 남성 중심의 전근대적 이데올로기를 청산하거나 거부하지 못한 상태에서, 가족의 경제적 수준만을 향상시키려는 목적을 앞세우면서 형성된 독특한 가족형태라고 볼 수 있다. 원조경제에 의존하였던 1950년 중반을 지나 1960년대에 접어들면서 본격화된 산업화과정은 정부주도하의 수출위주 경제성장 우선의 대외지향적 정책이었다. 이러한 초기 산업화과정은 급속한 사회변화와 근대화를 가져 왔다. 이와 동시에 정부의 산업화전략에 따른 산업구조개편, 고용확대정책 등이 여성의 노동시장참여를 조장하는 요인으로 부각되면서 노동력의 성별구조에도 커다란 변화가 나타나고 여성의 경제활동인구가 급격히 증가하였다. 그러나 이 시기에 한국은 자본주의 세계경제체계에 적극 편입되어 주변국의 종속적 발전을 이루어왔으며, 이러한 발전은 이농현상을 가속화시켜 농촌에서는 여성으로 하여금 생계적 농업노동에 참여하도록 만들고, 도시에서는 비공식 부문의 여서노동참여를 유발시켜 노동력의 양적 팽창에도 불구하고 여성의 지위를 하락시키는 결과를 초래하였다.

초기 산업화단계로 특징지을 수 있는 60년 70년대 우리나라 경제개발정책은 전통적 기술을 요하고 노동집약적 수출산업부문인 봉제 섬유 등의 경공업부문에 주력함으로써, 취업여성의 연령이 매우 낮고, 대부분 저학력 미혼여성들이었으며, 고용형태도 학교 졸업이후 결혼하기 이전까지만 취업하는 단기형이 보편적이었다. 여성노동력의 양적 변화를 보면, 여성의 경제활동참가율은 1963년도 36.3%에서 1987년도 45.0%로 증가하였으며, 여성의 총취업자수는 1963년도 267만여 명에서 1987년 661만여 명으로 증가되어 총취업자의 40.4%에 이르고 있다. 2007년 현재는 여성 대부분이 근로를 원하고 있고 일을 하고 있는 실정이다.

과거처럼 집에서 밥만 하는 그런 관계는 별로 없는 변화로 진행 되었다. 이것은 사회 변화에 여성이 적극 참여하고 사회 변화를 주도 하는 방향으로 바뀌어 갔다는 것이다.

인간은 합리적인 존재이기 때문에 자신에게 보상을 최대화하고, 비용을 최소화하는 행동 혹은 관계를 원한다. 따라서 인간은 능동적으로 자아와 다른 사람과의 관계를 평가하며, 역할 기대와 이익에 대한 가치가 관계에 따라, 보는 상황에 따라 다르다. 인간관계를 서로가 보상을 주는 행동의 끊임없는 교환으로 볼 때, 보상을 주는 관계는 지속될 것이고, 비용이 드는 관계는 단절의 위기에 처해질 수도 있다.

3. 동양전통 경제제도

직업과 경제를 이해하기 위해서 선인들의 경제관념과 경제 활동을 알아보는 것도 중요하다. 특히 동양 전통 경제제도와 경제를 보는 관점은 어떠하였는가를 확인 하여야만 한다.

1) 토지제도

고구려는 농업을 가장 중요한 산업으로 하여 성립되고 운영된 나라이다. 따라서 토지를 둘러싸고 형성된 인간들간의 제관계는 고구려사회의 성격을 보여줄 수 있는 가장 기본적인 요소를 이룬다. 그런데 토지제도가 갖는 이 같은 비중과는 달리 우리에게 전해지고 있는 토지제도 관계자료는 극히 적다.

고구려가 발생한 압록강 중류지역은 청동기문화기에서부터 상당수의 주민들이 모여 정착문화를 이루고 살았다. 따라서 이 지역에는 국가가 성립되기 이전부터 주민들에 의하여 토지가 경작되고 있었다. 그런데 고구려국이 역동적으로 형성되어 가던 기원을 전후한 시기까지도 이 지역에는 집단적인 주민의 유입이 지속되고 있었으며 뒤에는 部로 전화하는 那가 여전히 주민들의 생활공동체로서 자리하고 있었다. 공동체로서의 성격을 상당부분 가지고 있던 那들이 모여 국가를 형성해 가

는 시기에 있어서 토지를 둘러싼 계급간의 갈등은 그리 크지는 않았을
것이다. 주민들이 개인적으로나 가족단위로 이동하지 않고 집단적으로
이동하는 현상에서 나안의 성원간의 토지소유의 문제는 계급적 대결로
나타날 만큼 첨예하지 않았으리라 짐작된다. 그런데 이러한 상황은 나
의 위치나 그것이 이 지역에 터 잡은 시기의 차이 등에 따라 다소의
차이가 있었을 것이다.

　≪三國史記≫에는 琉璃明王 37년(18)에 물에 빠져죽은 왕자의 시신
을 찾아낸 沸流人 祭須에게 왕이 金 10근과 田 10경을 내린 일이 기
록되어 있다. 이는 국초의 일로 믿을 수 없는 기사라 치부할 수도 있
겠지만, 漢나라 玄菟郡의 지배를 일시 받았던 사실이 이 즈음에 있었
으므로 고구려지역에도 중국과 같이 토지의 사유가 어느 정도 진행 중
이었을 가능성을 보여 준다.

　그런데 제수에게 10경의 토지를 주었다고 할 때 그 토지의 소유권을
준 것인지 아니면 공동체적 유대가 강하게 작용하고 있는 형편이었음
으로 그 토지에 대한 점유 및 경작권을 준 것인지는 속단할 수 없다.
현대의 관념으로 보아서는 점유 및 경작권을 주었을 가능성이 더 크지
않을까 한다. 그러나 토지의 매매가 아직 사회적인 관행이 되지 않았
을 당시의 형편에서는, 이 같은 점유 및 경작권은 공동체적인 절실한
필요나 족장의 특별한 조치에 의하여 그 보유 및 경작의 권리가 회수
될 가능성을 안고 있는 것이지만, 실제적으로는 후대의 소유권 못지않
은 개인의 권리로 보장되었을 것이다. 전체적으로 보아 고구려의 건국
초기, 아직도 那나 部의 독자성이 살아있어 공동체적 제약 속에 국가
가 운영되고 있던 상황에서 토지는 주민들간에 배타적이고 경쟁적으로
소유되는 대상은 아니었다고 보인다.

　예를 들면 만여 명의 많은 부여계인들이 부여내의 정치적 변화에 의
하여 압록강유역으로 내려왔을 때 大武神王은 이들을 椽那部에 살도
록 하였다. 그리고 그들 중에서 왕을 뽑아 주었다고 한다. 이렇게 일시
적으로 내려온 만여 명의 주민들을 한 지역에 정착케 할 수 있는 단계

에서 이들 주민들간에 토지소유 규모의 차등과 그를 둘러싼 경쟁이 심화될 상태는 아니었을 것이다. 이들은 각 가정이나 집단의 노동력의 정도 등에 따라 대개는 유사한 정도의 토지를 분배받거나 자연히 점유, 경작하는 상황으로 정착생활에 들어갔으리라 짐작된다.

이같이 토지의 소유가 아직 사회성원간의 치열한 경쟁의 대상이 아니었음은 다른 사료들을 통해서도 짐작해 볼 수 있다. ≪삼국사기≫의 대무신왕본기에 의하면 왕의 5년(22) 3월에 沸流部의 3인의 部長을 자리에서 물러나게 한 사실이 있었다. 그런데 이들의 죄목은 '다른 사람의 妻妾과 牛馬, 財貨를 마음대로 빼앗고 주지 않으려 하면 매를 때린데' 있었다. 여기서 약탈의 대상은 처첩과 우마, 재화였음이 일단 주목된다. 그런데 이에 비해 약 2세기 뒤인 故國川王 12년(190) 9월에 일어난 유사한 사실에서는 이와는 약간 대비되는 점을 볼 수 있다. 역시 같은 ≪삼국사기≫의 고국천왕본기에 의하면 당시의 왕후의 친척들이 자신들의 권한을 빙자하여 다른 사람의 자녀와 田宅을 빼앗아 사람들로부터 원성을 사서 왕으로부터 처벌을 받은 사실이 있었다. 그런데 이때에는 앞의 사실과는 달리 전택이 수탈의 대상이 되고 있음이 주목된다. 이는 약 2세기에 걸친 국가의 발달, 농업의 발전 등에 따라 사회적으로 토지의 중요성이 그만큼 증대된 사실을 보여준다고 여겨진다. 사적 소유의 역사가 점진적으로 진행되어 이제는 공동체적인 유대가 개인들의 생계의 면에서는 거의 작용하지 못하는 상황에 도달하고 있었던 것이다. 이제는 토지소유에 있어 국초의 자연적인 점유나 성원간의 유사한 양의 분점 등의 상황이 역사의 진전과 더불어 변화를 맞고 있었던 것이다. 그 동안의 국가체의 형성과 발전도 이 같은 구성원간의 계급의 형성과정에 힘입은 바 있을 것이며 국가의 발전과정이 계급의 분화를 북돋았을 것도 물론이다. 이 같은 사실은 고국천왕 16년에 있었던 한 사건에서도 드러난다. ≪삼국사기≫의 고국천왕본기에 의하면 고국천왕이 10월 어느 날에 사냥을 나가게 되었다. 그런데 길에서 앉아 울고 있는 이를 만나게 되었다. 왕이 왜 울고 있느냐고 묻자 그

는 "제가 빈궁하여 늘 품을 팔아 어머니를 봉양해 왔는데 금년에는 흉
년이 들어 품팔 곳이 없어 식량을 얻을 수 없게 되어 이같이 울고 있
습니다."라고 하였다. 여기서 이 길에서 울고 있는 농민은 토지의 점유
및 소유를 둘러싼 경쟁에서 몰락해 가는 빈민인 것을 알 수 있다. 그
런데 이같은 자들은 예외적으로 존재한 것이 아니라 국가 사회적으로
다수 존재하고 있었다. 그것은 이 사건에 의하여 백성들에게 봄에 국
가의 곡식을 꾸어주고 추수 후에 받아들이는 賑貸法이 시행된 사실에
서 알 수 있다. 민에 대한 구휼이 법적으로 제도화된 것은 그 만큼 당
시에 공동체적 유대가 해체되어 가면서 주민들간의 경제력의 차이에
따른 분화가 심화되고 있음을 보여 주는 것이다. 3세기 이전의 사실을
전하고 있는 ≪三國志≫東夷傳에 의하면 고구려에서는 "大家들은 농
사를 짓지 않고 坐食者가 만여 구이며 下戶들이 멀리서 식량과 생선,
소금을 져다 공급한다."라고 하였는데, 지배층과 그들에게 경제적으로
예속된 하호라는 가난한 일반민들이 대별되고 있음을 알 수 있다.

　위와 같은 주민내의 경제 사회적인 분화는 3세기말의 사실에서도 확
인된다. ≪삼국사기≫의 美川王本紀에 의하면 미천왕은 왕위에 오르기
전 그를 죽이려 하던 당시의 왕이었던 烽上王의 추적을 피하여 신분을
감추고 머슴살이와 소금장수를 하며 지낸 사실이 있다. 곧 그가 水室
村 사람 陰牟의 집에서 1년간 머슴살이를 하며 힘든 생활을 한 사실이
전해지고 있다. 음모는 일반민으로서 부자라고 볼 수 있는 자인데 이
같은 이들도 사회적으로 존재한 것이며, 이에 반하여 머슴살이나 품팔
이를 하며 생활을 유지하던 가난한 자들도 있었던 것을 알 수 있다.
이 같은 주민간의 사회 경제적 분화는 농업을 주업으로 하고 있던 당
시의 형편에서는 필연적으로 주민들간에 토지소유의 차등문제를 기본
으로 하여 야기되었을 것이다.

　이 같은 토지의 점유 나아가 소유규모의 차등화는 몇 가지 요인에
의하여 진행되고 있었다. 극히 점진적인 것이라 생각되는 현상으로는
본래 가지고 있던 토지의 토질이나 주민들간의 농사기술의 차이, 우연

한 천재지변 등에 의하여 경제력의 차등이 일어나는 경우를 생각해 볼
수 있다. 다음으로는 다소 정치적인 배경에서 유래되는 현상이 있었을
것이다. 고대국가의 체제가 갖추어지면서 군사나 하급 관리 혹은 귀족
들의 家臣이 된 자들은 국가나 귀족으로부터 생계를 보장받게 되고 이
로부터 점차 가산을 축적해 갈 수 있는 계기를 갖게 되었을 것이다.

이와 같은 맥락에서 왕실 종친을 위시한 귀족들의 대토지 소유가 가
능케 되었을 것이다. ≪삼국사기≫의 고구려본기에 의하면 이미 琉璃
明王 11년(B.C. 9)에서부터 食邑의 존재가 드러나고 있다. 국초의 이
기사의 신빙성을 의심한다고 하더라도 新大王 2년(166) 및 8년, 東川
王 20년(246) 그리고 봉상왕 2년(293)의 식읍 지급기사는 이 시기가 갖
는 역사적 상황이나 전후 내용을 보아 마땅히 믿을 수 있다. 이 같은
식읍의 지급은 기록에 남아 전하지 않고 있는 다른 귀족들에게도 있을
수 있었던 일이었음은 물론이다. 그리고 식읍을 받지 못하는 귀족들에
게도 국가로부터의 다른 형태의 경제적 지원이 있었을 것이다. 식읍은
토지로부터 국가가 받는 조세를 식읍주가 대신 받을 수 있는 권한을
받는데 그치는 것만이 아니라, 인민의 노동력 징발권까지도 받는 등
일종의 封地라고 할 수도 있어 단순한 토지제도로만 말하기는 적합지
않겠지만, 이러한 경제적 특권을 배경으로 하여 귀족들은 좋은 토지를
더욱 집적해 갔을 것은 의심할 여지가 없다. 이러한 상황은 낙랑군과
대방군을 몰아내고 이 지역의 기름진 토지가 고구려의 영토에 편입된
후, 더구나 장수왕 때에 평양으로 수도를 옮긴 후에는 더욱 강화되었
을 것이다.

현재 전해지고 있는 자료로 보아 토지에 관한한 국가권력에 의한 토
지 보유나 소유에 대한 전면적인 재지급 등의 국가적 조치는 없었던
것으로 보인다. 뒤에서 보겠지만 ≪隋書≫고려전에 전해지고 있는 고
구려의 조세 내용으로 보면, 고구려인들의 세금액수는 빈부의 차이에
따라 3등급으로 나누어져 있지만 등급간의 차액이 극히 적고 전체 세
액은 당시의 수준에서는 적지 않은 각호당 곡 5.5석~6석이었다. 따라

서 이러한 조세량에 근거하여 이를 주민들로부터 수취할 수 있으려면 주민 일반에게 균전법 등과 유사한 토지의 국가적인 지급이 있었지 않았을까 하는 추정을 하는 경우도 있다. 이는 상당한 타당성이 있는 듯하다. 그러나 현재로서는 고구려에서 전면적인 토지의 지급이 국가권력에 의하여 시도되었다는 근거를 찾아볼 수 없다.

오히려 그 같은 거의 균등한 세액의 인두세에 가까운 조세수취는 일반민들 간의 경제력의 차이가 심각한 정도에 이르지 않아 가능했던 것이 아닐까 한다. 즉 세금을 부담하는 백성들의 대다수는 경제력의 차이가 심하지 않은 자영 소 농민이었던 데에서 그 같은 조세 수취가 가능했던 것으로 보인다. 이렇게 보면 귀족들에 의한 토지의 집적이 크게 진행되어 대토지 소유와 경작이 있었겠지만 사회에는 여전히 세금을 내고 부역을 지며 병역을 담당하는 다수의 자영소농민층이 공민으로서 존재하고 있었던 것이다. 비록 설화적 성격이 강하지만 ≪삼국사기≫온달전의 이야기 속에서 시집온 평강공주가 궁궐에서 가지고 나온 금팔찌를 팔아 田宅, 奴婢, 牛馬 등을 샀다는 사실에서도 민간에서 토지의 소유권이 이동할 수 있었던 사실을 알 수 있다. 국가는 사적인 토지의 소유권에는 간섭하지 않고 있었던 것이다. 토지를 사고파는 일은 극히 드문 일이었지만 토지가 어느 시기에 이미 재산의 중요한 요소로서 매매가 되기도 하는 대상이 되었던 것이다. 조세제에 적용되고 있는 고구려 후기 3등호제도 이 같은 토지 소유량의 차등화와 직결되어 있었을 것이다. 다만 그 같은 행위가 빈번하거나 소유권을 둘러싼 충돌은 많지 않은 상태였던지 현전하는 자료에서는 이 이상의 자료를 찾아 볼 수 없다. 고구려의 토지제는 전체적으로 보아 那나 部단계 이래의 주민들에 의한 점유를 출발점으로 하고 있었으며 농업이 발달하고 사적 소유가 더욱 진전되면서는 경제력 혹은 권력 등의 차등에 따라 점차 사회성원간의 소유의 이동이 있게 되었다. 그런데 일반민들의 다수는 여전히 자영소농민으로서 소토지를 소유, 경영하여 그를 바탕으로 세금을 내고 군역을 부담하는 국가의 공민으로서 역할을 다하고 있었다. 귀족들은 국가의 특혜와 이를 통한 경제력의 축적으로 대토지를 소유하고 하호나 노비 등의 노동력을 이용하여 토지를 경영하고 큰 부를 형성해 갔다. 토지의 소유권은 후대로 갈수록 국가의 보장 속에서 그 실체를 드러내게 되었다고 보이는데 민간에서도 토지가 매매되는 현상이 있었다고 여겨진다.

2) 조세제도

고구려의 국가구조가 체제를 갖추어가면서 국가 재정의 기반이 되고 있는 조세제도도 모습을 갖추어 갔다. 국초의 조세제의 존재를 구체적으로 살펴 볼 수 있는 것으로는 ≪삼국지≫동이전에 전하는 내용들이 있다. 3세기 이전의 역사를 전하고 있는 이 기사들에 의하면 고구려는 피정복집단인 동옥저인들에 대하여 조세 및 각종 특산물의 징발을 체계적으로 실행하고 있었음을 볼 수 있다. 그리고 같은 동이전의 기록들에 의하면 본래의 고구려인들끼리도 계급의 분화에 따라 지배층은 농사를 짓지 않고 오직 가난한 下戶들이 농사를 지어 지배층들에게 곡식 등을 가져다주어 먹고 살고 있는 사실이 있음을 전해 주고 있다. 이는 마치 지주와 소작농의 모습을 연상시키기도 하지만 국가의 강제력에 의하여 일반 농민층인 하호들이 힘들여 농사를 지어 국가에 세금을 내는 사실을 보여 주는 내용이기도 할 것이다. 이러한 단계에는 물론 피지배층 일반에게는 부역의 징발이 있었고 특산물 등의 수취가 행해지고 있었다. 이 같은 조세수취는 국가의 체제가 정비되어진 삼국시대의 중, 후반에는 보다 체계적인 모습을 갖추게 되었다. 국가는 주민일반에 대하여 주산업인 농업생산에 대하여 일정액의 세금을 부과하였고, 주민들의 노동력을 징발하여 국가의 공공사업이나 군사력에 충당했다. 아울러 가정의 수공업생산에 대하여도 일정액의 수취를 하고 특산물 등에 대하여도 세를 부과하였다. 이렇게 보면 전근대 동양사회에서 나타나고 있던 租, 調, 役 혹은 租, 庸, 調에 가까운 조세제가 운영되고 있었음을 알 수 있다.

(1) 조(租)와 조(調)

고구려의 조세의 내용은 비교적 구체적으로 전해지고 있다. 곧 ≪周書≫와 ≪隋書≫의 高麗傳에 전해지고 있는 내용이 그것이다. 賦稅는 絹, 布 및 粟으로 내는데 그 가진 바에 따르며, 빈부를 헤아려 차등 있게 내도록 한다(≪周書≫권 49, 列傳 46, 異域 高麗). 人은 布 5필과 穀 5석을 稅로 내며, 遊人은 3년에 1번 세를 내는데 10인이 細布 1필을 같이서 낸다. 戶마다 1석의 租를 내며, 차등호는 7두, 하등호는 5두를 낸다(≪隋書≫권 81, 列傳 46, 東夷 高麗).

위의 두 내용을 통해 보면 노동력을 징발하는 부역을 제외한 고구려 후반의 조세수취의 대강을 알 수 있다. 그런데 두 내용은 일견 상당한 차이를 보이는 듯도 하다.

≪주서≫에 전해지는 기록에는 ≪수서≫에서 언급되고 있는 遊人 관련 조항은 전혀 없다. 이 조항이 없는 것 이외에도 ≪수서≫의 기록에는 사람마다 매년 포 5필과 곡 5석을 낸다고 한데 비하여, ≪주서≫에는 견, 포, 속 중에서 그 가진 바 즉 해당지역에서 많이 생산되는 물자로 세를 낸다고 되어 있어 약간의 차이를 보여 주고 있다. 그런데 중국이나 우리나라 고, 중세의 수취에서는 가정의 수공물인 베와 농사의 산물인 곡식을 함께 세로 내는 것이 일반적이었다. 더구나 고구려의 영토 내에서 衣와 食생활을 지역의 산물로 자급하지 못할 만한 지역은 거의 없었다고 보아야 할 것이다. 따라서 구체적인 ≪수서≫의 기록에 따라 베와 곡물을 함께 세로 냈다고 보인다. 隋는 고구려와 치열하게

대립하고 있었던 만큼 고구려의 국력에 대한 정확한 정보수집에 노력
했던 것은 자명한 일이므로 수나라는 고구려의 조세제에 대한 보다 자
세한 내용을 알고 있었을 것이다. 그리고 北周는 지리적으로도 우리의
삼국과는 멀리 떨어져 있어서 외교관계도 그리 활발하지 않았던 점도
참고하여야 할 것이다.

이렇게 보면 《수서》가 전해 주는 내용이 고구려 후반 수취제의 실
상을 보다 자세히 전해주고 있는 것임을 알 수 있다. 그러나 《수서》
의 내용은 보다 구체적인 자료에 의하여 조세수취의 실상을 전해주고
있고, 그에 비하여 《주서》에서는 고구려 조세수취의 대강의 윤곽을
전해주고 있다고 보면 두 기록의 내용이 모순된 것은 아니라고 여겨진
다. 북주(557~581)와 수(581~618)는 곧바로 이어진 중국의 왕조였으
므로 이들 왕조가 있었던 시기의 고구려의 조세수취의 내용이 크게 다
를 리가 없는 것은 당연한 이치이기도 하다. 수서 고려전의 조세관련
조항에서 우선 눈에 띄는 것은 수취의 대상자가 人과 遊人으로 나누어
져 있었다는 사실이다. 양자의 세액을 비교해 보면 인은 일반 백성임
을 곧 알 수 있다. 매년 세금을 내고 있음은 물론이고 이들이 부담하
는 세액의 양으로 보아도 이들이 내는 세금이 국가 재정에서 절대적인
비중을 갖고 있을 것이기 때문이다. 이에 비하여 유인은 국가로부터
별도의 취급을 받고 있는 색다른 존재임을 알 수 있다. 이들은 인들과
는 달리 곡식을 세로 내지 않고 있으며 1년마다 세를 내는 것이 아니
라 3년 마다 세를 내고 있는 것이다. 더구나 그들은 10명이 細布 1필
을 내고 있다. 세포는 가는 실로 짠 고운 베를 말하는 것인데 이 수공
품은 일반 백성들이 내는 5필의 포와는 다른 특별한 베이다.

유인은 놀고먹는 자, 여행객 등의 사전적인 뜻을 가진다. 그런데 놀
고먹는 자라는 뜻 속에는 빈둥거리는 자라는 뜻도 있는 한편 재산이
없어 일정한 산업이 없이 사는 자라는 의미를 갖는 듯도 하다. 이 같
은 점에서 이 유인을 고구려사회의 발전에 따라 사회적으로 존재하게
된 빈민층을 가리킨다고 보는 견해가 제시되고 이 견해가 널리 받아들

여져 온 바 있다.

그런데 유인을 빈민으로 보는 견해는 많은 문제점을 갖고 있다. 우선 고구려라는 고대국가가 일반민에게는 곡 5석과 포 5필이라는 다소 과도하게 보이는 세액을 부담시키면서 빈민들에게는 3년에 한번 10명당 고운베 1필을 부담시켰을까 하는 점이다. 고대왕국이 이같이 빈민들에게 한없이 너그러운 정책을 폈는지 의심스러운 것이다. 이는 고대왕국의 성격상 거의 불가능한 사실이 아닐까 한다.

그리고 부담하는 세액을 비교해 보면 엄청난 차이를 보이고 있는 두 사회적 존재가 같은 사회의 성원 내에서 순전히 경제적인 분화에 의해서 나타났다고 볼 때, 인과 빈민의 중간 단계가 설정되어 있지 않다는 사실도 의문이 아닐 수 없다. 여기서 이들은 신분 혹은 종족적으로 분별되었던 성원이었을 가능성을 생각해 볼 수 있다.

삼국시대 중, 후반의 고구려는 동아시아의 대국으로서 다양한 종족에 의하여 주민이 구성되었던 점을 상기할 필요가 있다. 고구려에는 본래의 5부민뿐만 아니라 동옥저나 부여계 그리고 韓族 및 거란, 말갈 등 다양한 종족들이 살고 있었다. 그런데 이들 중 거란과 말갈을 제외한 종족들은 종족적으로 유사하였다. 따라서 이들은 국가체제의 발전과 더불어 이미 같은 고구려인으로 되어져 갔다.

이들에 비하여 말갈과 거란 특히 고구려 내에 다수 살고 있던 말갈족은 종족적 차이에서 쉽게 고구려인화하지 못하고 자신들만의 집단적인 생활을 유지하고 있었다. 그리하여 이들은 수나라나 백제, 신라에 대한 군사작전에 까지도 독자적인 형태나 혹은 고구려군의 지휘하에 있더라도 나름의 군사체제를 유지한 채 작전에 임하곤 하였다. 이들이 이같이 고구려 내에서 여전히 별도의 존재로 있었음은 국제적으로도 인지되어 隋文帝가 嬰陽王 8년(597)에 고구려에 보낸 외교문서에도 나타나 있는 실정이다. 그러므로 말갈은 물론 고구려의 세력하에 있었던 일부 거란족들이, 고구려 내에서 종속된 종족으로서 다소 특수한 위치를 가지고 살고 있었음을 추정해 볼 수 있다. 이들은 고구려인들이 주로 농업에 종사하는 데 비하여 유목이나 반농반목 상태에 있었으며 공동체적 성격이 강한 집단생활을 여전히 유지하고 있었다. 이같이 이들은 자신들의 전통적인 생활양태와 문화를 영위하면서 세력집단으로서 존재한 만큼 당시의 민감한 동아시아의 국제정세 속에서 군사력으로서 중요성을 갖게 되었다. 따라서 이들은 단순히 약탈의 대상이 아니라 동아시아의 군사적 균형을 깰 수도 있는 존재였던 것이다. 그러므로 고구려로서는 이들을 달래서 고구려의 군사력의 일원으로 남도록 하여야 했을 것이다. 그렇게 때문에 이들에 대하여 착취가 아니라 오히려 그들의 존립 기반을 보장해 줄 필요가 있었다.

그러나 그들은 고구려의 부용집단으로서의 성격을 가지고 있었다. 고구려는 그들로 하여금 종속된 집단으로서 고구려에 대하여 충성을 표시토록 하기도 했다. 국제적인 세력대결이라는 현실적인 면과 고구려와 이들 집단간의 주종관계의 명분이 만족되는 선에서 양자의 관계는 정립되어 있었을 것이다. 그런데 이러한 양자의 관계는 이들 부용집단들이 고구려에 납부하는 공물적인 성격의 조세에도 반영되지 않을 수 없었다. 여기서 다시 ≪수서≫의 遊人관련 조세 조항을 보도록 하자. 유인이 3년마다 세를 내는 것은 어떤 연유에서일까. 이것은 고구려와 우호관계를 유지하였고 불교나 율령을 전해준 바 있는 중국 前秦의 대외관계에서도 보이는 바 부용집단이 종주국에 3년에 한번씩 공물을 바치고 있는 사실과 같은 내용일 가능성이 없지 않다. 그리고 10인당 세포 1필을 낸다는 사실도 유인이 말갈 등 부용집단일 가능성을 높여 준다. 3년에 10인이 1필의 포를 낸다는 것은 만약 유인이 빈민이라면 거의 불가능한 일이 아닐까 한다. 빈민들의 정착성은 매우 약할 것인데 빈민들을 3년마다 10명 단위로 수취를 한다는 것은 현실적으로 별 효용이 없는 일일 것이다. 그런데 말갈이나 거란 등은 집단적인 부락을 이루고 고구려인들과는 별도의 장소에서 거주하고 있었을 것인 만큼 이들 집단적인 주민들에 대하여 10명당 1필의 세포를 걷는다는 것은 매우 합당한 수취방식인 것이다. 그리고 세포란 가는 실로 짠 고운 베를 말하는데 이는 흔히 주종집단간의 공물로 사용된 사실이 있어 유인의 존재를 규명함에 큰 도움을 준다. <광개토대왕릉비>에 의하면 백제를 치고 백제왕의 항복을 받은 고구려군은 백제로부터 1천의 노비와 1천 필의 세포를 받은 바 있다.

아울러 생활상이나 고구려와 이들 집단간의 관계에서 보더라도 부용집단을 본래의 고구려인들과는 구분하여 유인이라고 할 만하다. 말갈이나 거란 등의 종족들이 유목이나 반농반목의 생활을 했던 만큼, 정착하여 농업을 주 생업으로 한 일반 고구려인들을 인이라고 할 때 이들을 유인이라고 할 수도 있다고 여겨진다. 그리고 말갈 등의 부용집단은 본래의 고구려계 주민과는 달리 종족적으로 다르며 자신들의 입장에 따라서는 고구려로부터 이탈할 수 있는 客的인 존재였던 만큼 이들을 주종족인 고구려인들과 구분하여 객족으로 보아 유인이라 하였다고 볼 수도 있을 것이다. 이렇게 보면 다종족국가인 고구려에서는 농업에 종사하며 고구려인으로서 거의 일체감을 갖고 있는 일반 주민들과, 유목이나 반농반목의 생활을 하면서 종래의 전통적인 집단생활을 하며 고구려에 부용 되어 있는 말갈 등의 주민들에 대하여 구분을 둔 조세 수취를 시행하고 있었음을 알 수 있다. 이제 《수서》의 조세 조항의 말미에 보이는 戶租에 대하여 살펴보자. 우선 주목되는 것은 6, 7세기 고구려에 3등호제가 실시되고 있었다는 사실이다. 국가 건국 이래 지속된 주민들의 사회 경제적 분화가 이때에 이르러 3등호제로 제도화되기에 이르렀던 것이다.

호조는 곡식 즉 조(좁쌀)로 각호의 재산의 등급에 따라 5두, 7두 그리고 1석을 내고 있었다. 그런데 이 호조는 앞에서 본 유인에게는 해당이 없는 것이었다. 이같은 점은 조세관련 조항의 전체 문맥에서 알 수 있다. 아울러 앞서 본 바와 같이 유인들은 아직도 공동체적 성격이 강고하게 유지되고 있는 집단적인 생활을 하고 있었다. 따라서 이들 내에는 호등을 구분할 만한 경제적인 분화가 거의 없었을 것이다. 더구나 이들에게는 고구려 정부의 직접적인 통치가 미치지 못하고 자신

들의 전통과 형편에 따라 살아가고 있었으므로 3등호제를 편제할 만한
형편이 아니었던 것이다. 농업을 주산업으로 하여 경제적인 분화를 지
속해 온 본래의 고구려 주민들에게서 3등호제는 나타날 수 있었던 것
이다. 국가 행정력의 체계화와 재정수요의 확대가 호등제의 제도화를
가능케 했음도 물론이다. 이같이 호조는 고구려의 일반민들에게 매겨지
고 있었다. 호조의 세액은 사람마다 내는 세에 비하여 현저히 적었다.
이것은 호조가 부수적인 세목인 것을 보여 준다. 그리고 호조는 고구
려 후반에 와서 사회 경제적인 분화에 의하여 드러나게 된 3등호제를
기준으로 하여 수취되고 있는 점도 주목되어야 한다. 이는 이 호조가
고구려의 후반기에 와서야 나타나고 있다는 사실을 보여 준다. 아울러
호등별 세액의 차이가 매우 적은 점도 이 제도의 출현이 오래되지 않
았을 가능성을 높여 준다. 삼국시대말의 발전상을 수렴하고 등장한 통
일신라에서 9등호제가 실시되고 있었던 점도 고구려의 3등호제가 삼국
시대 후반에 와서 나타났다고 볼 수 있는 근거의 하나가 될 것이다.
이같은 점에서 고구려의 4, 5세기경의 조세수취의 실상도 어느 정도
추정해 볼 수 있을 것이다. 고구려 후반에 나타나고 있는 3등호제에
의한 호조를 제외한, 인두세적인 매 인당 곡 5석과 포 5필에 가까운
세액이 주민 일반에게 재산의 차등이 문제되지 않은 채 부과되고 있었
다고 추정해 볼 수 있다. 주민들 간의 사회 경제적 분화가 지속되어
오고 있었지만 고구려 중반까지는 아직도 그 차이가 세제에 반영할 정
도에는 이르지 않았을 것이다. 이제 이 같은 분석 결과를 통하여 고구
려의 租와 調의 내용을 정리해 볼 수 있다. 즉 고구려에는 국가가 성
립된 단계 이래 일반민들에게 농업의 생산물인 곡식 즉 조(좁쌀) 일정
량과 각 가정의 수공물인 포 일정량을 현물로 징수하고 있었다. 전통
적인 세목의 구분에 따른다면 곡물로 내는 세목은 租라고 할 수 있으
며 포의 납부는 調라고 할 수 있을 것이다. 이러한 수취는 적어도 고
구려 중기까지는 그 형태가 지속되었다. 주민들 간의 사회 경제적 분
화가 지속되고 있었지만 그 차이가 조세수취에 반영되는 것은 후기에

가서야 가능하게 되었다. 여기서 곡 5석과 포 5필을 내는 이는 모든 사람이 아니라 가장으로서의 男丁을 말할 것이다. 부가세인 호조가 호마다 매겨지고 있고 고구려사회의 기본적인 경제주체가 개별호였기 때문에 특별한 언급이 없지만 이같이 많은 세액을 부담할 수 있는 존재는 호주인 남정일 것이다. 고구려의 조세가 갖고 있는 인두세적 성격은 공동체적 성격을 다분히 가지고 있던 지연 및 혈연적 공동체인 那를 기반으로 국가가 구성된 데서 연유되었을 것이며, 사회 경제적 분화의 점진성에서도 그러한 수취액이 상당기간 부과될 수 있었을 것이다. 후기에 이르면 국가의 재정 수요의 증가를 감당하기 위하여, 사회 경제적 분화의 심화에 따라 3등호제에 의한 戶租가 종래의 인두세적 수취에 부가되게 되었다. 그러나 호조의 차액은 매우 적어 재산의 차등을 제대로 반영하지는 못하고 있었다. 이는 상등호층의 양보가 미흡했던 사실을 보여 준다. 또한 후기에는 말갈이나 거란 등 고구려에 부용 되어 국제적 세력대결에서 고구려에 큰 무력을 제공하고 있던 종족들에 대하여 상징적인 수취를 하게 되었다. 이들이 바로 遊人이라 보이는 바, 당시 동아시아의 국제관계 속에서 이들이 가진 특수한 위치로 인하여 이 같은 선처를 받고 있었던 것이다.

(2) 부 역

고구려의 주민들은 국가의 필요에 따라 노동력을 무상으로 제공해야 했다. 국가의 성립 초에서부터 왕궁이나 성의 수축을 위하여 많은 노동력이 필요했을 것은 물론이다. 현전하는 몇몇 자료로 볼 때 국가적인 賦役은 성년 남자들에게 부과되었다고 보인다. 이 점은 백제나 신라와 마찬가지였다. 그런데 고구려의 경우 구체적으로 부역 징발의 사례로 전해지고 있는 내용에 여자들도 징발되고 있어 이 자료를 통해 고구려 나아가 삼국에서 남녀가 모두 국가의 부역에 징발된 것은 아닐까 하는 생각을 갖게도 한다. ≪삼국사기≫의 봉상왕 9년 8월조에는 "왕이 국내 남녀 15세 이상자를 징발하여 궁실을 수리했다"고 되어 있다. 봉상왕본기의 이 같은 내용은 같은 책의 倉助利列傳에도 보이는데 양 기사는 약간의 차이가 있다. 즉 열전에는 "왕이 국내의 丁男 15세 이상자를 징발하여 궁실을 수리했다"고 되어 있다. 물론 열전보다는 본기의 내용이 보다 비중이 있을 것이다. 그런데 본기의 내용이 맞다고 하더라도 이 사실만으로 고구려 나아가 삼국시대에 남녀가 모두 국가의 부역에 징발되었다고 단정하는 것은 지나친 것이라 여겨진다. ≪삼국사기≫에 전하는 10사례 정도의 삼국에서의 부역기사를 보면 남녀가 명기된 것은 오직 이 기사밖에 없는 형편이다. 따라서 이 기사는 봉상왕의 폭정을 강조하기 위하여 오히려 특수한 사례로 강조하여 전하고 있다고 보인다. 물론 사소한 일이나 긴급한 상황 그리고 지방의 잡역에는 여성이 동원되기도 하였을 것이지만 국가적 동원이 필요한 부역에는 율령에 의하여 15세 이상의 정남이 징발되었다고 보인다. 고구려말 최대의 공사인 千里長城을 수축할 때 "남자는 역에 나가고 여자가 농사하였다"는 ≪三國遺事≫ 寶藏奉老 普德移庵조의 기사는 바로 그러한 현실을 잘 보여주고 있는 것이다. 삼국시대는 이미 남녀의 역할이 가정이나 사회 나아가 국가적으로 확실히 구분되어 있던 수준의 단계였음을 기억하여야 할 것이다. 남정들이 국가적인 역에 징발된 기간은 확실하지 않다. 그런데 고구려도 기본적으로 농업을 주업으로 하였던 만큼 농번기에는 부역 징발을 피했을 것은 당연하다. 따라서 농사가 시작되기 이전의 초봄이나 초가을 혹은 추수가 끝난 계절에 징발이 있었을 것인데, 백제나 신라의 경우를 참조해 보면 약 2개월 정도 이내에 징발이 가능했을 것이다. 그런데 국초에는 어떤 일이 있을 때 동원 가능한 15세 이상의 자를 모두 동원하여 일이 어느 정도 마무리될 때까지 공사에 임해야 했을 것으로 보인다. 그러다가 국가의 체제가 잡혀가고 율령에 의한 통치가 행해지면서는 징발기간도 정해지고 모든 남정을 징발하는 양상은 시정되어 갔을 것이다. 공사 수행의 경험이 축적되고 율령에 의하여 부역 징발기간도 규정되어졌던 만큼 해당 공사에 필요한 노동량이 예측, 산정되면서 필요한 인원만큼만 징발되게 되었을 것이다. 그리고 중국의 경우나 우리의 후대의 부역 징발일수를 생각해 볼 때, 1년 중에 징발되는 부역일수도 점차 줄어갔을 것으로 보인다.

부역에 동원되어 수행한 일은 성을 쌓거나 저수지의 제방을 쌓는 일, 궁궐을 수리하는 일, 그리고 도로를 닦는 일 등이 있었을 것이다. 이러한 일들은 문헌으로 알 수 있지만, 고구려의 성벽에 새겨진 축성과 관련된 기록들이 전해지고 있어 부역의 양상의 일부를 전해주고 있다.

3) 산 업

(1) 농 업

고구려의 주산업은 백제나 신라 나아가 중국과 같이 농업이었다. 국초에서부터 주거지역을 선정함에 있어서 '오곡 농사에 적당한 땅'이 문제되고 있으며 정착농업은 계속 확대, 보급되는 추세였다. 국초에 농업은 주민들을 먹여 살리는데 충분치 않은 수준이었다. ≪삼국지≫동이전을 위시한 고구려 전반기의 사정을 전하는 중국의 사서류들을 보면 고구려의 식량사정이 충분하지 않았음을 알 수 있다. 그러나 농업의 발전과 대동강 및 한강유역 등 넓은 농업지대를 점차 확보해 가면서 식량문제는 해결되었던 것으로 보인다. 농사는 논농사보다는 주로 밭농사를 지었다. 산간지방이 많았던 만큼 밭농사가 더욱 활발하게 되었을 것은 당연한 이치이다. 따라서 밭농사의 산물인 조(좁쌀)가 세금을 내는 주곡으로 자리하고 있었다. 이외에도 만주나 한반도의 산간지역을 중심으로 널리 재배되고 있던 콩농사가 행해졌을 것도 물론이다. 논농사도 점차 확대되는 추세였다. 특히 4세기초 낙랑군과 대방군이 차지하고 있던 평양일대나

황해도지역을 차지하게 되면서 논농사의 비중이 증대되었을 것이다. 아울러 백제의 수도였던 한강유역을 장악하면서부터 논농사의 비중은 더욱 커졌을 것이다. 이리하여 벼가 점차 널리 재배되면서 귀족들은 물론 일반민들도 드물게 쌀을 먹을 수 있는 처지가 되었을 것이다. 농민들의 다수는 자신의 소규모 농토를 갖고 대대로 농업에 종사하였다. 그런데 상당수의 사람들은 자신의 토지를 경작하는 한편 다른 사람의 농사에 품을 팔아 생활에 보태기도 하였다. 고국천왕 16년(194) 왕이 사냥길에 나섰다가 만난, 길에 앉아 울고 있던 사람은 '자신이 가난하여 늘 남에게 품을 팔아 어머니를 봉양하고 있음을' 말하고 있었다. 소수의 귀족들은 노비나 자신에게 투탁한 농민들을 이용하여 대규모의 토지를 경작하였다.

(2) 수공업

고구려의 수공업은 두 가지 경우로 나누어 볼 수 있다. 첫째는 일반 주민들의 각 가정에서 가족원의 생필품을 스스로 만들어 쓰기 위하여 행한 가내 수공업이 하나이며, 전문적인 장인이 주로 국가나 귀족 나아가 사원에 소속되어 생필품이나 기타의 소비재를 생산하는 경우이다. 가내수공업은 모든 농가에서 이루어졌다. 삼을 심어서 이를 채취하여 삼베를 짜는 일이나 누에를 쳐 명주를 짜는 일은 주부들을 중심으로 이루어졌다. 각 지역에서 많이 나는 섬유원료에 의하여 주부들은 실을 잣고 베를 짜서 국가에 세금을 내고 식구들의 의복을 마련하였다. 드물게는 남는 양의 베를 팔기도 하였을 것인데 구체적인 자료는 없다. 국가적인 수공업으로는 각종 兵器의 제작이 크게 성했을 것이다. 막강한 군사력을 유지하기 위해서는 병기를 제작하는 일이 국가의 주관 하에 활발하게 이루어졌을 것이다. 이 같은 병기의 제작은 그 원료의 생산에서부터 국가적인 관리가 이루어졌을 것도 물론이다. 특히 漢의 鐵官이 설치되었던 平郭縣 등 주요 철산지가 있었던 요동지역을 점령한 이후 국가의 이 지역 철에 대한 관리가 보다 철저히 되었을 것으로 보인다. 아울러 고구려의 철은 室韋 등에도 수출되었다고 하는데 철이 무기나 생활 용기를 제작하는 원료로써 중시되었을 뿐만 아니라, 문화 수준이 낮은 주변 종족들을 통치하거나 그들에게 영향력을 행사하는 데에도 사용되고 있었음을 알 수 있다. 이 같은 사정에서도 철이나 중요 광물을 둘러싼 일련의 작업이 국가적 관리체계 하에 이루어졌을 것은 쉽게 추정해 볼 수 있다. 궁궐이나 관청, 사원 그리고 왕실이나 귀족의 무덤들을 건축하는 데 사용되는 기와나 각종 자재들의 다수도 전문가의 손길을 통해 만들어졌을 것이다. 국가기관에서 사용하는 종이나 각종 소모품도 대개는 원료들이 생산되는 지역에서 기술을 가진 주민들에 의하여 공물로서 생산케 하거나, 원료들을 수집하여 국가에서 장인이나 노비들을 통하여 제작하여 사용하였을 것이다. 농기구의 생산도 물론 활발하였을 것이다. 그런데 농기구 중에서 가정에서 스스로 만들 수 없는 철제 농기구 등이 어떤 체계 하에서 만들어졌는지는 확실치 않다. 국가의 관리 하에 장인들이 만들어 농민들이 사서 썼을 가능성도 있으며 각 지역의 장인들이 철광석이나 철을 구입하여 소규모 풀무를 이용하여 이를 녹여 각종 농기구를 생산하였을 가능성도 있다.

(3) 상 업

수도를 위시한 주요 도시에는 국가가 관리하는 시장과 상인이 있었을 것이다. ≪삼국사기≫온달전에 의하면 평강공주가 온달에게 토지와 노비를 비롯하여 각종 기물을 사도록 하였는데 이것들을 시장에서 산 사실이 전해지고 있다. 또한 시장에서는 일반민들의 말의 매매가 있었을 뿐만 아니라 국가에서 기르던 비루먹은 말을 내다 팔고 있었던 사실이 전한다. 온달전이 다소 설화적인 내용이라 속단하기는 주저되지만, 고구려에 비하여 후발국인 신라에서도 수도와 지방에 시장이 개설되어 주민들간의 매매가 비교적 자유롭게 이루어진 사실을 참고해 보면 고구려에서도 시장이 설치, 관리되고 상거래가 있었을 것은 쉽게 추정해 볼 수 있다. 고구려의 상인으로서는 행상도 있었다. ≪삼국사기≫의 미천왕본기에 의하면 봉상왕의 박해를 피해 도망다니던 乙弗(후일의 美川王)은 다른 사람과 더불어 압록강 일대를 다니면서 소금장수를 하였다고 한다. 생필품인 소금이 官에 의해서가 아니라 私商들에 의하여 주민들에게 판매되고 있었던 것이다. 상업에 종사하는 상인은 전체 인구에서 볼 때는 매우 극소수였을 것이다. 자급자족을 기본으로 한 경제체제하에서 상업 활동은 제한적일 수밖에 없었을 것이기 때문이다. 아울러 농업을 기본 산업으로 한 국가의 형편상 상업 활동은 역시 억압되었을 것이다. 따라서 상인은 사회적으로 천시를 받았다. ≪삼국사기≫에 보이는 소금장수 을불이 한 할미의 무고로 말미암아 관리에게 매를 맞고 소금까지도 거저 주어야 했던 현실에서 그 같은 점을 알 수 있다.

(4) 목축업

고구려의 시조 설화를 보면 돼지나 말 등 가축들이 나타나고 있으며 특히 주몽이 東扶餘의 왕 金蛙의 말을 기르는 직책을 맡았다고 한 것을 보면 고구려인들의 생업에서 목축이 차지하는 비중이 적지 않았을 것을 짐작케 한다. 같은 종족인 부여에 馬加, 牛加 등 짐승명을 가진 관명이 있는 것을 보아도 그러하다. 특히 농업의 비중이 후기로 갈수록 상대적으로 커진 만큼 반대로 목축의 비중은 국초로 갈수록 그 비중이 있었을 것이다. 그런데 후기에도, 고구려의 지배 하에 있었던 거란이나 말갈족은 여전히 본래의 생업인 목축에 크게 의존하였다. 고구려 영향하의 거란인 들은 말갈족에 비하여 적은 수였겠지만 유목생활을 하고 있었다. 말갈의 경우는 이들에 비하여 농업에도 어느 정도 익숙해 있었으리라 보인다. 고구려에서는 돼지와 말이 널리 사육되었는데 돼지는 식용과 제사용으로 쓰였다. 말은 군용이나 사냥 그리고 일상의 교통수단으로 고구려인들의 생활에 긴요하게 사용되는 짐승으로서 국가나 개인에 의해 사육되었다. 아울러 말은 다른 나라와의 교역품으로서도 흔히 쓰였다. 남조 宋나라의 요청에 의하여 장수왕은 말 800필을 보낸 바도 있었다. 이 밖에 소와 개 그리고 닭도 가정에서 흔히 사육되었다. 아울러 <광개토대왕릉비>에 의하면 고구려의 지배 하에 있던 유목민족들은 소와 말 그리고 양을 사육하고 있었음을 알 수 있다.

4. 화폐제도

인류의 경제사를 보면 화폐의 역사가 아닐까라는 생각이 든다. 그만큼 화폐는 경제와 뗄래야 뗄 수 없는 관계를 가지고 있다. 흔히들 화폐는 실물 경제를 투영해주는 그림자라고 한다. 이는 그만큼 화폐가 자유시장 경제에서 중요한 용도로 쓰이기 때문일 것이다.

유용성 측면에서 본다면 인류의 가장 소중한 발명품 중 하나는 당연히 화폐일 것이다. 그런데 사람들에게 정작 화폐에 대해 물어보면 대부분은 머뭇거리며 말을 잇지 못한다. 우리는 화폐를 매일 사용하면서도 정작 화폐가 무엇인지 생각해보지 않는다. 화폐란 우리에게 너무나 친숙한 존재라고 생각하고, 이를 당연시 여겨왔던 것이다. 지금은 화폐는 우리에게 있어서 공기와 같은 존재가 된 것이다.

1) 화폐의 유통과 발달

(1) 화폐의 역할

일국의 경제는 실물부문과 화폐부문이 존재하고 있다. 화폐는 제화에 대한 대가를 지불하는 데에 일반적으로 통용되는 수단으로 쓰인다.

자본주의 경제체제에서는 재화와 용역의 가치는 가격으로 표시되며, 가격은 다시 화폐의 일정한 수량에 의해서 구체적으로 표현되고 있다. 또한 화폐는 소비와 생산활동을 할 수 있게 해주어 모든 경제활동의 원동력으로 작용한다. 그리고 화폐는 금융적 유통, 재정적 유통, 산업적 유통 등의 방법으로 우리의 경제사회에서 항상 유통되고 있다.

화폐는 경제활동에 없어서는 안 될 중요한 교환의 매개수단이다. 경제가 성장한다는 것은 더 많은 재화가 생산된다는 것을 의미하는데, 재화가 생산되기 위해서는 그것이 팔려야하고, 재화가 팔리기 위해서는 원활한 교환이 필수적이기 때문이다.

화폐가 없는 세상에서 교환을 하는 데는 엄청난 시간과 노력과 비용이 소요된다.

하나의 물건을 구할 때마다 자신에 맞는 거래상대방을 일일이 찾아 헤맨다는 것은 엄청난 비용과 시간을 요하는 일이다. 화폐는 거래비용(transaction costs)을 크게 감소시켜 거래를 촉진하는 역할을 하게 된다.

(2) 화폐의 발달(형태)

원시 사회에서는 자급자족경제였기 때문에 화폐가 존재하지 않았지만, 경제생활이 조금씩 진전되어감에 따라 사람들간에 교환이 시작되었다. 처음에는 '물물교환'이라는 형태로 교환이 일어났다. 그러나 사람들은 물물교환의 불편함을 겪게 되었고 이의 해결책을 강구한 결과 교환의 매개물, 즉 '화폐'라는 것을 생각해냈다. 화폐는 이러한 탄생 이후 시대와 경제발전 정도에 따라 다르게 변화? 발전되어왔다. 일반적으로 화폐는 소재가치를 가진 화폐에서 명목화폐로 발전해 왔다.

① 물품화폐

물품화폐는 화폐로서의 기본적 기능을 하기도 했지만 상품으로서의 재화가치와 끊을 수 없는 관계를 가지고 있었다. 예를 들면 소금, 가죽, 곡물, 우마, 광목 등과 같이 누구에게나 필요했던 물건이 화폐로 사용되었던 것이다.

어쨌든 물품화폐의 등장으로 교환은 직접교환에서 간접교환으로 발전하게 되었고 물물교환에 따른 불편과 곤란히 줄어들어 상품교환이 더욱 활발해졌다.

※ 어떤 물품이 화폐가 되기 위해서는 거래단위를 나눌 수 있는 가분성, 교환되는 물품의 질이 균등한 동질성, 가치를 안정적으로 유지할 수 있는 내구성, 휴대하고 다니기 편한 휴대의 편리성 등이 보장되었고, 또한 화폐는 그 가치를 사회에서 인정받아야만 통용될 수 있다.

② 금속화폐

사람들은 물건자체의 사용가치는 없지만 사용이 편리한 금속을 화폐로 사용하기 시작했다. 처음에는 금속화폐도 일률적인 형태로 주조되지 못하고 금속을 그대로 주고받았었고 이를 중량화폐 또는 칭량화폐라고 한다. 그러나 이는 사용 전에 품위를 검사하고 중량을 달아야 하는 불편이 따랐다. 그래서 금속의 순도와 화폐를 표준화하여 화폐를 제조하게 되었고, 이를 주조화폐라고 한다. 주조화폐는 비록 사용가치는 없었더라도 그 가치를 인정해주고 믿고 유통되었기 때문에 사용될 수 있었던 것이다. 이리하여 실질가치와 표식가치가 일치하지 않는 명목화폐가 등장한 것이다.

③ 명목화폐

◇ 지폐: 지폐는 그 가치를 가지고 있기 때문에 화폐가 된 것이 아

니라, 국가의 법으로 인해, 또는 역사적 관습이 그대로 사회적으로 수용되어 교환의 도구로 통용되게 된 것이다. 지폐는 발행주체에 따라 정부지폐와 은행권으로 나뉜다. 정부 지폐는 정부가 직접 발행하는 지폐를 말하며, 은행권은 중앙은행이 발행한 지폐를 말한다. 또한 지폐는 '태환지폐'와 '법정 불태환지폐'로 나뉜다.

'태환지폐'는 중앙은행에서 지폐와 귀금속으로 교환해주겠다는 의무를 자고 발행하는 화폐를 말하며, '법정 불태환지폐'는 교환의 보증이 없이 법의 힘으로 강제적으로 통용시킨 화폐로 오늘날 대부분의 지폐가 채택하는 방식이다.

◇ 예금화폐: 은행에 예금한 예금주가 자기의 예금을 언제나 마음대로 찾아 쓸 수 있는 통화성예금을 말하는데, 이에는 당좌예금, 기타 요구불 예금(보통예금) 등이 포함된다.

◇ 전자화폐: 컴퓨터와 전산망을 이용하여 교환의 결제 및 가치의 저장을 담당하는 것이 전자화폐이다. 전자화폐는 미래의 화폐로서 앞으로 전파속도는 빨라지고 그 용도도 더욱 다양해 질 전망으로 현재의 지폐보다 훨씬 더 다양하게 활용될 것이다.

※ 미래의 화폐: 오늘날 널리 통용되는 불환지폐는 각종 신용카드나 지금 등장하기 시작하고 있는 전자통화로 대체되면서 쇠퇴해 갈 운명에 처해있다. 지금은 '스마트카드'나 '디자이너 통화' 등 반도체 메모리 칩을 갖고 있는 전자통화가 등장하고 있다.

이제는 전자영상이 교환의 매개체로 등장하는 이런 상황을 좀더 높은 신용사회로 가는 것으로 볼 수 있을 것이다.

화폐는 기본적으로 본원적 기능과 파생적 기능을 가진 것으로 나눌 수 있다.

본원적 기능이란 화폐의 일반적 교환수단과 일반적 가치척도로서의 기능을 말하고, 파생적 기능이란 일반적 지급수단, 가치이전수단, 가치보장수단으로서의 화폐를 일컫는 것이며 자본 이전 수단으로서의 화폐 및 세계화폐적 수단으로서의 화폐가 있다. 화폐의 이러한 기능 중 어느 측면을 중시하느냐에 따라 각 학파별로 화폐관(화폐의 본질)이 달라지고 있다. 고전파는 화폐베일(veil)관을 주장하며 교환수단과 가치척도로서의 기능을 중시한 반면, 케인지안은 가치저장수단으로서의 화폐의 기능에 주목하며 화폐는 실물경제에 적극적인 역할을 수행한다는 화폐관을 갖고 있다.

2) 화폐의 본원적 기능

화폐의 본원적 기능은 화폐를 교환의 매개물로 보는 교환수단과 재화의 가치를 측정하는 기능인 가치척도 수단으로서의 기능으로 나눌 수 있다.

(1) 본원적 기능

① 가치척도 수단

화폐는 일반적 등가물의 통일체로서 모든 상품의 가치를 표현한다. 즉 가치가 화폐형태를 취하는 단계에서는 상품의 가치는 화폐의 무게나 수량으로 표현된다는 것이다.

그런데 상품의 가치를 매기는 화폐 그 자체의 가치 역시 일반 상품의 가치와 마찬가지로 그 생산에 투하된 추상노동의 양에 의해 결정된다.

화폐공급의 증가로 나타날 경우 물가는 전반적으로 상승하게 된다.

세계 여러 나라가 사용하고 있는 화폐단위, 즉 원 달러 파운드 프랑 마르크 등은 국가 권력이 금의 일정한 무게를 화폐단위로 결정한 것이다.

관념화는 금화가 금이라는 상품으로서가 아니라, 다른 상품의 가치를 표현하고 유통을 보조하는 수단으로서 사용되기 때문이다. 이처럼 금화가 관념화되기 때문에 국가는 법의 강제력을 통해 금 이외의 다른 소재, 즉 지폐를 가치장표로 지정하여 통용토록 할 수 있는 것이다. 보다 저급한 금속화폐인 보조주화의 필요성은 금의 세분(細分)에 한계가 있기 때문이다.

② 일반적 교환 수단

화폐는 재화 및 용역의 교환을 용이하게 하고 원활하게 해준다. 교환수단으로서 화폐가 매개되면, 각 개인은 자기가 소유한 재화와 용역을 화폐로 측정된 가격으로 판매 하여 입수된 화폐로 언제든지 자기가 원하는 재화 및 용역을 구입할 수 있다.

화폐의 기능 중 가장 중요한 것은 바로 교환의 일반적인 매개수단이라는 점이다. 화폐가 교환의 매개수단이라는 기능을 제대로 수행하기 위해서는 운반과 저장이 간편해야 한다.

화폐의 존재에 의하여, 사람은 팔고자 하는 재와 교환으로 화폐를 획득하고, 그 화폐로 자신이 원하는 임의의 재를 구할 수 있음을 말한다. 따라서 화폐가 일반적 교환수단으로 되기 위해서는 화폐는 임의의 재와의 교환에서 반드시 수령된다고 하는 일반적 수령성을 보유하고 있어야 한다. 이 일반적 수령성을 보유하는 화폐를 일반적 구매력이라고도 한다.

화폐가 등장하기 이전의 교환은 물물교환 즉 $Ca-Cb$의 형태를 취한다. 이 교환에서는 a를 소유하고 b를 원하는 사람이 b를 소유하고 a를 원하는 사람과 만나야 한다. 두 사람이 만난다는 것은 같은 시각과 장소에 존재해야 한다는 것을 의미한다. 이 같은 교환방식은 소비하는 재화의 종류가 제한된 사회에서는 가능하겠지만 오늘날과 같이 수많은 재화가 일상적으로 교환되는 상황에서는 그 거래비용을 감당할 수 없게 된다.

물물교환에 화폐가 개입되면, 즉 교환이 C－M－C의 형태를 취하게 되면, C－M(판매) 과정과 M－C(구매) 과정이 시간적 공간적으로 분리되어 교환의 편이성은 비약적으로 높아진다. 화폐의 개입으로 판매와 구매가 분리되면, '판매＝구매'의 물물교환과는 달리 판매가 구매로 연결되지 않는 상황이 발생할 수 있다. 만일 Ca－M을 실현한 사람이 M－Cb를 실현하지 않는다면, 이는 Cb－M을 통해 M－Cc를 실현하는 것이 불가능해 지고, 연쇄적으로 Cc－M－Cd－M－Ce……가 실현되지 않게 됨으로써 경제전반의 불황을 야기하게 된다. 화폐는 상품유통을 위한 수단으로 등장하지만 교환경제가 발전하는 과정에서 상품유통(Ca－M－Cb)은 은폐되고 화폐운동이 표면에 나서게 된다.

화폐는 유통과정에 항상적으로 존재하는 데서 기인한다.

물가는 화폐공급량의 조절에 의해 좌우되기 때문에 결국 화폐유통의 문제로 파악되는 것이다. 그러나 마르크스의 필요화폐량 표식은 물가를 생산부문에서 야기되는 문제로 파악한다. 즉 생산성이 향상되어 재화가치가 하락하면 가격 물가가 인하된다는 것이다.

(2) 화폐의 파생적 기능

화폐의 파생적 기능으로는 일반적 지급수단, 가치보장수단, 회계의 단위수단, 세계 화폐적 수단으로서의 기능으로 설명할 수 있다.

① 일반적 지급수단

외상으로 상품을 구매하고 일정한 기간이 지난 후 그 대금을 화폐로 결재할 때 화폐는 지불수단으로서의 기능을 갖는다. 외상 거래는 상품 의양도와 가격 실현이 분리 된다는 것을 의미한다.

대금 결제를 위한 화폐 획득은 축장이나 사용가치의 획득을 위해서라 아니라 지불 수단의 획득을 위한 것으로 된다.

이러한 외상거래는 보다 복잡한 신용거래로 발전하여 어음과 같은 신용화폐(Credit money)를 이용한 연쇄적 채권채무관계의 발생을 가져온다.

A로부터 어음을 받은 B는 이서(裏書)를 통해 그 어음을 C에게, C는 다시 D에게 넘길 수 있다. 이 경우 만일 최종 변제의무자인 A가 채무를 변제하지 못하면 상품을 인도한 생산자들은 모두 재정적 타격을 입게 된다. 대기업의 부도가 연쇄부도를 가져와 국가 경제 전체에 큰 영향을 미치게 되는 것도 이 때문이다.

화폐는 상품유통의 외부에서, 가령 조세나 지대 그리고 뇌물 등에서도 지불수단의 기능을 수행한다.

3) 가치 보장 수단

화폐는 교환의 수단으로서의 기능이외에 가치의 보장수단(store of value)으로서의 기능, 즉 저축수단으로서의 기능을 한다. 사람들은 자기의 소득 중에서 소비하고 남은 부분인 저축을 누적시킴으로써 부를 축적시킨다. 화폐가 존재하지 않는 비 화폐경제 에서는 비교적 내구성이 있는 실물을 그대로 보관함으로써 부를 저장할 것이다. 그러나 화폐가 존재하는 화폐경제에서는 그러한 실물을 보장하는 대신 화폐를 보유함으로써 가치를 보장할 수 있으며 필요한 경우 화폐로써 실물을 구매할 수 있게 된다. 이렇게 함으로써 현재와 미래간의 기간간 자원배분 (intertemporal resource allocation)을 더욱 효율적으로 할 수 있게 된다.

물론 가치를 보장할 수 있는 수단으로는 실물(벼, 소, 귀금속, 토지)과 화폐(지폐 및 은행예금 등) 이외에도 금융자산(주식, 사채, 국공채 등)이 있다.

화폐는 가치를 보장할 수 있는 여러 수단중의 하나가 된다는 것이다. 일정액의 부(재산)로써 얼마만큼의 실물재화 및 용역을 구매할 수 있을 것인지 정확하게 알 수 있을 것이다. 다른 부의 보장수단과 비교할 때 물가가 안정적이면 화폐는 험이 없는 수단이다. 여기서 위험이란 일정기간동안 가치가 변화하는 정도를 의미하는 것으로 가치변화의 정도가 크다면 위험이 큰 것이고 가치의 변화가 전혀 없으면 위험이 없게 된다. 그러나 화폐와 같은 명목적 자산의 경우에는 물가의 변화에 의해 가치가 불안정하게 된다.

가치보장수단으로서의 화폐의 기능은 케인즈에 의해 인식된 기능으로 그 이전까지 (고전학파)만 하더라도 화폐는 단순히 교환의 수단으로만 인식되어 왔다. 케인즈의 이러한 인식은 화폐가 실물경제활동에 중요한 영향을 미치는 요소라는 현실로부터 유도되었으며 이후 이러한 화폐의 기능은 매우 중요한 역할을 하고 있다. 화폐는 그 자체가 일반적 구매력이므로 화폐보존자는 화폐가 언제, 어떤 재나 서비스 에 대해서도 그 대가로서 수령될 것을 기대할 수 있다.

이것이 곧 가치보장수단으로서의 기능이며, 화폐가 자산의 한 형태로서 보유되는 사실을 가리키는 것이다. 물론 화폐만이 유일한 가치보장수단은 아니다. 공사채 주식 등의 금융자산이나 내구소비재, 토지 등의 실물자산도 가치의 보장수단일 수 있다. 화폐는 가치를 저장하는 수단으로 사용된다. 이는 엥겔스에 따르면 화폐는 일반적 등가물로서 언제든 원하는 상품과 교환될 수 있기 때문이다.

기업은 판매가 순조롭지 못할 경우를 대비하여 차기 생산을 위한 비용을 일정량의 화폐 형태로 보유하는 것이 보통이다.

이 경우의 화폐는 가치척도나 유통수단이 아니라 구매력으로서 기능하게 된다.

4) 회계(계산)의 단위 수단

화폐는 또한 회계(계산)의 단위(unit of account)로서의 기능을 한다. 우리는 재화와 용역의 가격을 '원'이라는 화폐단위로 표시한다.

미국사람들은 '달러'로, 독일 사람들은 '마르크'로 표시한다. 이와 같이 공통의 단위로 표시함으로써 우리의 경제생활은 엄청나게 단순화될 수 있다. 우리가 몸담고 있는 이 경제에 10개의 재화만 존재한다고 하더라도 공통의 회계단위가 존재하지 않는다면 10개의 가격이 아니라 각 두 재화간의 교환비율을 나타내는 45개의 가격이 존재하게 되고 따라서 우리의 경제생활은 엄청나게 복잡해 질 것이다.

또한 화폐나 재화의 직접적인 개입이 없이 이루어지는 거래의 경우(외상거래나 금전의 대차거래 등)에는 계산의 표준이 되는 회계의 단위가 있어야 가능하며 화폐가 그 기능을 일반적으로 수행한다.

5) 세계화폐적 수단

상품유통이 일국의 범위를 벗어나 국가간의 교역이 활발하게 되면 화폐는 세계화폐 로서의 역할을 담당한다. 이 때는 한 나라 안에서 통용되는 법화(法貨)는 다른 국가의 인정을 받을 수 없기 때문에 금이나 은의 형태를 취하는 것이 원칙이다. 그러나 귀금속의 생산량 자체가 증대하는 교역량에 부응할 수 없고, 귀금속의 국제적 이동은 여러 가지 비용과 위험을 수반하기 때문에 오늘날에는 국제통화기금(IMF)이 인정하는 주요 국가의 화폐가 세계화폐로 통용되고 있다. 미국의 달러는 2차대전 후 금으로의 태환이 가능한 세계화폐로 통용되었으나 1960년대 이후 달러의 태환이 불가능해짐으로써 그 지위가 크게 약화되었다.

세계화폐는 지금까지 본 화폐의 일반적인 기능 외에도 배상금이나 무상원조와 같이 가치이전의 기능도 수행한다.

우리는 화폐가 갖는 2가지의 기본적 기능, 즉 본원적 기능과 파생적 기능, 그리고 본원적 기능으로서 화폐의 일반적 교환수단과 일반적 가치척도로서의 기능과 파생적 기능으로서 일반적 지급수단, 가치보장수단, 회계의 단위수단, 세계화폐적 수단으로서의 기능을 살펴보았는데 앞에서 보듯이 화폐의 어느 기능을 강조 하느냐에 따라 화폐의 양의 변화가 경제활동에 주는 영향의 분석에 차이가 나며 이론의 차이가 나타난다는 것을 알 수 있다.

화폐의 본질적인 기능은, 다시 말해 화폐를 만들게 된 이유는, 교환의 기능과 가치 척도의 기능이다. 교환의 기능이란 앞에서 언급한 물물교환의 매개체 역할을 의미하고, 가치 척도의 기능이란 교환하려는 물건들의 가치를 서로 쉽게 비교할 수 있게 해준다는 것이다.
결국 가격이 갖는 기능이라고도 볼 수 있다. 예를 들어 볼펜과 연필을 교환하려고 할 때 화폐가 없다면 (가격을 모른다면) 어떤 비율로 교환해야할 지 난감할 것이다.

화폐의 파생적 기능은, 가치 저장의 기능과 가치 증식의 기능이다. 가치 저장의 기능이란 재산 축적의 방법으로 화폐를 이용하는 것이다.
옛날에는 부자를 천석지기 또는 만석꾼이라 불렀다. 부자가 소유하고 있는 토지에서 대충 쌀을 천 가마 정도 생산한다는 것이다. 그러나 실물은 부패 변질 등의 위험으로 재산을 관리하는데 한계가 있기 마련이다. 그러나 화폐 재산에는 그러한 한계가 없어진다. 가치 증식의 기능이란 돈이 돈을 벌어들인다는 의미로 자본의 기능이라고 볼 수 있다. 땀을 흘려 자신에게 필요한 것을 구하는 것이 아니라, 돈이 돈을 벌어주고 돈만 있으면 땀 흘리는 수고 없이 뭐든지 구할 수 있게 된다.

그런데 생각보다 화폐는 우리 경제에서 중요한 기능을 담당하고 있었다. 처음에는 조사내용이 별로 없을 줄 알았지만 어느 것 하나도 놓칠 수 없는 내용들이라서 모두 짤막하게나마 서술하다보니 전체적으로 너무 길어진 것 같다. 그런데 화폐를 어떻게 운용하느냐에 따라 우리의 경제를 성장 또는 퇴보시킬 수 있다는 것을 조금은 알 듯 싶었다. 화폐가 경제에 미치는 영향이 크다고 할 수 있겠다. 그래서 위정자들이 화폐의 관리를 잘 해야 할 것이다.

본래 경제(經濟)란 경세제민(經世濟民)의 약어로서 세상을 다스리고 백성을 구제한다는 의미에서 출발하였고, 영어 economy 라는 단어도 그 어원상 하늘의 조화 혹은 질서란 뜻을 함유하고 있다고 합니다. 하지만 물질문명이 고도화되는 20세기를 거치면서 경제란 재화 및 용역의 생산과 소비, 다시 말해 물질의 흐름을 나타내는 말로 자리매김하게 되었다.

5. 자본주의의 가치구성

생산수단을 소유한 자본가가 이윤획득을 목적으로 노동자로부터 노동력을 사서 상품생산을 행하는 경제체제. 즉 자본적 기업이 재화와 서비스의 생산·유통의 주체가 되는 경제체제이며 자본제경제라고도 한다. 한국이 선진 복지로 나가기 위해서는 국민들의 가치관 전환이 절대적으로 중요하다. 유럽에서 생긴 자본주의는 돈과 이익과 성공을 위해서가 아니라 구성원들이 자기 가치 실현이라는 질적 목표를 적극적으로 찾아 나선 결과로 얻어진 결실이다. 한국은 수많은 조건들을 충분히 갖추었음에도 국민들이 가치관으로 전환하지 못함에 따라 선진국 진입은 엄두도 내기 어려운 상태다. 이제 망국이나 선진복지냐 중에서 과감하게 선택해야 하는 중요한 기로에 처했다. 부디 이 글에서 자기 가치라는 말을 실감하면서 우리 국민성을 제대로 확인하는 계기가 되었으면 한다. 자본주의라는 용어는 자본이 생산 활동의 주체가 되는 경제체제와 경제시스템을 가리키는 것으로서, 주의·주장·사상이 아닌 자본제경제라는 체제를 가리키는 말이다. 이 경제체제를 긍정하고 옹호하거나 추진하는 사상·주장을 말할 때는 보통 <자유주의>라는 용어가 사용되지만, 정작 자본주의의 입장에서는 자본주의라는 말을 기피해서 <자유경제>라고 부르는 경우가 많다. 자본주의의 구조와 동태를 해명하는 데 가장 큰 영향을 끼친 이론이 K.마르크스의 이론인데, 그의 저서 ≪자본론≫에서 자본주의라는 용어를 사용하지 않고 자본가적

(또는 자본주의적·자본제적) 생산양식(kapitalistische produktionsweise)이라는 표현을 사용했다. 마르크스에 의하면 자본주의는 인류가 역사적으로 경험해 온 여러 가지 생산방식의 하나일 뿐 영원히 존속할 수 있는 최후의 생산방식은 아니다. 즉 역사 속에서 새로이 탄생하고 사라지는 하나의 생산양식(경제체제)이라는 성격을 강조하기 위하여 자본주의라고 부르기보다 <자본가적 생산양식>이라는 용어가 적당하다고 생각했다. 생존을 위해서 생산은 불가결하다. 그 생산을 위해서 노동이 없을 수 없다. 노동하는 사람의 육체적·정신적 힘인 노동력, 그 노동의 대상이 되는 자연과 소재 즉 노동대상, 노동을 할 때에 인간이 사용하는 도구와 기계 즉 인간의 육체적·정신적 힘의 확충·연장·외재화인 노동수단의 3가지가 결부되어 생산이 이루어진다. 노동대상과 노동수단을 합쳐서 생산수단이라고 하며, 그 생산수단을 한정된 특정인들만 소유하는 것이 계급사회이다. 계급사회에서는 노동자가 생산수단을 소유하지 못한다는 뜻에서 양자는 분리되어 있으므로 어떤 방법으로든 이 양자를 결합시키지 않으면 생산을 할 수 없다. 그 분리방법과 결합방법이 경제체제의 차이를 만들어 낸다. 노예제도 아래에서는 노동하는 인간이 생산수단 소유자의 소유물이었으므로 이 양자는 분리되지 않고 처음부터 결합되어 있었다. 농노제도와 지주제도 아래에서 노동하는 사람은 생산수단 소유자의 소유물은 아니었지만 신분적 예속 및 이동의 제한으로 생산수단에 단단히 묶여 있었다. 여기에 반하여 이른바 봉건적 제약을 타파하고 개인의 자유를 가치원리로 하여, 세계사에서 근대가 막을 여는 가운데에 생긴 자본주의제도는 노동력이 개개인의 육체와 정신 속에 실존하는 것이며 개개인의 소유라는 사실을 인정하는 경제체제이다. 생산수단의 소유에 대하여 노동력의 소유가 처음으로 자립하게 된 체제이기도 하다. 따라서 노동력의 자기소유가 인정된 인간이 노동자이고 노예와 농노는 노동자가 아니다.

자본주의라는 경제체제는 의도적으로 만든 것이 아니다. 예를 들어 프랑스대혁명의 <자유·평등·박애>는 근대의 막을 열어준 슬로건이지만 자본주의는 영리와 아사의 <자유>는 만들어냈어도 <평등>과 <박애>는 실현시키지 못하였다. M.베버는 그의 논문 <프로테스탄티즘의 윤리와 자본주의의 정신>에서 자본주의는 <의도하지 못한 결과>로 탄생된 것이라고 주장했다. 그러나 근대에 와서 사람들이 서로 승인하는 개인의 자유는 경제활동에 큰 생산력 향상을 가져왔고, 그것을 영리의 자유로 받아들인 자본주의는 일찍이 없었던 생산기술의 전개를 공장제 공업의 형태로 실현함으로써 물적 생산의 확대에 따라 생활의 변혁을 가져왔다. 그동안 격렬한 노사간의 대립, 공황, 실업, 제국주의 전쟁이 있었지만, 경제체제로서의 자본주의는 서방자유주의국가 내부에서 제2차 세계대전 후 오히려 <의도적으로 바람직스러운 것>이 되었다. 이데올로기로서의 자본주의는 오히려 강화되었다고 할 수 있는데, 이 사실은 무엇보다 자본주의가 가지고 있는 유연한 구조적 성격이 크게 작용했다고 할 수 있다. 자본측에서 보면 임금은 생산비용이 되기 때문에 될 수 있는 대로 억제하고 싶은 것이다. 그러나 노동자는 자본의 생산품 가운데 소비재의 최대 매주이다.

이와 같이 유연한 구조에 의한 성과배분이 노동소외와 같은 부정적인 면을 보완할 수 있을 정도의 매력으로 받아들여지고 있는 한, 자본주의는 계속 우수한 경제체제로 존속할 수 있을 것이다.

한국 자본주의의 발전형태는 일본의 식민지지배에 의해 자본제화를 강요받았다는 점에서 식민지종속형으로 분류된다. 일제의 요구에 따라 시민혁명과 같은 변혁 과정 없이 봉건적 사회구조를 고수한 채 일부 매판자본 일본자금을 주축으로 하여 자본주의적 발전의 길에 들어서게 되었고, 광복 후 미군정통치 및 경제원조와 6·25를 거치면서 대미일 변도의 경제구조가 형성된다. 이러한 전개과정의 특수성으로 말미암아 한국자본주의는

① 독점

② 관료자본주의적 성격

③ 사회적 생산력의 이식형적 성격

④ 경제활동에 있어 경제외적 요소의 두드러짐

⑤ 국민경제의 이중구조 등의 특징을 지니게 된다.

일제의 탄압에 따른 민족자본의 부재는 광복 후 일부 매판상인자본을 한국자본주의의 담당자로 끌어들이게 하였고, 이들은 국가권력과 결합, 독점을 이루게 되었으며 이후 정부의 성장정책과 맞물려 더욱 확대 재생되었다. 또한 광복 직후 농지개혁과 귀속재산불하의 실패, 자생적 민족공업 육성책부재 등으로 인해 민족자본축적의 기회를 잡지 못함으로써 이후 외국자본을 통해 경제성장을 꾀할 수밖에 없었는데, 여기에서 관료자본주의적 성격이 나타나게 된다. 다음으로 한국자본주의는 그 전개에서 내생적인 사회적 생산력에 의존하기보다는 외국자본과의 상관성에서 생산력적 기초를 가졌는데, 이는 산업의 이식형적 성격을 강화, 산업과 기업간의 긴밀한 분업을 가로막을 뿐 아니라 국내 자원부존상태와 맞지 않는 기술을 도입하게 되고, 시장점유에 상응하는 고용기회를 창출하지 못하게 하였다. 또한 산업자본단계의 경쟁 없이 정상과 국가권력, 그리고 외국자본과의 결합관계에서 경제외적인 독점을 실현시켜 왔기 때문에 궁극적으로는 사회적 생산력의 발전을 저해하고 독점을 터무니없이 조장하는 결과를 낳았다. 마지막으로, 한국자본주의가 국가독점의 단계에 이르고 있고 민간자본에 있어서 독점의 완성이 금융자본의 형성에까지 미치고 있음에도 농업부문에서는 전근대적 소농민 경영 형태를 벗어나지 못하고 있는 등 국민경제의 이중성이 심각한 상태에 놓이게 되었다. 이상의 한국자본주의의 여러 모습은 과거 이민족의 지배체제와 그 이후 계속된 권력자들의 실정으로 각종 사회·경제적 모순이 심화되어 온 결과이며, 오늘날 한국경제의 괄목할 만한 외형적 성장에도 불구하고 여전히 극복하여야 할 과제로 남아 있다.

| II |

경제와
직업에 대한
다양한 논의

1. 한국 경제의 장점과 단점

한국 경제는 지금 어떠한 상황에 처해 있으며 어디로 갈 것인가? 국가는 발전할 것인가? 국민은 살기 좋은 생활이 될 것인가? 국가의 운명은 비전이 있는가? 등 우리나라가 처해진 상황에 대해 진단을 해 볼필요가 있다. 특히 한국 경제가 장점이 있으면 어떠한 장점이 있고 단점이 있으면 어떠한 단점이 있는가를 우리는 알아야 한다. 대한민국은 20세기 빈곤으로부터 가장 빠르게 경제성장을 성공적으로 이룩한 나라라고 말할 수 있다. 정말 급속도의 성장으로 단 50여년 만에 엄청난속도로 발전을 해왔다. 전반부 반세기가 주로 외세의 억압과 그로부터의 독립시기였다면 후반부 반세기는 내부적으로 급격한 변화가 일어났던 시기라 할 수 있다. 이 과정에서 한국경제는 괄목할만한 성장을 보였지만 많은 부작용과 문제점이 나타났던 것도 사실이다. 더구나 20세기 말미에는 그 동안 누적되어 오던 문제들이 외환금융위기의 형태로폭발하여 심각한 경제적 위기에 직면하기도 하였다. 그 이후 경제 전반의 구조개혁이 시도되면서 한국경제는 새로운 전환의 시기를 맞이하게 되었다. 위기극복과정에서 경기회복과 기업 및 금융기관의 구조조정과 같은 성과를 거두기도 했지만 해결해야 할 몇 가지 과제는 여전히남아 있다. 재벌개혁과 금융기관의 선진화를 위한 노력은 계속 이루어져야 하며, 노동시장의 변화에 따른 실업의 장기화나 소득분배의 악화로 인해 저소득 계층의 경제적 어려움은 아직 크게 개선되지 않은 상

태라 할 수 있다. 결과적으로 한국경제는 20세기를 힘겹게 마감하게
되었다.

지난 50년은 한국 사회로 보아 대변혁의 시기였다. 이 기간 동안 한
국 사회는 그 성격과 내용에 있어 엄청난 변화를 경험하였다. 1945년
세계 2차 대전의 종언과 함께 일본으로부터의 해방과 곧 이은 남북한
의 분단, 1948년의 남한정부수립, 1950−53년의 6.25전란, 1960년대의
민주항쟁과 뒤이은 1988년의 6공화국의 출범 등 한국사회의 변화를 나
타내는 역사적 사건들이 발생하였다. 이러한 여러 사건들을 포함하는
이 기간이 결과적으로 한국사회의 성격 변화를 나타내는 시기이다 또
한 지난 50년간 한국의 사회경제적 성격변화를 몇 가지 사항으로 나타
낼 수 있다. 우선 첫 번째는, 기간 중 한국 사회의 성격이 전통사회로
부터 자본주의적 산업사회로 변모한 것이다. 그리고 경제적 측면으로
볼 때, 농업국가에서 공업국가로 변화 한 점과 저소득 국가에서 중상
위 소득국가로 자리 잡은 것이다. 또한 폐쇄적인 동양사회에서 서구화
된 동양사회로 바뀌었고 정치적인 측면에서 민주주의 국가로 자리 잡
았으며 그리고 세계사의 변두리에서 벗어나 본류에 합류하게 되었다.

이상의 특성과 관련하여 한국은 지난 50년간 수구적 폐쇄주의의 길
대신 개방적 진보주의의 길을 택해 남달리 노력한 결과 세계 각국이
무시할 수 없는 경제력을 갖추는 동시에 세계사의흐름에 동참해 왔다.
이러한 한국 사회의 변화는 공업화를 통하여 가능하였는데 그 핵심을
'수출주도형 공업화'를 통한 성장지상주의라고 하겠다. 비록 박정희 대
통령이 독재자로 역사에 남았지만 그가 추진하고 성과를 본 몇 가지
경제 정책은 먼저, 제3차 경제개발 5개년 계획과 1970년 7월에 개통된
경부고속도로와 당초 1970년 재고과잉 시멘트를 농어촌 마을 가꾸기
공동사업에 지원해 주는 것으로 시작되어 그 뒤 새마을운동, 도시마을
운동, 공장새마을 운동, 학교새마을운동 등 전국 모든 부분으로 확장된

새마을 운동을 둘 수 있다.

　이 기간 중 한국경제는 1973년에 16.7%라는 유례없는 성장을 그 정점으로 하여 계획목표 연평균 성장률 8.6%를 크게 상회하는 연평균 11.2%의 고성장을 기록하였다. 이런 경제규모의 양적 확대와 더불어 질적인 부분의 개편도 이루어져 산업구조가 더욱 고도화되었다. 예를 들면 농림어업의 현저한 감소에 비해 광공업의 비중이 현저하게 높아짐으로써 우리 경제의 산업구조가 1차산업 중심이었던 후진형 구조를 탈피하여 선진형 구조로 이행하는 이른바 산업구조의 고도화를 이룩하였다.

　3차계획기간 중의 고도성장을 주도한 제조업부문은 부가가치생산에 있어서 1971년의 6,590억 원에서 1976년에는 16,670억 원으로 약 2.5배로 증가되었으며 GNP에서 차지하는 비중도 동 기간 중 21.7%에서 35.0%로 제고되어 계획목표를 7.5%나 초과하였는데, 이것은 철강, 전자, 조선, 석유화학콤비나트 등 중화학 공업의 중점적인 건설에 힘입은 바가 컸다.

　70년대의 중요한 사건은 8.3조치(1972)와 중화학공업화 선언이라고 볼 수 있다. 그 배경과 내용을 보면 우선 8.3조치는 60년대 말에 이르러 차관경제의 부작용으로 나타난 인플레이션 고질화, 긴축재정으로 오히려 가속화된 불황, 환율인상 조치에 따른 수입자본재가격상승으로 인한 국제수지 악화의 상황 가운데 기업의 부실화 현상을 해결하기 위해서 1972년 8월 3일에 경제안정성장을 위한 긴급명령 제 15호로 공포되어 실행된 것으로서 그 내용은 사채동결, 금리인하, 조세감면, 특별금융채권발행(산업합리화 자금을 형성하여 저금리, 장기로 부실기업에게 제공)이었다.

　한국경제에 정통하다고 평가받고 있는 후카가와 유키코(深川由起子) 일본 도쿄대 대학원 교수의 평을 응용하자면 "한국의 장점은 신속하고 과감하게 목표를 빨리 달성하는 '속도'에 있다." 라고 말하였다. 한국정부의 "과감한 정책결정, 목표달성을 위한 추진력과 집중력, 상황변화에 대한 대응력과 위기관리 등을 강화하는 것이 한국형 경제회생의 길이 될 수 있다"라고 말하였다.

한국 경제는 발전의 속도가 빠르며 미래 잠재력이 크다. 그리고 역경을 극복하는 인내력과 기술이 노련하다. 이러한 힘은 어디에서 오는 것일까.

그것은 아마 정부 주도형으로 시작하여 민간 주도형으로 물꼬를 텄기 때문일 것이다. 이때부터 대기업 위주로 한국을 이끌어 가기 시작하였다. 대기업은 특혜로부터 시작되었다. 정부주도의 경제개발이 시작된 1960년대에는 수출기업에 대하여 소득세, 법인세, 감면, 관세 감면, 특별 감가상각, 수출보조금 확대 외화 대출 등 각종 지원이 따랐다. 이러한 기업들을 또 독점적 투자허가와 정부지급 보증을 통한 차관도입 허가 등으로 외자도입에 따른 국재의 금리차와 독점적 수익을 누리게 되었다. 이를 통해 형성된 재벌을 학구사회의 경제력의 상당부문을 집중적으로 보유하고 있을 뿐만 아니라 진출 분야도 거의 모든 산업에 걸쳐 있고 제조업 부문의 경우에도 여러 업종에 넓게 진출하고 있다. 현실적으로 재벌은 한국사회의 경제는 물론 정치, 사회, 문화 등 모든 분야에 이르기까지 진출해 왔다. 이렇게 하여 한국경제는 엄청난 속도로 경제적인 성공을 이루어 낼 수 있었던 것이다.

그러나 이후 재벌의 빠른 성장으로 인하여 해외의 자금을 정부의 허가 없이 직접 조달할 수 있게 되었고, 3저에 기초한 흑자로 인해 외화 조달이 더욱 쉬워짐에 따라 재벌은 정부로부터 더욱더 자율적이고 독립적인 모습으로 변화하게 되었다.

이렇게 '정부-재벌'의 관계가 변화하고 국가의 재벌에 대한 통제력이 사라지게 된 것이 시장 자율에 의해 기업의 통제와 규제를 한다는 점에서는 바람직하다고 할 수 있지만, 금융 자율화를 시행함에 있어 이전 국가의 규제 역할을 대체할 다른 효과적인 규제 제도를 마련하지 못했다는 점에서 재벌 체제의 문제점을 심화시켰다고 할 수 있다. 부작용이 나타난 예로 정책 금융의 축소, 이자율 규제의 철폐 등 정부의 각종 자유화 조치들에도 불구하고 정부에서 보인 은행권에 대한 창구지도, 은행장 선임 등을 통한 개입은 이중적인 정책을 보인 것이라 할 수 있고, 관료, 정치인, 재벌간의 정경유착에 기초한 대출이 계속되었던 것 또한 정책의 부작용이라고 할 수 있다.

단적인 예를 들면 외국에서는 벤처 기업에 자금을 대출할 때, 담보를 요구하지 않는다. 그 벤처 기업의 수익성과 장래를 각 은행의 고유의 방법을 통해서 평가하여 자금을 대출을 한다. 그러나 우리나라 은행은 그 경험이 축적되어 있지 못하기 때문에, 담보를 요구한다고 합니다. 담보도 그다지 안전하지 못한 것임에도 불구하고 어쩔 수 없이 담보를 요구하는 것이다.

아울러 재벌 체제 자체에 대한 정부의 개혁 노력도 이미 세력이 너무 커진 재벌의 저항과 정치적 역관계의 한계 등을 이유로 말뿐인 개혁이었음을 확인할 수 있다. 실제로 80년대 후반 이후, 재벌의 경제력 집중에 대한 비판이 거세지면서 정부에서 행한 재벌의 소유 집중의 분산 정책과 전문 경영인 체제를 확립시키기 위한 노력이 시도되었지만 많은 한계를 지닌 것을 볼 수 있었다. 이후 김영삼 정권에 들어서서는 94년 재벌을 지지하는 방향으로 업종 전문화와 여신규제 완화조치가 나타나고 97년에는 그러한 규제조차도 철폐되게 되었다. 특히 국가 경쟁력 강화라는 논리를 배경으로 등장한 95년의 '신재벌 정책' 이후에는 경제력 집중 억제에 대한 문제의식조차 사라지게 되었고, 기업 지배구조 차원의 개혁도 명목에 그치게 되었다.

결국 빠른 경제성장의 결과는 가져올 수 있었지만 한쪽에 너무 많은 힘을 실어준 결과로 인해 현재는 대기업이 없이는 한국경제를 이끌어

나가기 힘든 상황이 왔고 그들의 Monopoly 는 계속되어 경쟁체제를 만들어 나가기 어렵게 되었으며, 이제 한국경제가 경제개발 과정으로부터 경제발전 과정으로 전환을 이루어 내야 점에 있어서 재벌 자신으로 보든지 또는 한국경제로 보든지 이러한 전환을 오히려 불가능하게 하는 한계에 이르지 않았나는 점이다.

 과거 무리한 대출, 신용카드 남발 등으로 한국은 1997년 IMF를 겪게 된다. 그러나 우리가 여기서 중시해야 할 점은 우리민족은 단 4년만에 IMF로 벗어났다는 점을 가장 대단한 점으로 꼽고 싶다. 외환위기를 맞은 한국 정부는 IMF 금융지원 수용, 공적자금 투입, 원화가치 저평가 유지, 구조개혁 전략으로 응전했다. 저자들은 이 과정에 긍정적 측면과 부정적 측면이 공존했다고 진단한다. 외환위기가 발생한 지 9년이 지난 지금 한국 경제는 외환위기 재발 가능성이 언급조차 되지 않을 정도로 외화유동성이 개선됐고, 기업과 금융기관의 건전성은 국제 기준 이상으로 높아지는 성과를 거두었다. 우리 한국은 자원국도 아니다. 그런데 단 4년만에 IMF를 졸업할 수 있었다는 점은 우리민족의 엄청난 단결성에 대해 엄청 놀라웠다. 뉴스에서도 보았다, 어느 할머니가 자기가 가지고 있던 금을 은행에다가 내밀은 것을 말이다. 나라가 부도나자 사람들은 그때부터 엄청난 단결성으로 70년대 우리 어머니 아버지가 했던 많 큼은 아니지만 최근에 가장 근면하고 성실하게 일하며 검소하게 생활했던 시기라고 해야 할 것 같다. 예를 들면 멕시코의 경우 95년에 IMF를 겪었고 97년에 가서야 사정이 많이 나아졌지만 그전에는 멕시코는 채무지불 불능사태까진 가는 등 3번의 위기를 겪었다. 또한 현재 아르헨티나는 모라토리엄(지불 유예)을 선언한 상태이다. 다른 국가에게 지불해야하는 채무의 지불이 불가능, 즉 거의 파산한 상태라는 의미다. 그래서 한국의 IMF 관리체제의 모범국가로써 IMF에서 손꼽는 성공사례이며, 실제로 관리체제를 받은지 2년여만에 거의 원래의 경제상태로 복귀한 유일한 나라이다. 2백억 달러에 이르는 채무를 원래 상환기한이 2004년보다 훨씬 앞선 2001년에 다 갚아버린 대단한 국가이다. 게다가 IBRD세계은행 ADB아시아개발은행에서 100억달러까지 받았으니, 총액이 3백억이 넘었고, 그때당시 해외언론에선 다시일어선 한국, 의지의 한국인, 한국이 다시일어서다 하는 식으로 난리였으며. 이때까지 이렇게 빠르게, 완전하게, 위기를 극복한 사례가 없었다고 한다.

장점만 있는 것이 아니라 사회가 변해 가다보니, 80년대부터 출산율이 급격히 떨어지기 시작했다. 아들, 딸 구별 없이 낳아서 기르자는 운동부터 시작하여 90년대와 2000년대에는 경제적인 여러 가지 불안요소들과 외환위기, 비싼 사교육비 등 때문에 현재 한국정부의 문제점으로 대두 되는 점이 저출산 이다. 저출산율 때문에 자녀들을 너무 귀하게 키워 자립성에 결핍이 되는 것 또한 문제점이라고 지적하고 싶다. 현재 중국이 문제로 삼고 있는 '컨라오족' 너무 과잉보호 아래 자라는 아이들 때문에 나이가 들어도 부모님에게 의지하는 자녀들이다.

국가의 미래를 보았을 때 저출산은 국가의 경쟁력과 내수경제에 큰 타격을 줄 수 있기에 현재 정부가 대책들을 강구 하고 있지만 아직은 역부족인 것 같다.

하지만 한국은 고급노동력이 넘쳐나기 때문에 자원이 풍부한 것은 사실이나, 이로 인한 고급노동력의 인플레이션으로 한국사회는 현재 심각한 청년실업을 겪고 있다. 하지만 한국은 일본·중국보다 한발 앞서 다른 나라와 자유무역협정(FTA)을 체결해야 하며 성숙한 노사관계를 구축해서 외국인 직접투자 유치에도 나선다면 경제성장 밑 고급노동력에 대한 해결 방안도 어느 정도 찾을 수 있을 것이다.

현재 한국은 칠레와 미국과 FTA 자유무역협정을 채결하였다. 그 중에서 세계에서 가장 큰 시장인 미국시장에 세금 없이 물건을 판매할 수 있기에 외국보다 좋은 조건의 가격을 형성할 수 있을 것이며 경쟁력 또한 향상될 것이다.

이러한 고급노동력은 미국시장을 겨냥한 국가나 기업에서 한국으로 투자할 가능성이 높아 질 것이며 시간은 걸리겠지만 결과적으로 일자리가 많이 늘어나 청년실업이 어느 정도 해소 될 것 같다.

인터넷에 떠도는 말중에 이런 말이 있다. 유석춘 연세대 사회학과 교수가 역대 대통령들을 밥통과 관련해 비유한 글을 인터넷에 게재한 것이다. 이야기를 간추린다면 박정희씨가 밥통하나를 장만해서 밥을 해 놓고 세상을 떴는데 그 뒤 전두환씨가 밥을 맛있게 먹고 누룽지만 남아 있는 밥통을 노태우씨가 박박 긁어 먹었다는 말이다. 그 후 김영삼씨가 밥통을 팔아먹고 국민을 먹여 살릴 밥통이 없었던 김대중씨는 빚을 들여 전기밥통으로 바꾸었는데 지금 현재 노무현 대통령이 220v에 꼽아야 할 밥통을 110v에 꼽아 터져버렸다는 말이다.

이런 이야기를 한 이유는 그 당시 노무현 정권은 여러 시험을 하면서 나라의 살림살이를 이끌었다. 바로 미국과의 자유무역협정이다.

한국경제 수출부문에서 문제점은 첫 번째로는 정부주도형 경제성장 모델에 의한 한국경제는 국제 경쟁력을 가진 몇몇 대기업을 배출하였으나 국내 경제는 비효율적인 경제의 양극상이 들어남으로써 위기가 초래 되었다. 비록 일부 기업들이 새로운 테크닉을 개발로 여러 가지 연구를 하고 있지만, 한국은 중국과 같은 저비용 국가와 경쟁을 해야 하는 동시에 경영능력, 기술부문에서 우위에 있는 일본 등 선진국과 경쟁을 해야 하는 이중고의 넛크래커 상황에 시달리게 되었고 앞으로 이 상황은 더욱 심화될 것이다. 또한 원화의 가치가 강세, 미국 달러의 약세가 지속되어 오면서 수출금액에 차질을 많이 빗고 있다. 2000년도 정도까지 1달러당 1,300원 하던 원화가 940원 정도로 강세를 보이고 있기에 기업들의 수출금액은 동일 하지만 다시 달러를 원화로 바꾸었을 때 기업과 국가적인 손해를 보고 있다는 것이다.

매일경제 04.2.5기사에는 한국의 노사간 대결과 갈등 구조는 날로 확대 증폭되고 있다. 노사정위원회라는 합의기구가 있지만 제대로 역할 수행을 한번 못하고 표류하는 가운데 집단적 노동파업이 거의 일년 내내 지속되고 있는 실정이다. 외국기업들이 한국 진출을 가장 싫어하는 첫 번째 이유가 바로 노동환경 때문이라고 한다.

이 같은 노조형태는 외국투자자 들은 물론 국내생산기업들 마저 인권비가 저렴한 제 3국으로 생산시설을 옮기고 있는 실정이다. 몇년전 있었던 부산항 물류파동은 국내에 엄청난 경제적 손실을 입혔을 뿐 만아리가 외국기업에 그대로 알려져 국내 진입을 가로막는 작용을 하였고, 아시아나 조종사 파업 등은 국가 이미지를 바닥으로 내리쳤다. 해외언론은 한국노조를 "비타협적이며 전투적인 강성노조, 기업과 나라경제 성장 기반이 무너져도 아랑곳 하지 않는 노조" 등으로 부각되고 있다.

한국경제의 장, 단점을 비교하고 공부 해본 결과 현재 한국은 주변 국가들 보다 그리고 아시아 최초로 미국과 FTA를 협상했다. 그리고 한국인의 장점인 발 빠른 대책 능력, 국민의 단합력을 다시 한번 보여주고 고급인력들을 어떻게 활용할지에 대한 방안 마지막으로 노사문제만 잘 해결된다면 앞으로 비전 있는 경제적 강국이 될 것 같다.

2. 개발정책으로의 전환

개발정책의 종류에는 상당히 많은 종류가 있다. 개발정책을 이해하기 위해 한미 FTA를 살펴보도록 하겠다. FTA란 Free Trade Agreement의 약자로써 자유 무역 협정이라는 것이다. 이 자유 무역 협정이 체결되면 국가간의 관세나 모든 무역장벽이 제거되어 자유롭게 무역이 가능해 지는 것이다. 관세가 없이 무역을 하면 질 좋은 상품이 더 싸게 들어온다. 그로인해 국산산업이 피해를 보는 것이다. 하지만 세계에서 우리나라가 강한 상품을 다른 나라들 보다 더 싸게 팔기 때문에 일방적으로 피해를 입는다고 볼 수는 없다.

그럼 이제부터 이익 보는 업종과 피해보는 업종에 대해 열거해보겠다.

1) 고속질주 예상되는 자동차산업

자동차는 FTA의 최대 수혜업종 중 하나다.

원화가치 상승으로 미국시장에서 한국산 자동차의 수익성과 가격경쟁력이 급격히 떨어지고 있는 가운데 2.5%의 미국 관세가 없어지면 수익성 개선에 큰 도움이 될 것으로 전망된다. 자동차 부품산업도 혜택을 입을 것으로 보인다.

지난해 기준으로 한국 차의 대미(對美) 수출은 69만3124대, 금액으로는 87억1000만 달러에 이른다. 반면 미국 차의 수입은 5024대, 1억4207만 달러에 그친다. 한국 자동차업체의 상대적인 이득이 훨씬 큰 것이다.

미국 전체 자동차 시장에서 19%를 차지하는 픽업트럭에 대한 관세 25%가 10년간 단계적으로 철폐되는 합의안은 아쉬운 부분이다. 픽업트럭은 미국으로서는 한국의 '쌀'과 같다. 미국 자동차업체로서는 8%인 한국 관세가 없어지면 5% 이상의 가격인하 요인이 발생한다. 그러나 미국산 자동차에 대한 한국 소비자들의 선호도가 높지 않아 그 효과는 제한적일 것으로 보인다. 유럽차는 '어부지리(漁父之利)'를 얻을 가능성이 높다. 벤츠와 BMW 등 일부 차종은 미국에서 생산된 것이 한국에 수입되고 있어 가격인하 요인이 발생하게 됐다. 반면 미국산 일본차는 물류비용과 생산비용 등을 감안하면 당장은 수입 가능성이 크지 않은 것으로 평가된다.

한국 소비자로선 2000cc 이상 승용차의 경우 특소세가 10%에서 5%로 떨어지면서 교육세(특소세의 30%)와 부가가치세(판매가격의 10%)에도 영향을 미쳐 실제 7.2%의 소비자가격 인하 효과가 발생한다. 세전 가격이 2900만 원인 '그랜저 3.3 TOP' 모델의 경우 209만 원 정도 싸질 것으로 보인다. 철강과 조선은 관세 문제가 없기 때문에 직접적 혜택은 크지 않을 듯하다.

2) FTA의 높은 파고 맞은 한국 농업

한미 FTA로 한국의 농업이 득(得)보다 실(失)이 많은 것은 이미 예상된 일이었다. 한국으로서는 피해 규모를 얼마나 최소화하느냐가 애초

농업 부문 협상의 목표였을 정도다. 문제는 쇠고기다. 농촌경제연구원
등의 분석에 따르면 현행 40%인 쇠고기 관세가 10년 안에 단계적으로
완전 철폐될 경우 한 해 평균 각각 2200억 원 정도 국내 생산이 줄어
들 것으로 보인다. 최종협상 결과가 15년간 '장기 철폐'이기 때문에 피
해액이 다소 줄어들 수 있다. 미국산 쇠고기의 가격이 한우 산지가격
의 3분의 1 수준에 그치는 것을 감안하면 축산농가들의 피해는 커질
듯하다.

최장 10년 안에 관세를 없애야 하는 돼지고기의 경우도 생산량 감소
가 불가피하다. 장기적으로 값싼 미국산 쇠고기의 소비가 늘어나면 대
체재인 돼지고기의 가격은 더 떨어질 가능성이 크다.

제주도 등의 감귤 농가들도 타격받기는 마찬가지.

비록 계절관세를 적용해 국내 감귤 출하기에는 현행 50%의 관세율
을 유지하게 됐지만 시설하우스감귤(4~9월 출하) 등은 앞으로 미국산
오렌지와의 직접 경쟁이 불가피하다. 전문가들은 "관세 철폐 기간 농가
들이 철저한 고급화와 차별화로 국내 시장에서 경쟁력을 쌓아야 FTA
의 파고를 극복할 수 있다"고 입을 모은다.

3) 섬유산업도 대표적 수혜 업종

섬유산업도 대표적인 FTA의 수혜 업종이다. 원사(原絲)의 생산지에
따라 원산지를 정하는 미국의 까다로운 원산지 규정(얀 포워드·Yarn
Forward)이 완화되면서 대미 수출 비중이 크게 늘어날 것으로 보이기
때문이다. 섬유산업연합회에 따르면 섬유·의류 부문의 미국 내 평균

관세율은 8.9% 수준. 하지만 스웨터 등 15%가 넘는 높은 관세가 적용되는 제품이 전체 수출 품목의 13%가량을 차지한다. 전문가들은 관세철폐로 한 해 2억 달러의 수출 증대 효과가 기대되고 대미 수출 비중이 2005년 17% 수준에서 20% 선으로 높아질 것으로 전망했다.

석유화학과 정유업계는 대미 수출로 거둘 이익이 크지 않거나 관세영향을 이미 받고 있지 않아 FTA 체결에 따른 영향은 미미할 것으로 보인다.

4) 국내 중소 제약사, 타격 받을 듯

한미 FTA 의약품 협정에서 특허 보호가 강화됨에 따라 복제 의약품을 주로 생산하는 국내 중소 제약사의 피해가 예상된다. 또 오리지널 약품과 주요 성분은 같지만 부속 성분이나 제조방법을 다르게 하는 대형 제약사의 개량신약(新藥) 개발도 차질을 빚을 것으로 전망된다. 한미 FTA의 주요 쟁점 중 제약업계가 민감하게 여기고 있는 것은 의약품 특허 등 지식재산권 보호 분야다. 정부는 자료 독점권, 의약품 허가와 특허 연계 등 미국 측이 요구한 핵심사항을 들어 줬다. 제약업계는 2일 성명을 내고 "미국은 특허기간이 5년 정도 늘어나는 혜택을 보게됐다"며 "국내 제약사들이 제너릭 의약품(복제약)과 개량신약을 개발할 수 있는 통로를 가로막아 신약 개발국으로 도약할 기회를 상실할 위기에 처했다"고 밝혔다. 韓·美FTA가 이미 체결되었다. 올 해가 아니더라도 언젠가는 체결될 것이었다. 다만 모든 사람들이 시기가 너무 빠르다고 한다. 아직 경제에 대해서 잘 모르는 나지만 내가 보아도 아직 韓·美FTA는 조금 빠른 듯 하다. 그러나 이미 FTA가 체결되었으므로 시기를 탓하기보다는 FTA로 인해 이익을 보는 산업은 더욱 보강을 하

고 피해를 보는 산업은 해결 방안을 모색하여 FTA의 위기를 잘 모면
해야겠다. 이 위기를 잘 넘기면 후세에 2007년 韓·美FTA덕으로 한국
이 더욱 강대국으로 부상했다고 하겠지만 위기를 잘 모면하지 못하면
韓·美FTA 때문에 한국이 폭삭 망했다고 할 것이다. 이러한 문제를
제대로 잘 처리하면 발전 정책이 될 것이고 잘못 처리하면 망국 정책
이 될 것이다. 즉 개발정책이 실효성 있게 되기 위해서 상호간의 이익
을 찾아 봐야 할 것이다.

3. 기획 경제의 가능성

경제를 기획경제로 보는 것은 미래지향적인 경제로 만들자는 것이다.
즉 미래 예측을 하고 기획에 의해 이루어진다는 것이다.

경제는 첫째로, 어떤 기간에 생산해야 할 생산재·소비재 의 종류와
수량, 둘째로 이를 생산하기 위한 생산요소(토지·노동·자본·자원 등)
의 배분을 결정하여야 한다.

생산수단의 사유를 전제로 하는 자본주의 경제하에서는, 이것이 기
업과 개인의 이윤·효용의 극대화라는 행동원칙에 따라, 가격의 메커니
즘을 통해서 무정부적으로 이루어지는 것이 원칙이며, 전쟁시의 통제경
제를 제외하면 계획화할 수 있는 부분은 국부적인 것에 지나지 않는다.
따라서 이들 과정을 완전히 계획화하여 관리할 수 있는 것은, 생산수
단을 국유화한 사회주의경재 밖에는 없다. 이것들을 시장경제·유통경
제 와 중앙관리경제로 대비시키는 경우도 있다. 경제발전이 자연성장적
으로 이루어지는 것이 아니라, 사회로부터의 <의식적 제어> 밑에 놓여
있는 상태의 국민경제. 그러나 현실적으로는 이 <의식적 제어>는 국가
가 책정하는 계획과 그 실시에 대한 국가적 통제라는 형태를 취하는데,
종래 소련에서 볼 수 있듯이, 생산·유통·분배의 거의 대부분이 중앙
정부의 통제 아래 놓여 있는 것이 통례로 되어 있다.

사회(인간)에 의한 경제발전의 의식적 제어라고 하는 사상을 사회주

의와 결부시킨 것은 물론 마르크스와 엥겔스였다. 그들은 자신들이 주요한 과제로 삼았던 자본주의경제의 운동법칙의 해명에서 미래사회의 일반적인 기능원리 문제를 제기했다. 그 핵심을 이루는 것이 상품·화폐, 상품생산, 시장기구를 제거함으로써 사회적인 생산을 사회의 의식적·계획적 제어 하에 둔다고 하는 구상이다. 대체로 어떠한 사회에서도 이용가능한 생산요소를 사회의 갖가지 욕망에 따라 각종 부문에 배분하는 것이 필요하고, 또 경제사회의 진보를 전제로 하는 한, 사회적인 노동생산성을 끊임없이 향상시키는 것이 필요하다. 자본주의경제하에서는 이 자원배분과 효율향상이라는, 두 과제는, 기본적으로는 시장기구에 따라 처리된다. 시장에서 보다 유리하게 팔리는 물건의 생산에 사회 자원이 이동해 가고, 사회의 모든 욕망에 알맞은 생산구조가 만들어진다. 동시에 초과이윤을 얻으려는 개별자본의 경쟁을 통해서, 사회적 생산비의 저하가 시도된다. 그러나 이상은 모두 시장에서의 수급과 가격의 변동을 통해서 이루어지므로 필연적으로 사후적이고도 자연성장적인 조정과정이 되어 공황이나 파산, 실업과 같은 사회적 낭비를 수반하지 않을 수가 없다. 이에 반해, 생산수단을 사회적 소유로 넘긴 사회주의 하에서는 물질적 재화의 생산·유통·분배는 사회의 의식적인 제어 하에 놓이고, 경제발전은 미리 작성된 국민경제계획에 따라 이루어진다. 따라서 자본주의하에서의 간접적·사후적·자연성장적 자원배분과 사회적 분업의 조정양식 대신에 경제사회 전체를 <하나의 공장>처럼 조직할 수 있다는 것이 마르크스, 엥겔스의 사회주의 경제상이었다.

자본주의와 사회주의의 체제상의 차이가 그대로 <시장>과 <계획>이라는 경제조정기구의 원리적 대립과 결부되어 있다고 생각할 수 있다. 이러한 견해에서 보면, 사회주의=계획경제=비시장적 경제라고 이해되어 왔다고 해도 그리 이상하지는 않다. 소련형 집권적 계획경제제도가 성립된 것은 ① 이상과 같은 사회주의경제관 ② 혁명 직후의 전시 공산주의 경험과 ③ 특히 후진국의 중공업·국방 우선의 급속한 공업화 전략이 자본배분의 극도의 집중을 필요로 했다는 역사적 사명에 의한 것이었다. 의사결정이 고도로 집권화 되고, 시장적 요소가 극도로 배제되어 있는 것이 그 특징이며, 고전 사회주의 상에 합치되어 있는 것으로 생각되었다. 그러나 집권형 계획경제는 경제수준이 낮고, 산업구조 등이 비교적 단순한 단계에서는 아직도 조작이 가능하나 경제가 고도화되고 복잡화된 단계에서는, 정보처리만을 생각해 보아도 계획적 제어는 도리어 곤란해진다. 계획경제에서 <하나의 공장>이라는 이미지가 성립되지 않는 이유는 다음 4가지 점에 있다. 첫째는 불가지성으로서 계획당국은 전지전능하지 못하고, 경제에는 언제나 블랙박스적인 부분이 따르는데, 경제의 고도화·복잡화에 따라 이 블랙박스적인 부분은 오히려 증대하는 경향에 있다. 둘째는 데이터 처리기술의 불비성 으로서, 최신의 수리적 기법과 컴퓨터를 사용해도 사회의 다양한 요구를 포함한 종합적인 중앙계획 작성이라고 하는 과제를 풀 수는 없다. 셋째는, 복잡성으로서, 경제를 구성하고 있는 것은 저마다 독자적인 부분적 이익을 추구하는 미시경제주체의 <연합>이라는 사실이다. 이러한 점을 무시한 과잉 제어는 도리어 경제의 제어가능성을 낮추어서 낭비나 비효율의 원천이 된다. 넷째로, 앞에서 다룬 자원배분과 효율향상이라는, 어떠한 체제에도 공통되는 2가지 과제를 계획화로 올바로 처리하기 위해서는 계획화가 정확한 사회적 노동 계산에 입각해야 되는데, 현물관계의 직접노동계산은 불가능하기 때문에, 가격적 지표의 적절한 이용이 꼭 필요하게 된다. 따라서 비시장적 경제인 계획경제라 하더라도 가격·이윤·이자와 같은 시장경제의 범위를 외면할 수는 없는 것이다. 이상과 같이 생각하면 스탈린비판 후의 논쟁과 경제개혁이, 의사결정의 분권화 문제와 함께 시장기구의 이용문제를 또 하나의 축으로 하여 회전해 온 것은 당연하다. 분권적 계획경제는, 국민경제의 구조와 발전방향을 결정하는 중요한 거시 경제적 의사결정은 중앙이 장악하면서 기업의 자율성을 인정하고, 미시경제활동은 중앙이 결정하는 테두리 안에서 시장에 위임하는 구상에 서 있다. 그것은 중앙계획에 의한 거시적 의사결정의 틀 안에서 서브시스템으로서 시장 기구를 이용하려는 것으로서, 자본주의에 대한 체제적 접근을 직접 의미하는 것은 아니다. 전통적인 집권적 계획경제모델과 분권모델을 나누는 경계선은, 보통 중앙계획을 다수의 의무적 계획지표로 분해하여 기업에 하달하는 지령방식의 폐지여부와, 지령방식의 중추를 이루고 있는 생산재의 행정적 배분제의 폐지여부에 있는 것으로 생각되고 있다. 대외개방정책을 채용한 일부공산권 국가의 공통되는 점은, 공유제를 기본으로 하고 국영(공유)기업, 협동조합기업, 소규모집단기업, 사기업 등 다양한 소유형태와, 소유와 경영의 분리(예컨대, 공유기업의 입찰도급제)에 의한 다양한 경영형태를 조합시켜서 <사회주의형 혼합경제시스템>을 지향했다는 것이다. 그 속에는 경제 활성화를 위해 취해진 편법도 있지만 사회주의 계획경제의 실행 가능한 시스템이 이러한 혼합경제시스템에 수렴되었다. 그러나 이것은 현대자본주의의 혼합경제시스템과는 형태상으로 어떤 유사점을 지니고 있어도 ① 공유기업 비중의 큰 차이 ② 후자는 시장경제를 기본으로 하면서 공적 개입으로 이것을 보완하고 있는 데 지나지 않는다는 두 가지 점에서 역시 기본적으로 구별된다. 마찬가지로, 현대자본주의에서도 계획적 요소는 증대하는 경향에 있으나, 자원의 배분을 허용하는 유도적 계획을 병행하는 사회주의의 경우와 같은 뜻에서의 <계획경제>로는 볼 수 없다.

1) 사회주의 계획경제

우선, 진정한 의미의 사회주의 계획경제는 맑스적 의미의 계획경제로서, 생산·분배·소비 등 인간의 경제생활이 시장이나 국가와 같은 어떤 외적인 힘에 의해서가 아니라 인간 자신의 의지에 의해 자율적으로 통제되는 참여계획경제다. 그렇다면, 흔히 계획경제의 모델로 여겨지는 소련 동유럽 블록 경제는 맑스적 의미의 계획경제가 아니라, 일종의 관료적 명령경제였을 뿐이라는 사실이 먼저 지적돼야 한다. 소련 동유럽 블록의 붕괴를 두고 오늘날 맑스적 의미의 계획경제가 불가능함을 증명한 것이라고 주장하는 것은 옳지 않다. 하지만 오늘날 시장을 폐지하고 민주적 계획경제 방식으로 경제를 조절하는 것이 과연 가능한가 하는 문제는 여전히 남는다. 21세기 조건에서 시장 폐지의 불합리성 또는 계획경제의 불가능성 명제는 우리나라 진보 학계에서는 거의 '공준'으로 받아들여진다. 우리나라 진보 학계를 장악하고 있는 좌파 케인스주의자들이나 시장 사회주의론 자들은 21세기 세계화·정보화와 같은 변화된 조건에서 시장 폐지는 불가능할 뿐 아니라 효율성 면에서 바람직하지 않다고 주장한다. 하지만 이러한 주장은 아무런 근거가 없다. 물론 세계화가 진전되면서, 스탈린이 강변했던 '일국사회주의'를 건설하기가 점점 어렵게 된 것은 사실이다. 하지만 '일국사회주의'는 고전 맑스주의가 지향하는 국제적 사회주의와는 아무런 관계가 없다. 세계화는 각국 자본주의의 상호연관을 증대시켜 국제적 혁명의 객관적 조건을 더 성숙시키고 있다. 한편, 정보와 복잡성이 천문학적으로 증대한 조건에서 시장이 아닌 계획에 의거해 자원을 배분하는 것은 불가능하며, 설사 가능하다 하더라도 엄청난 비용을 수반한다는 주장이 있다. 하지만 21세기에 고도로 발전한 IT 기술 덕분에 지난 20세기에는 상상할 수 없을 정도로 상세한 계획의 입안과 실행이 가능해졌다. 예컨대, 오늘날 모든 상품에 부착된 "바코드"를 활용한다면, 전국적·전세계적 수준에서 대부분의 재화의 생산과 재고, 물류의 통합 관리와 소비자 수요 조사가 가능하다. 실제로, 개별 기업 수준에서 이와 같은 계획은 이미 첨단 수준으로 이루어지고 있다. 문제는 자본주의 시장경제에서 이와 같은 계획이 개별 기업 수준에 국한되고 사회 전체에서는 극심한 경쟁과 생산의 무계획성이 득세한다는 것이다. 하지만 가령 모든 기업들의 재무제표를 웹사이트에 공개하는 것이 의무화된다면, "구글"과 같은 검색엔진을 통해 이를 수집·분석해 전국적·전세계적 규모에서 생산과 투자를 계획적으로 조정할 수 있다. 맑스가 <고타강령 비판>에서 제안한 구상, 즉 화폐와 가격을 폐지하고, 노동시간을 기준으로 자원을 배분하고 소득을 분배하는 구상은 오늘날 실제로 실행 가능하다. 즉, 맑스적 의미의 경제 계획 입안에 필수적인, 재화와 서비스로 구현된 노동시간의 계산 작업도 오늘날 발전된 컴퓨터 기술을 이용한다면 단 몇 분이면 충분하다. 이를 통해 각자는 자신이 수행한 노동시간만큼 "노동증서"를 받고(물론 교육·의료와 같은 "사회적 소비"와 투자·기술혁신에 필요한 "사회적 축적" 기금 부분은 공제돼야 한다), 이 "노동증서"를 가지고 이와 똑같은 노동시간이 구현된 소비재를 구입한다는, 맑스가 말한 "공산주의 초기 단계"의 평등주의적 분배 원리를 실제 현실로 만들 수 있다. 나아가, 오늘날 정보화의 핵심인 인터넷에 기반한 네트워크의 발전은 맑스적 의미의 계획, 즉 진정한 의미의 참여계획, 아래로부터의 계획을 가능하게 한다. 예컨대, 온라인 토론과 인터넷 투표를 결합할 경우, 고대 아테네와 같은 직접민주주의 원리를 경제와 정치 영역에 광범하게 적용할 수 있다. 따라서 계획경제에서는 개성과 자유가 억압되고, 민주주의의 후퇴와 계획 기구의 비대화·관료화가 필연적이라는 하이예크의 비판이나, 이와 같은 문제점을 시정하기 위해서 시장 기구의 도입이 필수적이라는 알렉 노브나 존 로머 같은 시장 사회주의론 자들의 주장은 인터넷 네트워크에 바탕을 둔 참여계획경제의 가능성을 예상하지 못한 것이다. 한편, 신자유주의의 대안으로 최근 알렉스 캘리니코스도 주목하는 앨버트의 ≪파레콘≫이나 드바인의 '협상 조정' 모델은 아래로부터의 참여계획을 구체화했다는 점에서 맑스적 의미의 계획경제의 정신을 따른 것이라고 할 수 있다. 하지만 그들은 <고타강령 비판>에서 맑스가 제안한 노동시간 단위 계산을 배격하고, 신고전파적 "지시가격"(앨버트)이나 리카도적 "생산가격"(드바인)에 의거한다는 치명적 결함을 갖고 있다. 이 때문에 그들은 결국 시장사회주의론으로 퇴행할 가능성이 있다. 맑스적 의미의 계획경제에서는 분업의 폐지를 통해 노동 소외가 극복돼 노동 의욕이 비약적으로 증대되고 생산성이 획기적으로 향상될 것이다. 뿐만 아니라, 생산자들이 아래로부터 참여하므로 오늘날 기술 혁신에 결정적인, 생산현장의 '암묵적 지식'과 정보 동원이 극대화된다. 그럼으로써 자본주의에서보다 훨씬 역동적인 기술혁신이 가능해진다. 또한 이와 같은 생산성 향상과 기술혁신의 과실이 자본의 이윤이 아니라 인류 전체의 풍요로운 삶으로 나타날 것이다. 계획경제에서는 혁신과 생산성 둔화가 불가피하다는 하이예크 등의 비판은 맑스적 의미의 참여계획경제에는 해당되지 않는다.

2) 시장경제와 계획경제

시장경제란, 국민 각자의 재산권을 존중하고, 경제활동의 자유를 보장하는 경제체제이다. 우리가 필요로 하는 것을 시장을 통해서 공급받으며, 이러한 공급이 이루어지는 시장은 자발적인 교환의 집합체이다. 창업과 거래, 무역 등 모든 경제활동에서의 자유가 보장되어야 한다. 경제적 자유는 기업인들로 하여금 새로운 생산방식과 경영방식을 찾아내게 하며, 그 결과 새로운 일자리들이 만들어 진다. 또 이러한 자유가 있음으로서 경쟁이 발생하게 되고 이러한 경쟁은 기업으로 하여금 소비자들에게 경쟁자보다 싸고 좋은 제품을 공급하도록 부추긴다. 그 결과 국민 각자의 생산성이 높아져 소득이 증대된다. 즉, 시장경제는 풍요를 가져다준다.

계획경제란, 소비자의 선호가 무시되고 중앙기관에 의해서 계획적으로 운영되는 국민경제를 말한다. 사회주의 계획경제의 특징은 국가에서 국민경제의 모든 부문이 계획화된다는 점에 있다. 이 계획경제에 있어서는 각 개인이 이윤추구에 기인한 경제의 자동적 조절의 기능은 일절 인정되지 않고 중앙의 계획기관에 의해서 계획이 정밀하게 수립되어진다. 따라서 수요, 공급 법칙에 의해 가격이 결정되는 시장경제와 달리 계획경제는 정부에 의해서 가격이 결정되어 지며, 공급 또한 정부에 의해 결정되어 지는 것이다. 그렇다면 시장경제가 계획경제보다 효율적인 이유는 무엇일까, 우선, 계획경제체제는 무엇을 생산하여야 할 것인가의 문제에 있어서 소비자자들의 선호가 충분히 반영되지 못한다. 생산에 있어서의 의사결정이 정부에 의해 이뤄지므로, 공공재를 적절히 조달하는 데는 유리하지만, 국민 개개인의 복지와 관련된 재화의 생산에 있어서의 수요파악이 힘들다. 이로 인해, 국민들이 필요로 하는 소비재에 대한 공급부족현상이 발생한다. 소비자의 선호와 필요로 인해 생산되는 시장경제와 달리, 상품의 종류도 다양하지 못하여 거래가 잘 이뤄지지 않으며 재고도 많이 쌓이게 된다. 그리고 계획경제체제에서는 생산방법에서도 정부의 지시에 의해 결정되어지는데 공장조직의 사정을 잘 알지 못하는 상황에서 결정, 지시하기 때문에 필요이상의 생산 물자가 남아도는 현상이 발생한다. 시장경제를 통한 발전을 우리는 모색해야 한다. 공산주의나 전체주의적 기획 경제, 즉 계획 경제 보다는 경제개혁으로의 정착화가 필요한 것이다. 요즘은 좌파적 사고를 우상시하고 가치를 높이 여기지만 진정한 경제는 어느 나라가 더 발전 하고 있는지를 객관적인 눈으로 보아야 할 것이다. 공산주의나 사회주의를 추종하고 있는 나라들마다 자본주의와 개방경제를 따르는 이유가 무었을까, 그것은 발전을 거듭하기 때문이며 더 가치가 높기 때문일 것이다. 현실을 직시할 수 있는 객관적인 눈이 경제 발전을 높일 수 있는 것이다.

3) 시장경제의 특징

1. 사유재산 인정
2. 자유로운 직업 선택

3. 경제학에서 일하는 자유방임주이다.
4. 개인의 자유를 중심 가치로 삼는다는 점에서 인권이 보장이 용이하다.
5. 국가 등 특정 집단에 개인이 탄압받지 않는다.
6. 형식적인 민주주의가 자유를 위협하는 경우를 방지한다.

4) 계획경제의 특징

1. 사유재산 불인정
2. 자유롭지 못한 직업 선택
3. 모두가 공평하게 월급을 받는다.
4. 의무적으로 일정한 시간을 근무하면 월급을 받는다.
5. 모두가 공평하게 가난하다.
6. 정치인들만 잘 먹고 잘 산다.
7. 정부에서 시키는 대로 해야 한다.

5) 시장경제와 계획경제의 장단점

시장경제는 아담스미스의 이론에 따르면 보이지 않는 손에 의해 조화로운 자원배분이 가능하다고 보는 사람들에 의해 지지되고 있으며 계획경제는 시장경제로 인한 문제가 많으므로 자율적인 시장이 아닌 인간의 합리적 계획에 의한 자원배분이 필요하다고 주장하는 사람들에 의해 지지되고 있습니다. 시장경제는 보다 효율적인 자원배분이 가능하다는 장점이 있으나 "시장실패"라는 단점이 있습니다. 즉, 공공의 이익을 위해 필요한 재화의 생산이 곤란하고 부익부빈익빈 현상이 나타나서

부자에게만 유리한 제도라는 문제가 존재합니다.

계획경제는 시장경제의 문제점인 공공재의 생산이나 불평등한 부의 배분의 문제를 해결할 수 있다는 장점이 있으나, 비효율적일 수 있다는 단점이 있다.

현대경제는 완전한 시장사회나 완전한 계획경제인 사회주의사회가 아니라 어느 정도의 조화가 된 수정자본주의로 수렴되어 왔으나 최근에는 계획경제의 요소를 배제하고 시장의 원리가 중심이 되어야 한다는 주장이 강해지고 있고 이로 인한 빈부격차의 심화의 문제가 제기되고 있다. 민주사회주의에 있어서는 그 주장의 중점은 생산수단의 공유가 아니라 물질에 있으며, 이 목적은 생산수단의 공유에 의해서가 아니라 민주주의 자체의 발전, 즉 정치적·경제적·사회적·국제적 등 인간생활의 모든 영역에 대하여 민주주의를 확대·발전하는 방법에 의하여 실현될 수 있다는 것이다. 이리하여, 민주사회주의에 있어서는 사회주의의 개념 자체가 종래의 사회주의와 근본적으로 달라지고 있다. 즉, '민주주의의 최고의 형태', 다시 말해 민주주의가 정치적으로뿐만 아니라 경제적·사회적·국제적으로까지 확대·발전됨으로써 최고의 단계에 이르렀을 때의 민주주의를 가리켜 사회주의라고 한다. 그러므로, 이 민주사회주의를 기점으로 사회주의 자체가 새로운 방향을 지향하고 있다고 보아야 하며, 민주사회주의에서 말하는 사회주의 경제는 종래의 사회주의 경제에 비하여 크게 달라지고 있다.

즉, ① 모든 생산수단의 공유화를 예상하지 않으며, ② 경제적 생산의 목적은 '인간의 필요 충족'에 있으며, ③ 이 목적을 달성하기 위한 정책은 '완전고용, 보다 고도한 생산, 생활수준의 향상, 사회보장 및 수입과 재산의 공정한 분배'에서 구하며, ④ 계획은 '모든 경제적 결정이 정부 또는 중앙기관에 일임되는 것을 의미하지 않고, 계획의 목적과 양립하는 한 어디서나 분권화 되어야 한다'는 것이며, ⑤ 이렇게 함으로서 '경제력을 국민 전체의 손에 두고, 자유스런 사람들이 평등한 자격으로 함께 일하는 사회를 만들어 내는 것을 목적으로 한다'고 선언하고 있다. 그러므로, 사회주의 경제를 말할 때, 민주사회주의 경제와 그 이전의 고전적 사회주의의 경제를 명확하게 구별하지 않으면 안 된다.

4. 공산주의 경제의 특징

사유재산제도의 부정과 공유재산제도의 실현으로 빈부의 차를 없애려는 사상이다.

코뮤니즘은 본래 공유재산을 뜻하는 코뮤네 라는 라틴어의 조어로서, 사유재산제를 철폐하고 사회의 모든 구성원이 재산을 공동 소유하는 사회제도를 의미하였다. 사유재산제로부터 발생하는 사회적 타락과 도덕적 부정을 간파하고, 재산의 공동소유를 기초로 하여 더 합리적이고 정의로운 공동사회를 실현하고자 한 공산주의의 이상은 인간의 정치적·사회적 사색이 시작된 때부터 싹튼 것으로 볼 수 있다. 그러나 오늘날 공산주의라고 할 때는 문헌에만 남아 있는 죽은 공산주의가 아니라, 하나의 정치세력으로서 활동하고 있는 현대 공산주의, 즉 마르크스-레닌주의를 가리킨다. 마르크스-레닌주의는 1840년대 이후 서유럽에서 마르크스와 엥겔스에 의하여 창시된 마르크스주의를, 레닌이 20세기 초 러시아의 특수한 조건하에서 발전시킨 사상 및 이론의 체계와 실천운동으로서 마르크스-레닌주의 정당, 즉 공산당이 수립한 과거 소련·동유럽·중국대륙·북한·인도차이나반도 등지의 정치체제를 가리키는 말이었다. F.바뵈프, A.블랑퀴, W.바이틀링 등 혁명적 공산주의자와 C.H.생시몽, C.푸리에, R.오언 등 비폭력적인 '공상적 사회주의자'들은 모두 프랑스혁명의 평등사상의 영향을 크게 받은 사람들이었다. 마르크스와 엥겔스도 프랑스혁명의 자유와 평등이념에 절대적인 영향을 받았는데,

자기들의 조국 독일에 비하면 프랑스는 사상적으로 멀리 앞선 선진국
이었다. 그리하여 청년 마르크스는 반봉건적 절대주의국가인 독일에서
프랑스식 민주혁명을 수행하는 것을 실천적 과제로 삼고 있었다.

그러나 부르주아지(자본가계급)가 취약하고 무력하였던 독일의 상황
에서, 부르주아지가 혁명의 주체는 될 수 없다고 판단하고 그 대신 프
롤레타리아트(근대 노동계급)를 혁명의 주체로 간주하였다. 마르크스는
독일의 해방은 단순한 정치적 해방(부르주아 민주주의 혁명)만으로는
불충분하며, 인간적 해방만이 독일의 완전한 해방을 실현할 수 있다고
주장, 이 인간적 해방을 수행할 수 있는 사회적 계급은 바로 '인간성의
완전한 상실태(喪失態)요, 그러므로 인간성의 완전한 회복에 의해서만
자기를 회복할 수 있게 되는 한 계급', 즉 프롤레타리아트라고 단정하
기에 이르렀다. 이러한 마르크스의 프롤레타리아 혁명론은 1840년대의
전반기에 형성된 것인데, 여기에서 그에게 결정적 영향을 준 것은 F.헤
겔의 변증법적(辨證法的) 철학과 L.포이어바흐의 유물론적(唯物論的)
인간주의 사상이었다. 그가 말하는 인간적 해방이란 공산주의 혁명을
통한 모든 인간의 자기소외(自己疎外)의 극복과 계급으로부터의 해방
을 의미하였다. 그에 의하면 사유재산이란 인간의 노동이 대상화(對象
化)된 것, 즉 객관적 형태로 나타난 것에 불과하다. 그런데 인간의 노
동의 산물이 사유재산이 되면서, 거꾸로 그것을 만들어낸 인간(노동자)
을 지배하는 현상을 그는 인간의 자기소외라는 개념으로 파악하고 있
었다. 요컨대 그에게서 공산주의란, 단순한 재산의 공동소유가 아니라
그것을 매개로 한 인간소외의 극복, 인간성(인간의 본질)의 적극적인
회복을 의미하였다. 이렇게 볼 때 마르크스의 공산주의는 프랑스혁명의
자극에 의하여 촉발되었지만, 동시에 헤겔과 포이어바흐 철학의 주제였
던 소외의 개념을 핵심(核心)으로 하여 형성되었음을 알 수 있다. 그러
나 마르크스는 헤겔과 포이어바흐의 철학을 그대로 답습한 것이 아니
라 이것을 비판적으로 흡수하였다. 그는 1845~46년 엥겔스와 더불어

≪독일 이데올로기 Deutsche Ideologie≫를 집필, 여기서 사회의 물질적 생산관계와 생산력이 역사발전의 원동력임을 구명하고 이데올로기나 정치는 물질적 생산관계의 변화에 따라 결정된다는 사적(史的) 유물론을 제시하였다. 이에 의하여 그들은 헤겔에서 파생된 독일의 각종 관념론(觀念論)과 포이어바흐의 사회의식 없는 유물론적 휴머니즘을 청산하고 새로운 세계관으로 옮아갔다. 물론 이들은 인간과 인간의 의식을 무시한 것은 아니지만, 인간을 추상적인 인간이 아니라 어디까지나 '사회적 존재'로 규정하였던 것이다. 이들의 새로운 유물론은 자기들에 선행한 형이상학적(形而上學的)이나 기계적(機械的) 유물론을 극복한 사회적 유물론이었다. 사적 유물론의 성립으로 마르크스-엥겔스의 공산주의 이론은 그 토대를 마련하게 되었다. 사적 유물론에 의하면 인간은 생산을 중심으로 서로 일정한 사회적 관계를 맺는데, 한 시대의 생산관계는 그 시대의 생산력에 의하여 결정된다고 하였다. 생산력과 그에 따른 생산관계라는 경제적 요인은 사회의 토대이며, 정치제도ㆍ법률ㆍ사상ㆍ종교ㆍ문화 등은 이 경제적 토대 위에 구축된 상부구조(上部構造)이다. 따라서 토대가 바뀔 때는 이에 걸맞도록 상부구조도 바뀐다는 것이다. 그런데 생산력은 정지해 있는 것이 아니라 인간의 지능, 과학기술의 발달에 의하여 발전한다. 그 때는 새로운 생산력과 낡은 생산관계 사이에는 양립할 수 없는 모순이 생겨나고 이 모순은 계급관계로 이전된다.

다시 말하면 낡은 생산관계의 유지에서 이득을 보는 유산계급(지배계급)과, 새로운 생산관계의 창설에서 이득을 볼 수 있는 무산계급(피지배계급) 간에는 투쟁이 일어나게 된다. 즉, 종래의 생산관계를 파괴하고 새로운 생산관계를 만들어 내려는 사회혁명이 피지배계급측에 의하여 일어나, 마침내 새로운 생산관계(경제제도)가 창설되고, 이에 따라 정치제도를 비롯한 상부구조도 바뀐다는 것이다. 마르크스-엥겔스는 지금까지의 인류역사에 나타난 원시 공산주의사회ㆍ고대 노예사회ㆍ중세 봉건사회ㆍ근대 자본주의사회 등 여러 사회제도의 출현과 붕괴를,

생산력과 생산관계의 모순이라는 사회발전의 법칙에 의거해 설명하였
다. 그리고 자본주의사회도 이 법칙에 따라 붕괴한다는 결론을 내렸다.
그러나 그들의 사적 유물론은 역사의 발전에 있어서 경제적 요인을 중
요시하는 데 그치는 일반적인 경제사관(經濟史觀)과는 구별된다. 사적
유물론의 핵심은, 자본주의사회에서 생산력과 생산관계의 모순은 반드
시 프롤레타리아 혁명을 유발하고 프롤레타리아 혁명의 승리에 의하여
자본주의적 생산관계는 파괴되며, 마침내 생산수단의 공유를 기초로 하
는 공산주의사회에 도달한다는 점에 있다. 사적 유물론은 이와 같이
일종의 계급투쟁사관(階級鬪爭史觀)이다. 마르크스-엥겔스가 계급투쟁
사관을 더 간명하게 구체적으로 제시한 것은 1848년 2월혁명 직후에
발표한 ≪공산당선언(共産黨宣言)≫에서였다. 여기서 그들은 생산력의
발전에 따라 자본주의사회가 출현하기까지의 유럽의 역사를 계급투쟁
의 관점에서 서술하고, 부르주아 계급이 인류의 역사에서 수행한 진보
적 역할을 높이 찬양하였다. 동시에 부르주아지가 이룩한 자본주의사회
도 그 내재적 모순으로 발생하는 프롤레타리아트의 계급혁명에 의하여
붕괴한다고 예언하였다. 그러나 아직 그들은 자본주의사회가 왜 붕괴하
지 않을 수 없는지에 관한 경제학적 이론을 자세히 제시하지는 못하고
있었다. 이것을 제시하기 위하여 마르크스가 심혈을 기울여 쓴 것이
≪자본론(資本論)≫이다. 여기에서 그의 소외론(疎外論)은 계승되고 있
다. 마르크스는 2월혁명이 좌절된 후 영국으로 망명, 경제학 연구에 전
념하였다. 그는 영국 고전경제학의 여러 범주(範疇)를 비판하는 한편,
그 노동가치설(勞動價値說)을 기초로 잉여가치(剩餘價値)의 이론을 도
출하였다. 거기에 따르면 자본주의사회에서의 노동자는 생산수단을 소
유하고 있는 자본가에게 고용되어 노동력을 상품으로 팔고 그 대가를
임금으로 받아서 생활한다. 그런데 노동자는 약자의 입장에 있으므로
자기의 노동력을 재생산(再生産)하는 데 필요한 시간 이상의 노동을
한다. 이 지불받지 못하는 잉여노동시간에 창조한 가치, 즉 잉여가치는
당연히 노동자에게 돌아와야 하는데도 자본가의 수중으로 들어가 이윤

이 된다. 이윤은 곧 자본가의 노동자에 대한 착취의 결과라고 한다. 그런데 자유경쟁하의 자본가들은 노동자들을 더욱 착취하지 않고서는 경쟁에 이길 수도, 살아남을 수도 없는 것이 자본주의의 발전법칙이다. 여기서 부르주아지와 프롤레타리아트는 이해의 근본적인 대립으로 계급투쟁이 불가피하다는 것이다. 수적 점점 늘어나고 계급의식으로 단결된 프롤레타리아트는 혁명을 일으켜 부르주아지의 정치권력을 타도하고 자신의 새로운 권력을 수립하여, 그 힘으로 부르주아지가 사유하였던 생산수단을 사회 전체의 공유로 한다는 것이다. 이러한 이론을 전면적으로 전개한 것이 1867년에 출간된 《자본론》 제1권이다. 마르크스는 그의 생전에 《자본론》 제2권과 제3권의 출간을 보지 못하고 죽었지만, 엥겔스가 그의 원고를 정리하여 뒤에 출판하였다. 엥겔스는 사적 유물론과 잉여가치론으로 말미암아 사회주의는 하나의 과학이 되었다고 자부하였으며, 70년대부터는 마르크스주의를 '과학적 사회주의'라고 하고, 생시몽, 푸리에, 오언 등의 선구적인 사회주의에는 과학적 이론이 없다고 하여 '공상적 사회주의'라 불렀다.

19세기 중엽에는 '사회주의'와 '공산주의'라는 말은 엄밀한 구별 없이 거의 같은 개념으로 사용되었는데, 마르크스는 혁명적 사회주의를 개량주의적 사회주의와 구별하기 위하여 '공산주의'라고 하였다. 그는 1875년 《고타 강령(綱領) 비판》에서 계급 없는 공산주의의 비전을 제시하고 있는데, 여기서 공산주의를 '보다 낮은 단계'와 '보다 높은 단계'의 2단계로 구별하였다. 제1단계는 아직 초보적 단계로서 여기에서는 완전한 분배상의 평등은 실현될 수 없으며, '개인은 능력에 따라 일하고 노동에 따라 분배를 받는다'는 원칙을 내세웠다. 그리고 제1단계는 완전한 공산주의로 이행하는 과도기로서 계급적 독재, 즉 '프롤레타리아트의 혁명적 독재'가 필요하다고 하였다. 레닌은 이 공산주의의 제1단계를 '사회주의'라고 규정하였고, 따라서 프롤레타리아 혁명에 의하여 수립되는 '사회주의' 정권은 반드시 프롤레타리아트의 독재정권이 되어야 한다고 주장하였다. 그리하여 레닌 이래로 공산주의자들은 마르

크스주의를 강령으로 하지 않는 사회주의, 프롤레타리아트의 독재를 거
부하는 사회주의는 결코 사회주의로 인정하지 않는 전통을 세웠다. 그
리하여 민주주의라는 용어와 마찬가지로 사회주의라는 용어도 공산주
의자와 비공산주의자 사이에서는 전혀 별개의 의미로 사용되고 있다.
마르크스에 의하면 공산주의의 제2단계, 즉 '보다 높은 단계'는 생산력
의 높은 발전을 전제로 한다. 따라서 여기서는 개인이 분업(分業)에 노
예처럼 예속되는 상태가 소멸되며, 따라서 육체노동과 정신노동의 차이
가 없어지고, 노동이 단지 생활의 수단이 아니라 생활의 '제일의 욕구
(欲求)'로 되고, '개인은 능력에 따라 일하고 필요에 따라 분배를 받는
다'는 것이다. 이 낭만적인 공산주의의 미래상은 20세기를 관류(貫流)
한 공산주의, 즉 마르크스-레닌주의에 그대로 계승되었다. 그러나 그
종주국인 소련이 시장경제를 도입하지 않을 수 없게 되었고, 급기야
연방을 해체하였으며, 이어 동유럽 공산국가들이 몰락한 90년대 초까
지 그대로 잔존한 공산국가들의 절박한 현실을 볼 때, 이른바 과학적
공산주의가 꿈꾸었던 그러한 미래는 도저히 도래할 수 없을 것 같다.
공산당의 독재정권 즉 프롤레타리아의 독재정권의 완성단계이다. 이것
은 인류문명사에서 원시공산주의단계로의 회귀를 뜻하는 의미와 비슷
하며 인류의 생산잉여물의 절대적 평등을 나타냄과 동시에 프롤레타리
아들이 모든 것은 계획하고 통제하며 정권교체는 없음을 의미한다. 즉
사회주의의 완벽한 완성단계이다.
　　장점으로는 경쟁이 없는 사회 빈부의 격차가 심하지 않는 사회 즉 모
두가 인간으로서 평등한 사회를 표방한다. 단점으로는 과연 이것이 유
토피아 이론이지 실현 가능한가에 문제가 있으며 공평하게 이윤을 공
동 분배가 가능하며, 계급이 진정으로 없을까 라는 것이다.

5. 경제적 불평등 주의

민주주의체제에서 경제적 불평등과 정치적 불안정이 상호 밀접히 관련되어 있다는 것은 널리 알려져 있는 사실이다. 그러나 경제적 불평등과 정치적 불안정의 인과관계는 불분명하다. 그것은 경제적 불평등이 정치적 위기를 촉발하는 충분조건이 될 수 없기 때문인 것 같다. 경제적 문제가 정치적 위기로 진전되는 경우에는 대중의 심리적 상태, 정치운동의 주도 집단, 정부의 대응능력 등 여러 가지의 중개변수나 부가적 조건들이 첨가되어져야 하는 경우가 많다. 한국정치에서 경제적 불평등이 정치사회적 문제로 본격적으로 등장한 것은 박정희정권 이후부터이다. 박정희대통령 정권의 경제성장정책은 경제의 양적규모를 크게 성장시켰지만, 계층간, 도농간, 지역간 불평등을 심화시켜 소위 발전위기 또는 분배위기를 발생시켰다. 특히 계층간의 격차는 노사갈등의 형태로 진전되어 체제위기를 초래하였다.

정치사회적 운동의 촉발요인에 관한 연구에 있어서 가장 잘 알려져 있는 가설은 경제적 빈곤이다. 경제적 빈곤은 절대적 빈곤과 상대적 박탈감의 두 가지 형태의 가설로 연구가 진행되어 왔다. 절대적 박탈감의 가설은 일반 대중들의 경제상태가 비참해질수록 그들이 기존의 정치경제적 질서를 변화시키려는 반체제 운동에 참여할 가능성이 높아진다는 주장이다. 반면에 상대적 박탈감 가설은 절대적 빈곤 자체보다는 사회의 경제적 부가 불평등하게 분배되어 피지배계급이나 소외집단이

지배계급이나 준거집단과 비교 할 때에 상대적으로 박탈감을 많이 느 끼수록 체제변화적 운동에 참여할 가능성이 높아진다는 주장이다. 분석 의 대상이 절대적 박탈가설은 대중의 경제적 상태에 있고, 상대적 박 탈가설은 대중의 심리적 상태에 있다.

절대적 빈곤에 처해 있는 빈민들의 저항이나 반란의 가능성은 사회계 약론자들의 공통된 지적 사항이었다. 루소에 의하면, 사회계약 자체가 경제적 재원이 결여된 가난한 사람들로부터 야기되는 반란과 항거에 대 한 부유한 사람들의 선제적 보호장치라는 점에서 그 존재이유를 가지 고 있다. 사유재산이 정착되어 점차 부익부 빈익빈 상황이 전개되면 부자와 빈자 사이의 긴장과 적개심이 고조되어, 홉스가 말하는 만인에 대한 만인의 투쟁 상태가 발생한다. 결국 사태가 악화되어 양측 사이 에 전쟁이 일어난다면 잃을 것이 없는 빈민자들 보다 잃을 것이 많은 부자들에게 큰 손실이 되리라는 점은 자명한 일이다. 맑스의 계급갈등 이론은 절대적 빈곤과 상대적 박탈감의 두 가설 모두의 이론적 근거를 제시하고 있다. 맑스의 계급이론은 변증법적으로 전개되고 있다. 맑스에 따르면 자본과 노동은 변증법적인 양극단으로서 효율성의 확보라는 점 에서 의존적이지만, 그 효율성이 확보되는 방식에서, 즉 분배측면에서 는 양자는 적대적이다. 이러한 적대적 성격은 노동과 자본이 국가에 의해서 관리되든지 또는 개인소유자에 의하여 관리되든지 상관이 없다. 자본과 노동의 이와 같은 변증법적 관계는 인간과 기계나 생산물 사이 의 변증법적 관계도 함축하고 있다. 인간은 기계의 주인인 동시에 기 계나 생산물의 희생자가 된다는 것이 맑스의 소외의 개념이다. 신이라 는 존재가 인간의 본질을 거꾸로 나타내듯이 노동생산물은 노동자의 유적 본질을 거꾸로 나타낸다는 것이다. 자본주의하에서의 노동은 부자 를 위해서는 기적을 만들어 내지만 노동자를 위해서는 궁핍을 만들어 내며, 부자를 위해서는 궁전을 만들어 내지만 노동자를 위해서는 소굴 을 만들어 낸다. 또한 노동자가 더 많이 생산할수록 더 적게 소비하여 야 하며, 그가 더 많은 가치를 창조할수록 그의 가치는 하락한다. 즉 맑스에 따르면 한쪽 극에 있어서의 부의 축적은 동시에 반대 쪽 극에서의 슬픔, 노력의 고통, 노예성, 무지, 잔인성, 정신적 타락의 축적이 된다. 맑스는 노동자의 소외가 실제로 프롤레타리아 혁명을 이끌 수 있는 중요한 심리적 박탈감이라고 믿었다. 그래서 프롤레타리아혁명에 대한 그의 분석은 노동자의 경제적 물질에 대한 절대적 박탈감에만 한정되는 것이 아니라 심리적 상태인 소외의 개념도 포함하고 있다. 1960년대부터 선진 서구국가들에서 확산된 학생운동, 신 좌파운동, 인종폭동 등의 연구에서 절대적 박탈감보다는 상대적 박탈감이 반체제운동의 참여를 더욱 촉진시킨다는 주장이 제기되었다. 상대적 박탈 이론가들은 공통적으로 반체제운동은 경제적 상태가 점점 악화되어 참을 수 없을 정도에 이를 때에 발생하는 것이 아니라, 개인 또는 집단이 다른 사람들 또는 준거집단들과 비교해서 자신들이 불이익을 받고 있다고 느낄 때에 발생한다고 주장한다. 이러한 지위불일치에 의한 심리적 박탈감이 사회적 박탈감으로 전이되고, 결국에는 정치적 박탈감으로 증폭되어 정치운동을 촉발시키는 주요 원인이 된다는 것이다. 70년대 이후부터는 정치적 위기를 촉발시키는 대중의 불만이나 상대적 박탈감을 자본주의에 내재해 있는 모순이나 자본주의국가의 정당성 문제에서 도출하려는 노력들이 시도되고 있다. 신좌파 이론가와 신보수주의 이론가 모두 국가의 문제해결 능력저하가 정당성의 위기로 이어질 수 있다고 주장한다. 쉐브르스키는 노동계급을 비롯한 일반국민의 민주주의-자본주의체제에 대한 자발적 복종 혹은 동의를 보증하기 위해서는 반드시 물질적 보상이 주어져야하고, 이렇게 될 때에만 체제의 안정성은 증가한다고 주장한다. 그러므로 국가의 복지지출은 노동계급과 일반국민의 체제에 대한 순응성을 함양하는 동의의 물질적 기초로 기능한다. 사회복지를 통해 정당성을 확보해야 하는 '국가의 논리'와 사적인 이윤추구와 조직유지를 목적으로 하는 '자본의 논리', 그리고 이 둘의 상충은 국가와 자본을 대립하게 함은 물론 정치위기를 초래한다. 그래서 오페의 표현을 빌리면 자본주의는 복지국가와 같이 공존하지도 못하고 그렇다고 복지

국가 없이는 유지될 수도 없다.

지금까지 반체제운동의 참여 동기로서 대중의 심리적 상태인 상대적 박탈감이 중요한 변수로 간주되고 있음을 살펴보았다. 그러나 대중들의 심리적 상태와 반체제운동의 참여를 직접적으로 연결하는 데에는 많은 문제점들이 따른다. 물론 개인적 불만족들이 집합적 불만족의 원인이 될 수 있다. 그러나 집합적 불만족을 기술하는 가장 좋은 방법이 그 구성원들의 불만족을 평균화하는 것이라고 주장하는 소위 개인적 오류를 발생시킬 수 있다. 대중의 심리적 불만을 정치사회적 운동의 참여로 연결시키는 주요 요소로서 운동의 주도적 세력의 존재를 들 수 있다. 레닌은 사회주의혁명을 성공시키기 위해서 공산당과 당 간부들의 역할이 필수적이라고 강조하고 있다. 대중은 무기력하기 때문에 당과 당 간부들의 강력한 지도력이 필수적이라는 것이다. 정치사회적 운동의 주요 특성은 심리적이라기보다는 정치적이며, 정치권력에 대한 투쟁이 운동의 핵심적 특성이다. 한편 혁명들은 강력한 저항행위들에 의해서 일어났다기보다는 국가행정의 내적인 붕괴와 마비로 인하여 국가가 정상적으로 일상적인 통치문제를 처리할 수 없는 상태에서 일어나는 경우가 많았다. 사회혁명이 일어나는 것을 허용하고 자극하는 것은 국가의 행정력과 강권력의 붕괴인 경우가 많기 때문이다. 결국 반체제운동의 기본적 요소는 경제적 불평등에 따르는 상대적 박탈감이지만, 운동의 성공을 위해서는 대중의 심리적 상태이외에 여러 가지 부가적 요소들이 있음을 알 수 있다. 이러한 요소들은 각기 반체제운동의 필요조건은 될 수가 있어도, 그들이 동시에 일어나지 않거나 특정한 연쇄의 결과로서 일어나지 않을 경우에는 운동의 충분조건이 될 수 없음을 알 수 있다.

한국은 전통적인 쇄국정책으로 인하여 인종적 분열, 지역적 분열 또는 정치적 분열이 없는 동질적인 사회로 20세기에 들어 왔다. 또한 한국은 전통적으로 경제적인 면보다 주로 지위와 권력에 의해 충화 되어 온 사회이다. 경제적 보상도 어느 정도는 지위와 권력에 따라 변화하였다. 지위는 일반적으로 귀속적으로 규정되어졌으며 권력은 관료적 구조에서 생겨났다. 박정권 이후부터 한국의 경제상황은 급격히 호전되었다. 박정희의 군사정부는 경제발전을 최우선의 가치로 삼고, 민주주의는 경제발전에 의해 촉진된다는 논리로 쿠테타를 정당화하였다. 군부는 자본주의적 축적과정에 필요한 정치적 질서를 제공하였고, 기술 관료들은 국가개입과 시장 기제를 조화시키는 국가 주도적 자본주의체제를 확립하였다. 한국의 자본주의적 산업화는 국가가 주도하였다는 것도 주요한 초대의 이유이다. 한국의 국가는 국내 금융자본을 직접 장악했을 뿐만 아니라 해외로부터 유입되는 차관의 배분을 통제하였다. 또한 박정권은 세계시장에서의 판매를 목적으로 한 노동집약적 수출상품의 경쟁력을 확보하기 위해서는 노동자들의 임금이 생존선 수준을 초과하지 않도록 억압하기도 하였다. 한국경제에서 외국무역이 차지하는 비중은 1970년대를 통하여 세계에서 가장 높은 무역비율의 하나인 GNP에 대해 평균 70퍼센트를 차지하였다.

경제적 발전과 사회적 평등성은 상호모순 되는 면을 가지고 있다. 성장우선의 논리를 따르게 되면 평등한 가치배분의 문제가 뒤로 물러나게 되고, 그 반대로 평등한 분배를 중시하게 되면 이는 필연적으로 생산에서의 노동의 효율성과 가치의 집중화에 지장을 받게 된다. 1950년대와 1960년대의 경제학자들은 개발도상국에서 수입분배를 중요한 정책문제로 간주하지 않았다. 당시의 일반적인 견해는 급속한 경제성장이 이루어진 뒤에는 자연적으로 국민 모두가 경제적 혜택을 받으리라고 생각하였다. 분배문제는 소득확산효과를 통하여 성장과정에서 저절로 해결될 것이라고 보았다. 경제성장에 의하여 국민들의 실질소득이 올라가면 국민들의 조세부담능력도 커지고 또한 세금을 낼 의도도 증가해서 사회복지에 사용할 자원이 커질 수 있다는 것이다. 이러한 공급자 측면의 논리 그 자체는 일면 정당성이 있다. 왜냐하면 재분배할 사회적 자원이 없으면 분배자체가 불가능하기 때문이다.

그러나 1960년대 중반에 이르러 성장의 결과가 상부에서 하부로 흘러내린다는 기대가 잘못되었음이 분명해졌다. 서구의 경험에서 볼 수

있듯이 경제성장이 빈민에게도 실질적인 혜택을 주기까지는 2~3세대
의 매우 긴 시간을 필요로 한다. 반면 한국의 빈민은 절대적 빈곤 하
에 있기 때문에 소득확산효과를 기대하기는 시간적으로 적절치 못하다.
또한 '공급자 측면'의 장점은 그것이 성공하면 부자나
빈자 모두에게 해를 안 준다는 데에 있다. 그러나 이것은 기존의 사회
적 자원의 분배상태가 정당한 것으로 인정될 때에만 적용된다. 풍요로
운 소수가 존경받지 못하는 풍토에서 과시소비는 빈민들에게 저항감만
불러 일으켰다. 정치체제는 기존의 사회구조와 분리될 수 없기 때문에
계층간의 괴리 그리고 그러한 괴리를 확대시키는 정부의 경제정책은
정권의 정당성에 손상을 입히게 된다. 즉 특정한 계층체계가 도덕적
정당성을 상실할 때에 그것에 기초를 둔 권력구조는 그 계층화된 사회
체계를 용납하지 않으려는 사람들로부터 정당성을 상실하게 되는 것이
다. 그렇게 되면 일반대중들은 기존체제를 변화시키려 하기 때문에 제
도나 정부의 정책에 순응하지 않게 된다. 허쉬만의 터널효과에서 알
수 있듯이 성장초기에는 소득불평등에 대한 인내가 크나 후기에 가서는
갈등이 심화되어 자유시장 경제질서에 도전하는 경향을 볼 수 있다. 수
출지향적 산업화의 초기 단계에서 한국은 농촌으로부터 밀려드는 노동
력의 유입으로 인해 국가의 개입 없이 임금이 생존선 수준으로 유지될
수 있었다. 농촌으로부터 밀려드는 노동자들의 일부는 정규적으로 임금
을 받는 산업프롤레타리아트로 흡수될 수 있었으나 나머지는 비공식부
분에서 생계를 마련해야 하는 도시민으로 전락할 수밖에 없었다. 도시
비공식부문에 존재하는 대규모의 노동자 집단들은 수출산업이 필요로
하는 저임노동력을 무제한적으로 공급해 줄 수 있었다.

　정부가 도시빈민들의 무허가 판자촌을 철거하면서 대규모적이고 격
렬한 저항들이 반발하였다. 그 중에서도 71년에 일어났던 광주대단지
사태는 도시빈민문제가 대규모적으로 폭발했던 사건이었다. 이 사건을
시발로 하여 71년 연희동 아파트주민의 농성사건, 77년 영동철거민사
건, 79년 해방촌 주민 농성사건 등이 일어났다.

서울시가 68년에 발표한 광주대단지 조성사업은 대규모적인 무단 거주시설의 철거를 위한 사업이었다. 서울시는 철거민 이주정책을 위해 서울외곽의 경기도 광주군에 3백만 평의 대단위 이주단지를 조성하여 71년까지 서울지역의 무단 점유자들을 이주 정착시키려고 이 계획을 추진하였다. 군용차를 이용하여 철거민을 집중 수용한 광주단지 인구는 1971년 봄에 20만 명에 육박하였다. 이주 초기에 광주단지에는 토지구획정리도 되어있지 않았고, 상하수도, 전기 통신시설 등 기초서비스 시설이 전혀 되어 있지 않았다.

1971년 봄이 되면서 철거민들 사이에는 전염병이 유행하였고 사망자들이 생기기 시작하였다. 특히 어린이들 사이에 전염병 감염률이 높았는데, 심한 날에는 한 천막에서 3~4구의 시체가 생겼다. 더욱이 정부는 이주민에게 서울시내 땅값과 비슷한 가격으로 토지매각을 감행하고, 취득세 납부를 강요하자 주민들은 1971년 8월 16일 불만을 터트리고 폭동화 하게 되었다. 경찰과의 충돌로 주민과 경찰 1백여 명이 부상하였다.

한국의 노조운동이나 노사갈등은 해방직후 분단으로 인한 이념적 대립으로 증폭되었다. 북한은 사회주의체제를 채택하였기 때문에 이념적으로 사적 소유권으로 인한 갈등은 존재하지 않았다. 해방직후 1946년경 남한의 전체 취업자 약 750만 명중 농업인구는 전체의 77%, 제조업부문 노동자는 21%, 그리고 실업자는 12.5%의 구성을 보였다. 인구의 대부분이 농민이었기 때문에 정부는 토지소유권으로 인한 갈등을 축소하고 농민들의 정부에 대한 지지를 획득하기 위하여 토지개혁을 실시하였다.

그러나 자본소유권에 따르는 불평등 문제는 정부가 자본주의체제를 유지하는 한 직접적으로 개입할 수가 없었다. 오히려 미군정은 빠른 시일 안에 자본주의체제를 구축하기 위하여 노동운동을 극심히 탄압하였다. 1945년 11월을 기준으로 하여 볼 때 전평의 산하에는 20여 만 명의 조합원과 1,194개의 노동조합이 존재하였다. 그러나 좌익세력이 전평을 주도함으로 해서 미군정은 전평을 불법화시키고, 대신 우익적 전국조직인 노총을 보호 육성시켰다.

한국의 국가는 한국전쟁을 거치면서 막강한 영향력을 축적하게 되었고, 사회내의 어떤 세력으로부터도 도전을 받지 않고 성장하였다. 노동조합운동은 안보문제로 다루어졌고, 반공이데올로기는 정부에 의해 노동통제를 위한 효과적인 수단으로 사용되었다. 분단, 한국전쟁 그리고 남북대치상황을 통하여 내면화된 분단의식이 국민대다수에게 노동운동 자체에 대한 부정적 견해를 정착시켰고, 노동계급성원조차도 이데올로기적 측면을 회피하려고 하였다. 또한 해방직후에는 극심한 빈곤이 만연되어 있는 상태였기 때문에 취업기회가 보장되기만 하면 따로 복지 혜택을 요구하지도 않았다.

한국은 시장기제에 의한 노동통제도 효과적으로 실시해왔다고 할 수 있다. 시장기제란 개별작업장 수준으로 분산된 노동조직이 국가가 부과하는 각종 제약에 의해 무력화된 상황에서 집단적 조직화를 통해 자신들의 이익을 방어하지 못하게 만들어 시장과 자본의 지배에 복종시키는 기제를 뜻한다.

한국의 정치적 불안정과 경제적 불평등의 관계는 시기적으로 혼합된 형태로 나타났다. 정권의 정당성이나 통제능력 등 정치적 변수가 경제적 불평등이 정치적 갈등으로 진전되는 필수적인 요소였다. 결국 경제적 변수가 독립적으로 정치적 갈등을 촉발시키는 것이 아니라 정치적 권력역학 속에서 반정부세력의 강화나 약화에 지대한 영향력을 행사하고 있다.

해방 이후 절대적 빈곤 하에서 경제적 문제가 정치적 갈등으로 진전되지 않은 것은 강력한 정권 하에서 불만표출을 조직화할 수 있는 집단이 없었기 때문이었다. 그러나 공권력이 다소 느슨했던 민주당시기에 화이트칼라를 중심으로 한 노조운동이 급격히 증가하였다.

유신기간으로부터 박정희 사망 시까지의 경제적 불평등과 정치적 불안정은 수출주도전략 하에서 형성된 노동자집단의 저항으로 발생하였다. 이들은 박정권 하에서 절대적 빈곤과 상대적 박탈감을 동시에 겪고 있는 집단이었다. 1960~1970년대를 통틀어서 노동자들은 경제적 요구를 보다 광의의 정치적 쟁점으로 전환시키거나 억압적인 노동정책에 대항하는 정치적 저항으로 고양시키려 했던 사례는 찾아보기 힘들다. 그러나 유신정권을 붕괴시키는 결정적 계기를 제공한 YH사건 이후부터 반독재 투쟁의 주요 부분으로서 경제적 민주화가 자리 잡게 되었다. 드디어 노동자집단이 한국의 정치역학 속에서 주요 변수로 등장한 것이다.

경제적 불평등 주의는 제도적인 측면과 정치적인 측면에서 만들어낸 하나의 합작품인 것이다. 경제적 불평등이 자본주의에 있어서 없지는 않을 진대, 불평등 즉 양극화를 해소할 새로운 대안이 필요한 시점에 와 있다. 그렇다고해서 불평등을 해소하려고 공산주의를 한다던지, 사회주의를 지향해야 한다는 식의 이론은 아니다. 다만 국민을 위한 대안이 마련되어야 할 것이며, 국가 지원 정책이 다양하게 나와야 할 것이다. 정책을 만들 때에도 한 두 명이 만드는 것이 아니라 시민 워크숍을 통하여 현실감 있는 정책으로 만들어 가야 할 것이다.

6. 규제경제

규제경제란 경제적인 규제를 우선시 하는 경제 정책인 것이다. 경제적 규제는 다시 크게 (1) 진입규제, (2) 가격(및 이윤)에 대한 규제, (3) 질적 규제, (4) 양적 규제로 나눌 수 있다.

1) 진입규제

(1) 특정 산업, 사업 분야 또는 직종에 참여하여 사업을 영위할 수 있는 자유나 권리를 제한하는 규제를 말한다. 원칙적으로 영업과 직업 선택의 자유가 허용되는 자본주의 사회에서 진입규제는 이에 대한 중대한 제한이 아닐 수 없다. 그러나 정부는 많은 경우 여러 가지 정책목적을 내세워 이런 자유와 권리를 일반적으로 제한하고 일정한 요건을 갖춘 자에게 이를 제한적으로 허용하는 것을 볼 수 있다. 우리나라에 매우 흔한 사업의 인가, 허가, 면허, 등록, 신고, 지정, 승인 등은 진입규제의 전형으로서, 이런 유형의 진입규제를 통해 비로소 사업자가 특정 사업 분야에 참여해 기업을 영위할 수 있는 권리가 설정된다.

(2) 정부는 여러 가지 정책목적을 내세워 특정 산업에 대한 진입을 규제하고 있다. 그러나 진입규제가 과연 그러한 정책목적의 달성에 기

여할 수 있는지, 또한 그것이 최선의 그리고 불가피한 방법인지에 대해 의문을 품지 않을 수 없는 경우가 많다는 점에 먼저 유의할 필요가 있다. 또한 진입규제는 가장 원초적인 규제로서 그것의 목적이 하나가 아니라 여러 가지 목적이 중첩되어 있는 경우가 대부분이다. 진입규제의 완화나 폐지가 쉽지 않은 이유도 이와 관련이 있다. 아무튼 정부가 진입규제를 통해 실현해 보려고 하는 정책목적의 유형을 살펴본다면 다음과 같다.

① 정부는 산업 정책적 목적에서 진입규제를 사용한다. 특정 산업의 기술적 특성이나 시장적 특성을 고려하여 사업자의 숫자, 기업의 규모 등에 적정 수준이 있다고 판단하고 동 산업이 최적의 산업구조를 시현하도록 하려는 뜻에서 진입을 규제한다는 것이다. 우선 전기·가스·수도 사업 등 산업적 성격이 강한 산업에 있어서는 과당경쟁과 자원의 낭비를 막는다는 취지에서 진입을 제한한다. 좀 더 일반적으로 산업구조의 고도화 또는 생산단위의 국제규모화 등을 명분으로 정부가 사업자수를 제한함으로써 사업체의 규모가 경제적으로 효율적인 수준에 도달하도록 하는 경우도 있다.

② 다소 특이한 유형의 진입규제라 할 수 있는 수입규제(수입허가, 수입면허, 수입인증, 수입추천, 수출입신고 등)는 국내산업의 보호육성을 목적으로 한다. 경제적 약자의 보호를 위해 진입규제가 이용되는 경우도 많다. 예를 들면 대기업으로부터 중소기업을 보호하기 위해 중소기업 고유 업종을 지정함으로써 특정 업종이나 사업부문 등에 대한 대기업의 참여를 제한하는 것과 같다. 정부공사의 입찰 등에서 대기업의 참여를 제한하는 것도 같은 차원이다.

③ 이상과 같이 진입규제는 생산자보호에 일차적 목적을 두고 있는 경우가 많은 게 사실이나, 소비자보호 목적에서 이루어지는 진입규제도

많다. 예를 들면 금융기관(은행, 보험, 증권 등)이나 교육기관, 의료기관(병·의원, 약국 등) 등에 대한 진입규제는 소비자 보호 차원에서, 좀 더 구체적으로 해당 기관의 공신력의 확보를 위해 진입을 제한하는 것으로 볼 수 있다. 의사, 변호사, 설계사, 공인회계사 등 각종 직업면허도 이런 범주에 속한다. 즉 특정 직업에 종사할 수 있는 사람의 자격요건을 정하고 이런 자격의 취득자만이 해당 직종에서 사업을 영위할수 있도록 함으로써 소비자가 이런 사업자의 자질과 능력, 전문성에 대해 최소한의 신뢰성을 가질 수 있도록 하려는 뜻에서 직업면허 제도를 운영한다는 것이다. 한편 국제계약 입찰 과정에서 국내업체간의 과당경쟁을 방지할 목적으로 어떤 방식으로든 입찰 참여를 제한하거나, 경제력집중의 억제를 목적으로 재벌기업의 출자나 진출업종을 제한하는 것과 같이 다소 특이한 목적에서 변칙적으로 진입규제가 이용되는 사례도 없지 않다. 그런가 하면 각종의 지적재산권(특허, 상표권, 저작권 등)의 보호를 위한 규제는 결과적으로 해당 분야에 대한 타 사업체의 진입을 억제하거나 제한하는 효과를 발휘하게 된다.

(3) 진입규제의 방식과 세부 유형

진입규제의 유형을 규제목적에 따라 나누어 보았으나, 진입규제는 진입을 제한하는 방식에 따라서도 여러 가지로 유형화해 볼 수 있다.

① 특정 산업에 진입하여 사업을 영위할 수 있는 권리는 부여하되, 사업자가 수행할 수 있는 생산 및 영업활동의 세부적 영역을 정하거나 그 한계를 구획하는 방식이 있다.

② 크게 이 범주에 속한다고도 볼 수 있을 것이나 유관산업의 권익 침해를 막는다는 명분으로 자가용 화물자동차의 유상운송을 금지하거나, 백화점의 셔틀버스 운행을 제한하는 것도 진입규제의 한 방식으로 볼 수 있다.

③ 영업실적이나 영업규모에 기초해 생산·수출입·기타 업무를 제한적으로 허용하는 방식이 있다. 예를 들면 "몇 억 원 이상의 공사, 사

업, 계약은 어떤 업체만 할 수 있다"는 등의 규제가 이에 속한다.

④ 사업자의 자격이나 능력을 기준으로 진입을 제한하기도 한다. 직업 면허가 일반적으로 여기에 속하지만, 이밖에도 연령·경력·재정능력·과거 범죄사실 유무 등에 기초해 특정 산업에 대한 진입을 제한하는 것을 볼 수 있다.

⑤ 영업활동이 가능한 대상지역을 제한하거나 구획을 제한하는 방식의 진입규제도 있다. 약주와 소주의 공급구역 제한이 대표적이다. 도시계획법이나 수도권 정비계획법 등의 입지적 제한도 여기서의 지역적 제한의 일종이라 볼 수 있다. 지방자치제의 실시 이후 지방공사나 계약과 관련해 해당 지역 소재 기업으로 입찰자격을 제한하거나, 지방공무원의 채용에 있어서 해당 지역 출신자로 자격을 제한하는 것 역시 지역을 중심으로 한 진입규제 방식으로 보아야 할 것이다.

2) 가격규제

가격규제는 기업이 생산하는 제품의 가격이나 서비스의 요금을 직접적으로 규제하는 것을 말한다. 가격이라 하면 보통 상품의 가격만을 연상하는 경향이 있으나, 공공요금, 협정요금, 임대료, 사용료, 입장료, 임금, 이자 등 생산요소의 가격 등 여러 가지 이름으로 불리는 가격이 모두 여기서 말하는 가격규제의 대상이 된다. 공기업이 생산하는 제품이나 서비스의 경우에는 직접적으로 제품과 서비스의 가격을 규제하는 대신 이윤율의 상한선을 규제하는 방식을 사용하기도 하는데 이 역시 가격규제의 일종으로 볼 수 있다. 가격규제의 특수한 유형으로 경제적 지대에 대한 규제가 있다. 흔히 불로소득이라고 불리기도 하는데 이들은 공급이 제한되어 있거나 공급탄력성이 극히 낮은 생산요소에 발생하는 추가적 소득이다. 공급이 제한되어 있는 생산요소의 수요가 여건의 변화로 인해 급증함으로써 발생하는 우연소득이 바로 경제적 지대에 해당한다. 토지가격, 아파트분양가격, 건물 임대차 가격, 금리 등에 대한 규제가 이에 속한다. 가격규제는 전력, 전화, 상수도 등 공익서비스사업의 공공요금의 규제나 독과점 대기업에 대한 가격규제의 경우를 제외하고는 그것의 합리성과 타당성을 인정하기 어려운 경우가 대부분이다. 가격규제는 거의 언제나 규제 회피적 행동을 유발하게 되므로 당초의 규제효과를 달성하지 못할 뿐만 아니라 수급불균형의 확대, 품질수준의 하락 등 여러 가지의 부작용을 낳기 때문이다. 또한 가격규제의 효과는 단기간에 그칠 수밖에 없고 가격의 인상이 불가피한 시점에서는 인상폭을 확대시켜 결국 경제에 미치는 충격이 더 클 수밖에 없게 된다. 특히 가격규제로 인해 품질이나 서비스 수준이 저하되는 경우에는 품질과 서비스의 수준을 동시에 규제하지 않을 수 없게 되고, 최종제품의 가격규제 효과를 유지하기 위해서는 원자재나 부품의 가격을 연쇄적으로 규제하지 않을 수 없게 되는 등 일반적으로 가격규제는 또 다른 유형의 규제를 불가피하게 수반하게 되는 경우가 많고 이에 따라 규제의 누적적 증가 현상을 일으키게 된다. 보통 가격규제라고 하면 최고가격에 대한 규제만을 생각하게 되는 경향이 있지만, 가격규제에는 최고가격 규제와 최저가격 규제가 있다. 최저가격 규제는 농축수산물의 가격규제에서처럼 과잉생산으로 인한 농축수산물 가격의 급격한 저하로부터 생산자를 보호하기 위해 또는 최저임금제도의 경우처럼 비숙련 노동자 등 경제적 약자를 보호하기 위해 이용된다. 최저가격 규제 역시 부작용을 유발한다. 농산물에 대한 최저가격 규제는 생산의 과잉을 조장하여 경제적 비효율성을 초래하게 되며, 최저임금제도는 보호대상 근로자의 취업기회를 감소시키는 역설적인 부작용을 피하기 어렵다. 다음으로 가격규제 가운데는 하나의 가격이 아니라 가격구조 또는 요금체계에 대한 규제가 필요한 경우가 많다.

　사업자간의 담합 등 가격카르텔에 대한 규제도 경제적 규제에 속한다. 또한 수요자 계층이나 공급지역 등 여러 가지 요인에 기초해 가격차별이 이루어지는 경우에 이를 규제하기도 한다.

3) 질적 규제

경제적 규제라 하면 이상에서 간략하게 고찰한 진입규제와 가격규제가 전형이라 할 수 있다. 그러나 우리나라에는 아래에서 고찰하고 있는 양적 규제와 더불어 기업 활동의 구체적 내용과 방식에 대해 매우 세부적으로 명령하고 지시하는 지극히 다양하고 이질적인 내용의 규제들이 무수히 많다. 여기서는 이들을 통틀어 질적 규제로 명명하고 있다. 이들을 질적 규제라 부르는 이유는 이런 규제들이 기업이 생산·공급하는 재화와 서비스의 질적 수준을 확보하는 데 공통적인 목적이 있다고 보기 때문이다. 질적 규제는 상품과 서비스의 일정한 질적 수준을 확보하고 유지하기 위해서, 또는 일정한 질적 수준에 미달하는 상품이나 서비스의 공급이나 공급차질로 인해 발생할지도 모를 제반의 소비자의 경제적 피해를 사전에 예방하거나 최소화하기 위해 구비되어야 할 최소한의 요건으로서의 성격을 지니고 있다는 것이다. 우리나라에 이와 같은 질적 규제가 즐비하다는 사실은 우리나라의 규제문화나 관념의 측면에서 보여주는 바가 많다. 우선 이런 질적 규제의 범람은 우리나라에 만연해 있는 기업 혹은 기업 활동에 대한 불신을 반영하는 것으로 볼 수 있다. 정상적인 시장경제체제에서 기업은 최대의 이윤을 확보하기 위해 최선의 노력을 기울이고 그 노력이 과연 적절하고 충분한지에 대한 판단은 시장에서 내려진다. 따라서 시장경쟁원리가 작동하고 있는 사회에서 기업은 굳이 정부가 이런 질적 규제를 가하지 않을지라도 스스로의 이익을 위해 소비자로부터 환영받을 수 있는 기업 활동을 영위하기 위해 최선을 다할 것이다. 시장경쟁원리에 의해서가 아니라 정부의 지도감독에 의해서만 시장질서가 확보·유지될 수 있다는 잘못된 인식을 불러일으킨다. 요컨대 소비자주권의 행사를 통해 기업 활동을 규율해 가기보다는 정부가 강제력을 행사해 기업의 일탈적 활동을 막는 것이 당연하다는 그릇된 인식을 조장하게 된다는 것이다. 바로 이런 상황에서 한번 규제가 시행되기 시작하면 점점 더 세부적인 사항에까지 규제의 손길이 미치지 않을 수 없는 상황으로 빠져 들어가 결국 규제가 거미줄처럼 기업 활동을 얽어매는 상태에 도달하지 않을 수 없게 된다. 바로 이 때 기업은 기업 활동에 다양성과 창의성을 발휘할 수 있는 여지와 공간을 상실하게 되며, 이로 인한 사회적 비용은 막대할 수밖에 없다. 여기서 우리가 주목해 보아야 할 사항은 대부분의 질적 규제가 과도한 진입규제로 인해 시장경쟁이 미약하고 따라서 기업이 최선의 노력을 다하지 않고서도 일정한 이윤을 획득할 수 있는 상태에서 기업을 영위할 수 있는 상태에서 그 필요성이 제기되는 경우가 대부분이라는 사실이다. 진입규제를 완화하거나 철폐해 시장경쟁이 충분히 이루어지도록 보장한다면 정부가 굳이 나서서 일일이 규제해야 할 이유가 별로 없는 규제들이라 바로 이런 규제들이라는 것이다. 기업 활동의 전문성을 확보하기 위한 목적의 질적 규제는 시장경쟁이 충분하게 이루어지고 있다고 한다면 기업이 스스로의 이익을 위해서 당연히 전문성 제고를 위한 노력을 기울이게 될 것이므로 불필요해지게 된다는 것이다. 또한 앞에서도 지적한 바와 같이 질적 규제의 대부분이 가격규제의 부작용을 해소하는 보완적 차원에서 이루어지고 있다는 점도 유의할 필요가 있다. 다시 말하면 비현실적인 수준에서 가격을 규제할 때 가격규제의 회피행동으로 질적 수준을 저하시키려는 유인과 동기가 작동하게 되는 바, 이를 차단하기 위한 목적에서 질적 규제가 동원되는 경향이 있다는 것이다. 이런 면에서 질적 규제는 진입규제 및 가격규제와의 상호관련성을 따져서 문제의 원천적 해결에 임하는 것이 타당하고 바람직하다고 말할 수 있다. 이 점은 질적 규제의 개혁과 관련해서 매우 중요한 측면이 아닐 수 없다.

(1) 상품이나 서비스의 일정한 질적 수준 확보를 위해 그것의 규격, 설계, 성능, 효능, 성분, 내용 등등에 관해 매우 세부적으로 필요 요건을 규정하고 이에 따라 규제하는 것을 말한다. 앞 절에서 고찰한 바와 같이 상품이나 서비스의 안전성 제고와 관련되는 사항의 규제는 경제적 규제가 아니라 사회적 규제로 분류되기 때문에, 여기서 말하는 상품과 서비스의 질적 수준 확보를 위한 규격과 성능 등에 대한 규제는 주로 소비자의 경제적 이익과 관련이 있는 것을 지칭한다. 이런 규제는 소비자의 경제적 피해의 방지를 위해 정부가 일정한 기준을 제시하고 이에 따라 상품과 서비스의 성능이나 효능 등을 규제함으로써 소비자의 정보비용을 감소시키고 이를 통해 소비자가 좀더 합리적인 선택을 할 수 있도록 도우려는 데 그 목적이 있다.

(2) 상품이나 서비스의 생산과 관련된 기술적 요소, 상황적 요건, 방법 등에 대한 규제는 질적 규제의 대종을 이루는 규제유형이라 할 수 있다. 생산 공정이나 각종의 설비 및 시설 기준, 사업장·작업장·사무실의 면적기준, 원료나 생산물 또는 사업장 및 시설의 관리방법 규정, 기술사 등 전문자격자의 고용의무, 전문자격자의 선발을 위한 시험제도(이수과목, 시험과목 등)와 관련한 규제가 대표적인 예들이다. 이런 규제들은 그 자체로 상품이나 서비스의 질적 수준을 결정하는 요소라고는 볼 수 없으나 최소한의 질적 수준 혹은 전문성의 확보 및 유지를 위해 필요한 중요한 요건이라고 보아 규제하는 것이다.

(3) 사업주나 종업원 및 특수 관리자에 대한 보수교육 또는 재교육 의무를 부과하는 것은 물론이고 위 목적을 위한 교육 위탁기관의 지정이나 제한 역시 제품이나 서비스의 질적 수준의 유지를 위한 보조적 목적의 규제라 할 수 있다. 즉, 시장경쟁에서 기업이 교육의 필요를 자각하게 된다면 자율적으로 교육을 받게 될 것이라는 것이다. 그럼에도 불구하고 보수교육이나 재교육을 의무화하게 되면 기업으로서는 이런

교육을 불필요한 시간적·경제적 부담이라고 생각해 매우 피동적으로 임하게 되기 때문에 교육효과를 기대하기 어렵다. 또한 현실적으로 이런 목적에서 동업자 협회나 준 공공기관을 교육기관으로 지정할 경우 특혜의 소지 등 많은 부작용과 폐단을 야기하는 경향이 있다.

(4) 다음으로 유통, 공급, 거래방식 등에 대한 규제 역시 질적 규제의 중요한 부분을 구성하고 있다. 유통단계와 판매방식, 방문판매·통신판매·할인판매 등에 대한 제한, 경품의 제공, 구매강제 등 불공정거래 행위에 대한 규제, 계약기간, 거래, 장소에 대한 규제 등이 대표적이라 할 수 있다. 이런 규제들은 유통질서나 거래질서를 확립함으로써 유통이나 거래단계에서 발생하는 다양한 소비자 피해를 예방한다는 데 목적을 두고 있지만, 과연 어떤 방식으로 유통이나 거래가 이루어지는 것을 일컬어 질서가 잡혀 있다고 말할 수 있을 것인지 대단히 의문스럽지 않을 수 없다. 보통 유통질서나 거래질서의 확립을 빙자하여 신규사업자나 신종의 사업자가 기득권자의 이익을 침해하지 못하도록 막는 데 진의가 있는 경우가 많다는 점에서 특히 그러하다. 특히 오늘날과 같이 인터넷 거래, 전자상거래 등 유통과 거래 측면에서 새로운 기술과 방식이 속속 등장하는 시대에 구태의연한 발상에서 벗어나지 못해 유통과 거래질서의 확립을 내세우며 이를 제한하려 하는 것은 소비자의 이익에 반하는 경우가 훨씬 많을 것이라는 점에 유의하지 않을 수 없다.

(5) 특정 상품이나 서비스의 판매 및 공급대상자를 제한하는 규제도 질적 규제의 범주에 속한다. 예를 들면 면세상점이나 카지노의 내국인 출입 및 판매 금지가 전형적이다. 위에서도 거론된 바 있으나 여기서 다시 문제가 될 수 있는 것이 성인용 잡지나 비디오 등 유해매체물의 청소년에 대한 판매 금지와 같은 규제라 할 수 있는데 이런 규제는 청소년의 보호를 목적으로 하는 것이므로 경제적 규제보다는 사회적 규

제에 속하는 게 아닌가 한다.

(6) 상품이나 서비스의 광고에 대한 규제, 반품·보상·A/S 조건·계약해지 등의 거래방식에 대한 규제도 소비자 보호를 위한 질적 규제로 분류할 수 있다. 서비스 약관에 대한 규제 등이 대표적인 사례에 속한다. 먼저 광고에 대한 규제는 그것의 주 대상이 되는 허위 및 과장 광고의 사실판단이 매우 어렵고, 정부가 이런 종류의 광고를 규제한다는 사실은 광고에 대한 소비자의 잘못된 신뢰를 불러일으킬 우려가 있다는 점에서 문제가 있다. 다음으로 소비자 불만의 해소를 위한 여러 가지 거래방식에 대한 규제는 오늘날 이런 측면에서 소비자의 편의와 이익을 도모하는 것이 시장경쟁의 중요한 요소로 부각되고 있는 현실에서 자칫 획일화를 유도하고 그 결과 시장경쟁을 불필요하게 저해할 수 있다는 점을 유의할 필요가 있다.

(7) 소비자의 합리적 선택과 판단을 돕기 위해 유용한 소비자 정보를 제공하도록 규제하는 것도 질적 규제의 중요한 수단이다. 가격표시, 성분·효능이나 원산지 등의 표시 규제, 기업재무제표의 공시 의무, 유사명칭의 사용 금지 등이 대표적이다. 이런 규제는 생산자와 공급자에게 과도한 부담을 지우지 않으면서 소비자가 유용한 정보를 활용하여 합리적인 선택을 할 수 있게끔 돕고, 시장경쟁이 이런 방향으로 활발히 이루어질 수 있도록 함으로써 기업이 소비자의 이익에 부합되는 방향으로 상품과 서비스의 품질을 향상시키기 위해 자발적으로 노력하게끔 유도하는 시장 유인 적 규제로서 매우 합리적인 접근방법이라 할 수 있다. 다만 이런 규제에 있어서는 표시규제나 공시규제의 대상을 적정하게 선택하고 이것이 부당하게 생산자나 공급자의 부담을 증가시키지 않도록 하는 데 유의할 필요가 있다.

(8) 상품과 서비스의 지속적·안정적 공급이나 이에 대한 소비자의

신뢰를 보장하기 위해 여러 가지의 질적 규제가 동원되는 것을 볼 수
있다. 우선

① 기업이나 사업체의 확장, 승계, 합병, 양도, 양수, 폐업 등 상황변
동을 신고하게 하는 등의 규제가 있다. 그러나 이런 규제는 아래에서
고찰하게 될 것처럼 규제행정 수행의 편의를 도모하려는 측면도 없지
않다. 이런 유형의 규제가 경제적 규제로서 질적 규제에 속하는지 아
니면 행정규제에 속하는지는 문제가 되는 상품과 서비스의 성격이나,
시장구조 및 특성을 종합적으로 검토해 판단해야 한다.

② 상품이나 서비스의 안정적 공급을 보장하기 위해 관련 기업의 안
정 경영을 지원하는 차원에서 규제가 이루어지기도 한다. 교육기관, 의
료기관, 금융기관 등 소위 공익법인이나 사업체의 재무건전성 측면의
지도와 감독 등이 대표적이다.

(9) 이와는 약간 다르게 이들 공익법인이나 사업체가 제공하는 서비
스 공급이나 이용의 형평성 확보 목적에서 일정한 제한을 가하는 방식
도 질적 규제에 속한다. 예를 들면 금융자금의 일인당 대출한도 설정,
병원의 특진 제도 허용 범위 설정 등이 대표적이라 할 수 있다. 다만
한 가지 금융자금의 일인당 대출한도 등과 같이 이런 성격의 질적 규
제는 아래에서 고찰하게 될 양적 규제의 측면도 동시에 보유하는 경우
들이 있을 수 있다는 점을 유의할 필요가 있다.

(10) 사업자에 대한 업종별·직종별 단체의 설립 및 가입 의무의 부
과, 단체의 운영방법이나 자산의 처리 방식, 기타 그와 관련한 의사결
정에 대한 규제, 정관이나 협정의 보고의무 및 승인 그리고 변경사항
의 통보 의무, 법인 임원의 취임·해임·변경 등에 대한 승인 등도 사
업자가 해당 업종이나 직종의 지배적 윤리와 규범 등에 따라 사업을
영위할 수 있도록 하기 위한 목적을 지닌 질적 규제로 볼 수 있다. 그

러나 이런 사업자단체 및 단체의 운영에 대한 규제들은 자칫 사업자간 담합이나 카르텔 행위 등 반경쟁적 행위를 조장할 우려가 있고, 사업자단체가 사업자의 전문성 제고를 위한 정보의 제공 등 회원기업에게 유용한 기능을 하는 서비스 단체가 되기보다는 사업자에게 경제적 부담을 주는 존재로 전락하고 말 위험성이 있다는 점에서 주의할 필요가 있다.

(11) 소비자가 입게 될지도 모를 경제적 손실 및 피해의 보상을 위한 공조 회 가입, 보험 가입, 보증금 등의 예치나 공탁 의무의 부과도 최근에 크게 증가하고 있는 질적 규제의 일종이라 할 수 있다. 이런 유형의 규제는 현재 건설업을 비롯해 상당히 빠른 속도로 증가하는 추세다.

(12) 이밖에도 상품이나 서비스의 일정한 질적 수준 확보를 목적으로 하는 규제는 많은데, 위와 같은 세부 유형에 포함시키지 못한 질적 규제로서는

① 연극이나 영화 등의 공연 장소 및 시간대의 제한과 같은 상품이나 서비스의 공급 장소 및 시간적 제한
② 시체 해부 시 이에 대한 가족의 승낙을 요건으로 규제하는 것과 같이 절대적으로 취약한 입장에 있는 소비자나 수요자의 보호 측면에서 그 필요성이 인정되는 질적 규제
③ 스포츠클럽 등의 회원모집 방법이나 회원의 자격 및 권리 등에 관한 규제
④ 에너지 이용의 효율성 확보와 관련한 규제 등이 있다.

4) 양적 규제

양적 규제는 특정 자원의 효율적 활용을 위해 자원의 배정, 배분, 분할 방식 등을 세부적으로 규정하거나 자원의 개발 및 이용의 한도, 용도 등을 설정하는 내용의 규제를 말한다. 양적 규제는 기왕에 설정되거나 부여된 사업권 등을 사업자가 사회적으로 적정하게 활용할 수 있도록 하기 위한 자원의 개발 및 사용의 한도, 용도 등을 구체적으로 지정하거나 한정하는 내용의 규제라 할 수 있다. 우리나라의 현행 규제 중 양적 규제의 주요 유형을 정리해 보면 아래와 같다.

(1) 가장 대표적인 양적 규제는 역시 유한한 자연자원의 보호·보존·유지, 또는 그것의 효율적 개발과 이용을 도모하기 위한 목적의 규제들이다. 예를 들면 농지나 산림의 전용 규제, 광업규제, 개발제한지역 내의 개발행위 제한 등이 전형적이다. 이런 규제들은 국토이용계획 등에 의거 농지, 산지, 그린벨트 등으로 일정하게 구획된 토지를 그 목적에 부합하는 상태로 보존·유지하려는 데 뜻이 있다. 그런가 하면 어업규제는 남획이 이루어질 경우 자원의 재생산이 불가능해진다는 측면에서 어족자원의 보호를 목적으로 하는 규제다.

(2) 다음으로 자연자원은 아니나 사회적으로 보아 상대적으로 희귀성이나 유한성이 높은 특정 자원의 보존과 유지, 그것의 효율적 개발과 이용을 목적으로 하는 양적 규제도 적지 않다. 국보나 보물 등 각종 문화재의 보존과 이용에 관한 규제, 박물관이나 미술관 소장 품목의 반출이나 이용 목적 및 방법 등의 제한 등으로부터 양곡의 사용 용도의 지정, 공업단지의 용도 목적 외 사용금지, 아파트 분양 시 실수요자 우선 배정 의무 등이 이런 부류에 속한다.

(3) 특정 자원의 소유나 배분, 또는 자산의 보유 방식 등을 제한하는 내용의 양적 규제도 있다. 농지 소유상한제, 농지의 임대차 제한 등이 이에 속한다. 앞에서도 언급한 바 있는 각종 금융자금의 동일인 대출한도 설정도 여기서 말하는 양적 규제의 일종으로 볼 수 있다. 재벌에 의한 경제력 집중의 억제를 목적으로 하는 규제, 특히 출자총액의 제한이나 지급보증의 한도 등도 이런 유형의 양적 규제로 볼 수 있을 것이다. 각종 금융기관이 제공하거나 운영하는 금융상품의 유형에 대한 규제, 할부증권저축의 내용에 대한 개념정의 및 한도에 대한 규정 등이 이에 속한다.

(4) 농산물이나 특정 공산품 등의 매점매석을 방지하기 위한 목적의 구매량 혹은 판매량 제한, 매도명령 등이나, 동종사업자간의 담합이나 카르텔 행위에 대한 규제도 양적 규제의 일종으로 볼 수 있다. 같은 맥락에서 개별기업에 대해 생산량, 거래량 등에 대한 상한선이나 하한선을 설정하는 등의 규제도 양적 규제에 속한다.

(5) 이 밖에도 양적 규제로서는
① 특정 기술보유자나 자격자 등의 근로동원을 비롯한 기타 의무의 부과
② 외환의 사용한도나 용도 등의 제한
③ 해외이주자나 여행자의 재산반출이나 휴대품 한도의 설정 등 다양한 형태가 있다.

경제적 규제는 "기업의 본원적 활동에 대한 규제"다. 여기서 기업의 본원적 활동이라 하면 기업의 설립으로부터 시작해 기업이 일상적으로 수행하게 되는 각종의 생산 및 영업활동을 광범위하게 포괄한다. 사업장의 건축, 토지의 매입, 자금의 조달, 원자재와 부품의 구매, 인력의 고용, 생산, 제품의 생산량과 가격의 결정, 품질의 관리, 수출입과 판매, 유통, 광고, 거래조건과 방법의 결정 등 기업이 기업으로서 일반적

으로 수행하는, 그리고 모든 기업 활동 단계에 걸친 제반의 기업 활동이 이에 속한다. 이상과 같은 경제적 규제의 개념을 좀 더 잘 이해하기 위해서는 몇 가지 추가적 설명이 필요하다. 기업이 기업으로서 당연히 그리고 일반적으로 수행하는 제반의 활동을 굳이 '본원적인' 활동이라고 표현하고 있는 것은 이들을 기업 활동과 관련이 있되, 그 자체가 목적이 아니고 기업 활동 과정에 부수되는 현상이나 문제로 보아야 할 환경오염이나 산업재해 등과 구별하기 위해서다. 이런 면에서 경제적 규제를 '기업의 경제적 활동에 대한 규제'로 개념 정의할 수도 있을 법하나, 이를 피하고 있는 이유는 경제적 규제의 주요 대상이 생산량, 가격, 품질 등 경제적 변수인 것이 사실이나, 이렇게 개념정의를 하게 되면 경제적 규제의 포괄범위가 매우 좁아진다는 문제점이 있다고 보기 때문이다. 다음으로 경제적 규제는 '기업'의 본원적 활동에 대한 규제라고 하였는데, 여기서 기업은 다양한 사업 운영주체의 통칭에 불과하다. 다시 말하면 단순히 제조업에 속하는 기업만이 아니라, 농업, 어업, 광업, 전기·가스·수도 사업, 건설업, 도매 및 소매업, 숙박 및 요식업, 운수업, 통신업, 금융 및 보험업, 부동산 및 임대업, 사업서비스업, 교육 서비스업, 보건 및 사회복지사업, 오락·문화 및 운동 관련 서비스업, 폐기물 처리 등 환경 관련 산업, 수리업, 기타 개인서비스업 등 모든 산업에 속한 모든 유형의 기업을 망라한다는 것이다. 쉽게 말한다면 농민, 어민, 전력회사, 건설회사, 백화점, 호텔, 택시회사, 통신회사, 은행, 복덕방, 하이텔, 학교, 병원, 여관, 양로원, 노래방, 공중목욕탕 등이 모두 여기서 말하는 '기업'에 속한다. 이어서 위의 경제적 규제의 개념은 규제의 대상을 중심으로 정의되어 있을 뿐, 그것이 추구하는 정책 목적과는 무관하게 정의되어 있다는 점도 유의할 필요가 있다. 아래에서 구체적으로 고찰하게 될 것이지만, 경제적 규제의 목적은 그리 분명하지도 않고, 명분과 실질이 다른 경우가 많으며, 규제 목적이 완전히 상반되는 경우도 있다. 여기서 정책목적과 상관없이 규제 대상을 중심으로 지극히 다양하고 이질적일 수밖에 없는 각종의 기업

활동을 묶어 경제적 규제의 개념을 정의하는 것이 무슨 이득이 있고 큰 의미를 지닐 수 있을지 의아스럽게 생각할 수도 있을 것이다. 그러나 역설적으로 경제적 규제가 기업의 본원적 활동을 규제대상으로 삼고 있다는 사실은 매우 의미심장하다. 왜냐하면 지극히 당연해 보이는 이 개념은 무엇보다도 먼저 우리가 시장경제체제 혹은 자유기업주의 하에서 그야말로 자유롭게 영위되어야 할 기업 활동, 그리고 어쩔 수 없이 시장원리의 지배를 받고 그것에 따라 규율되기 마련인 기업 활동을 정부가 규제해야 할 이유가 있다면 거기에는 그래야만 할 필연적인 이유나 시장기능을 통해서는 확보될 수 없는 정당한 정책목적이 있어야만 한다는 문제의식을 갖도록 해주기 때문이다.

7. 금본위 제도

1) 제1차 세계대전 이전 (1914년 이전)

국제환율제도는 처음에는 금본위제도로 영국이 1819년 도입하였다. 이때만 해도 미국은 선진국의 대열에 끼지 못했다. 미국은 이 제도를 1879년 도입하게 된다. 금본위 제도란 각국의 통화가 평가라는 일정 비율로 금과 태환되는 것을 기초로 하여 異種 통화 간 환율이 고정되어 있으며, 금, 외환 및 자본의 이동이 자유로운 통화제도이다. 금본위 제도는 제1차 세계대전 이전 약 35년 간 국제통화체제로서 훌륭히 작동되었다. 그러나 제1차 세계대전으로 그 기능이 중지되었다.

2) 금본위제도

금본위제도는 사람들이 고안해서 만들어 낸 것이 아니라 흡사 가격 기구처럼 자연발생적으로 생긴 것이다. 즉, 대부분의 나라에서는 금이 화폐로 사용되었으므로 국제통화제도로 금본위제도에 기초하게 되었다. 이 때 각국의 화폐단위는 일정한 분량의 금을 함유하고 있었으므로 이에 따라서 국가들 사이의 환율도 고정되었다. 가정하기를 금본위제도하의 어떤 국민 경제가 국제수지 적자를 보이고 있다고 하자. 그러면 금의 해외유출이 발생하게 되는데, 이는 국내의 통화량을 감소시켜 물가수준의 하락을 가져온다. 물가가 하락하면 이 나라의 수출품의 가격이 비싸지므로 수출은 증가하는 반면에 수입품의 가격은 비싸져서 수입은 감소하게 된다. 따라서 국제수지는 다시 균형 상태로 돌아가게 된다. 흑자의 경우도 마찬가지이다. 그러나 1차 세계대전 후의 대부분의 국가들은 金兌換을 정지시킴으로써 금본위제도에서 이탈하였다.

3) 제1차 세계대전 이후 (1918년 이후)

제1차 세계대전이 끝난 지 몇 년 후인 1925년 4월 영국이 다시 금본위제로 복귀하는 것을 전, 후하여 다른 많은 나라들이 금본위제로 복귀함으로써 국제적으로 금본위제가 재건되었다. 그러나 재건된 국제 금본위제는 전전(戰前)의 금본위제와는 달리 오래 지속되지 못했다. 제1차 세계대전 이후 각국에서 금본위제가 지속된 기간을 보면 영국, 프랑스, 독일, 미국의 선진 4개국이 3년 정도에 불과하다. 영국은 금본위제도를 1931년 정책 포기하였는데, 그 이유는 제1차 세계대전 후 영국의 화폐 파운드화가 상당히 高評價 되었음에도 불구하고 환율이 그대로 유지되어, 대량 실업 사태 등의 문제가 발생하였고 파운드화가 고평가된 것을 알고 투자가들 파운드화가 떨어질 것을 예상하고 파운드화를 팔고 금을 사들임에 따라 영국은행은 파운드화를 사고 금을 팜으로써 금 보유량이 급격히 줄어들었다. 그래서 1931년 정책을 포기 할 수밖에 없었다.

(1) 국제 금본위제도의 시대와 1930년대의 혼란기

금본위제도에서는 통화단위의 가치가 일정량의 금으로 정의되는데, 통화당국이 그 가격에서의 금과 통화의 매매에 무제한으로 응하며, 또한 대외적으로는 금의 수출입이 자유롭다. 금본위제도는 통화와 금의 결속 정도에 의하여 금화본위제 (금만이 통화로서 유통하는 제도), 금지금본위제 (국내에서 중식적 화폐는 은행권이며 정부가 대외적 결제수단으로서 금을 보유하는 제도) 및 금환본위제 (통화당국이 앞의 2가지 제도를 채택하는 나라의 통화와의 교환을 약속하는 지폐를 발행하는 제도)의 세 가지로 분류된다. 이러한 금본위제도가 다수의 국가에 의하여 채용되면 국제금본위제도가 성립하게 된다. 영국은 1821년 이후 금본위제도를 공식적으로 채용하였으며, 유럽의 여타 주요국은 1870년대에 사실상 금본위제도로 이행하였다. 미국은 1879년에 금본위제도로 복귀하였다. 일본은 청일전쟁에서 얻은 배상을 준비금으로 하여 1897년에 금본위제를 확립하였다. 국제금본위제도는 1차 세계대전이 일어난 1914년까지 유지되었다. 국제금본위제도는 각국의 통화공급이 중앙은행의 금준비에 따라 결정된다는 전제하에 각국의 물가와 국제수지가 금의 유출입을 통해서 자동조절 된다는 물가-정화 조정메카니즘을 바탕으로 한다. 예를 들어, 자국의 국제수지가 적자를 보일 경우 금위 해외순유출 → 자국의 통화량 감소 → 자국의 국내 물가 하락 → 자국의 수출증대, 수입감소 → 국제수지 균형회복과정을 거치게 되며, 반대로 자국의 국제수지 흑자시에는 금의 해외순유입 → 자국의 통화량 증대 → 자국의 국내물가 상승 → 자국의 수출감소, 수입증대 → 국제수지 균형회복의 과정을 거친다. 이처럼 물가와 금의 유출입 매커니즘에 의하여 국제수지 균형이 자동적으로 이루어지는 것이다. 그러나 현실적으로는 첫째, 금의 공급이 세계경제의 성장 및 무역의 확대에 맞추어 증가하는데는 한계가 있다는 점과 둘째, 국내에 유통되는 통화량과 국내물가수준은 단기적으로 상당한 괴리를 만든다는 점, 셋째, 수출입가격의 변화가 수출입의 증감에 연결되는 데는 상당한 시간이 걸린다는 점 등의 문제가 있다. 따라서 위의 매커니즘이 이론대로 가능하지는 않는다. 제1차 세계대전에 이르기까지 약 200년간 영국 파운드화는 금본위제의 기본이었으며 국제 통화로서 안정적인 기능을 수행하였다. 19세기 후반에는 유럽의 주요국과 미국, 일본도 금본위제를 채택하였다. 제1차 세계대전이 끝나고 주요국은 잇달아 이 제도로 복귀하였는데 전후의 국제 금본위제도는 여기에 참여한 국가의 수가 최고에 달하였을 때 때마침 불어 닥친 경제대공황에 의해 붕괴되었다. 그 원인은 전후의 금본위 복귀를 구평가로 한 국가가 많아 이것이 미국 이외의 국가로서는 통화가치의 과대평가가 되었다는 점, 또한 국제수지 적자국에 의한 금 상실에 따른 디플레 정책이 국내적으로도 한계를 넘었다는 점, 그리고 흑자국에 의한 금의 불태화정책, 즉 금 보유량과 통화량과의 연동을 끊은 정책의 채택 등이 지적된다. 또한 보다 큰 배경으로는 전체 국제 금본위제의 시스템을 뒷받침했던 영국의 국력이 쇄락하였다는 점을 지적할 수 있다. 한편, 국제 금환본위제도는 금을 다량 보유한 국가가 금본위제도를 채택하고 여타 국가들은 금 및 금태환이 보장된 국가의 통화를 화폐발행 준비로 보유함으로써 자국 통화단위와 금의 일정량 사이에 간접적인 등가관계를 유지할 수 있도록 하는 제도이다. 여기에서 금환이란 금태환이 가능한 금본위국가의 교환성 통화나 환어음 및 예금 등의 채권을 말한다. 금환본위제도가 제1차 세계대전 이후 대두된 배경은 각국의 국제수지 불균형에 따른 금 준비의 국제적 편재현상과 금의 부족현상이다. 금환본위제도하에서 금본위국은 자국보유 금을 준비로 하여 통화를 발행하고, 금환본위국은 금본위국의 통화를 준비로하여 자국통화인 금환을 발해하기기 때문에 금부족 문제는 해결이 되었다. 그러나 국제수지 자동조절 기능면에서 취약점을 가져 1929년 세계공황을 계기로 1931년 9월 금환본위제도는 붕괴되었다. 금본위제도가 붕괴된 후의 1930년대는 환율의 혼란기였다. 주요국은 외환평형기금을 창설하여 시장개입에 의한 환율의 안정을 도모하였으며, 한편으로는 절하경쟁으로 불릴 만한 상황도 발생하였고, 또한 경계적인 대응으로서 무역의 불록화가 진행되었다.

(2) 제2차 세계대전 후의 IMF 고정환율체제: 금, 달러 체제

제2차 세계대전후의 국제통화체제에 대해서는 일찍이 1941년부터 그 검토가 시작되었는데, 주요 역할을 맡은 것은 미국과 영국이었다. 그러나 전후 국제금융질서의 구상을 둘렀고 미국과 영국이 첨예하게 대립하였다. 미국은 2차 세계대전중에 연합국 측의 공장 물자공급원으로서 압도적인 힘을 발휘하였는데, 국제경제의 체제로서 자유다각 무차별의 원칙을 주장하였다. 그리고 영국에 대해서는 스털링 블록(제국특혜체제)의 해체를 요구하였다. 이에 대해 영국은 고전적 자유무역주의의 입장에서 영국제국 특혜제도의 존속을 주장하였다. 영국은 19세기 이후 세계경제를 주도하고 국제금융의 중심으로서 군림해왔으나 그 힘은 이미 쇠퇴해졌으며 2차대전에 의해 피폐의 정도는 더욱 심해졌다. 금융면에서는 거액의 대외채권을 잃었으며 금외화준비가 격감하는 한편, 무기대여법에 의해 막대한 대미채무를 부담하게 되었다. 이러한 사정을 배경으로 미국과 영국의 구상은 각각 화이트(white) 안, 케인즈(keynes) 안으로 집약되었다. 1944년 7월 미국의 뉴햄프셔 주 브레튼우즈에서 연합국은 44개국 대표가 참가한 가운데 국제통화제도를 바로잡기 위한 연합국 통화금융회의가 열려 <국제통화기금협정>이 합의되었다. 이 합의에 기초하여 발족된 IMF는 3년 후인 1947년 3월 1일에 다음과 같은 내용을 목적으로 업무를 개시하였다.

1) 통화에 관한 협력기관이 될 것
2) 국제무역의 균형적 확대와 고용, 실질소득의 증대

3) 외환의 안정을 촉진
4) 경상거래의 다각적 결제제도의 수립과 외환의 자유화
5) IMF 자금의 이용으로 국제수지 불균형 시정의 기회제공

　전후 설립된 국제통화기금에 대해서는 금본위제도 운영의 교훈과 1930
년대의 외환 혼란의 반성으로부터 환율의 안정을 제일로 추구하는 제
도가 채택되었다. 주요구조로는 첫째, 각국은 자국통화의 평가를 금 또
는 금 1온스 당35달러로 금과의 교환이 가능한 달러에 대하여 설정하
고 환율의 변동이 그 상하 1%를 초과하지 않도록 유지한다. 둘째, 미
국은 각국이 보유하는 달러화 잔고에 대해서 언제든지 청구가 있으면
평가플러스, 마이너스 일정의 마진으로 금을 매각함으로써 평가유지의
의무를 이행하는 것이었다. 이 제도는 미 달러화를 매개로 한 금환본
위제도로도 불리었다. 또한 금본위제하에서 금 평가의 유지가 매우 경
직적으로 운영되었다는 반성으로부터 가맹국은 국제수지에 기초적 불
균형이 있는 경우에는 평가의 조정을 할 수 있게 하였다. 이러한 조정
가능성 때문에 조정 가능한 고정환율제도로도 불리웠다. 이밖에 일시적
인 외환불균형을 시정하기 위해 IMF로부터 차입을 하는 제도도 만들
었다. IMF가 설립된 이후 가맹국 수 및 출자잔고가 꾸준히 증가하여
국제통화체제를 지원하는 중심적인 국제기관으로서 활동을 계속하였다.
그러나 제2차 세계대전중 전후에 걸쳐 압도적인 위력을 과시한 미국경
제에도 1950년대와 60년대를 통하여 국제수지의 역조가 계속되었다.
군사비 지출 등 거액의 정부부문 적자에 더하여 주로 해외직접투자에
의한 장기자본의 유출, 그리고 무역수지의 흑자폭 축소에 의해 60년대
를 통해 외국의 공적부문과 민간부문이 보유한 미 달러화 잔고가 누증
하였다. 또한 유로금융시장의 확대에 의하여 달러차입의 용이성도 있었
으며, 달러화의 신인도에 영향을 미칠 일들이 있을 때마다 외환시장에
서는 달러화 매도 투기가 발생하였다. 이처럼 달러화의 가치에 대한
불신이 증폭되어 과연 미국이 1온스 당 35달러의 금평가를 언제까지

유지할 것인가 하는 의문이 제기되었다. 이에 따라 투기자들은 달러화보다는 금을 언제까지 유지할 것인가 하는 의문이 제기되었다. 이에 따라 투기자들은 달러화보다는 금을 사들이기 시작하였다. 이것이 이른바 골드 러시였다. 이러한 상황 하에서 고정환율을 유지하기 위해 평형개입을 한 결과, 주요국 통화당국의 수중에는 달러화 잔고가 더욱 누적되고 마침내 1967년에는 이들 달러화 잔고가 미국이 보유한 금준비를 넘어서고 말았다. 1971년 8월 미국의 닉슨 대통령이 각국의 공적기관이 보유한 달러의 금에 대한 교환성을 정식으로 정지시켰을 때 국제통화체제는 새로운 국면으로 들어서게 되었다. 이것이 소위 닉슨 쇼크이다. 주요 통화국은 달러화의 매입지원을 포기하고 대미달러 변동폭(평가의 상하 1%)의 제약을 이탈하여 변동환율제로 이동하였으며 과대평가된 달러화는 평가절하되었다. 다만, 이 시점에서는 아직 고정환율제로의 복귀가 주요 각국의 공통된 인식이었으며, 변동환율제는 새로운 평가가 정해질 때까지의 잠정적인 조치로 생각했었다. 1971년 12월 미국 워싱턴의 스미소니언박물관에서 선진 10개국의 국제 통화 회의가 열려 격렬한 논의 끝에 각 주요통화의 달러에 대해 중심환율로 불리는 새로운 고정환율이 정해졌다. 달러는 금에 대해 절하되고 주요국 통화는 달러화에 대해 절상되었다. 그러나 달러의 금에 대한 교환성은 정지되었기 때문에, 달러화가 금에 대해 절상되었다. 그러나 달러의 금에 대한 교환성은 정지되었기 때문에, 달러화가 금에 대해 절하되더라도 이는 명목적인 것에 불과하였다. 각 통화는 중심환율의 상하 각 2.25%까지 환율변동을 허가하였는데, 이로 인하여 보다 넓은 변동폭을 가진 고정환율제로의 복귀가 이루어지게 되었다. 이처럼 스미소니언 체제는 금이 뒷받침되지 않는 달러화에 대한 고정환율의 설정이었기 때문에 실질적으로는 달러본위제인 셈이었다. 한편, 환율변동의 폭은 이전보다 넓어졌으며, 금이 뒷받침되지 않는 달러, 국제수지 적자의 진행에 의하여 과잉된 달러는 항상 압력을 받았고, 개입에 의한 매입지지에도 한계가 있었다. 유럽 각국 및 일본의 입장에서 볼 때 이처럼 개입에 의해 매입된 달러에는 가치의 보증이 없는데다 대규모적인 매입에 의해 국내에서는 과잉유동성의 문제가 심화되었다. 결국, 스미소니언 체제는 브레튼우즈 체제의 문제점을 근본적으로 해결하지 못한 일시적인 조치에 불과하였다. 이후 각국은 자국의 경제사정에 적합한 환율제도를 채택하게 됨에 따라, 1976년 1월 변동환율제도를 인정한 킹스턴 체제가 새로이 출범하게 되었다. 현재에도 IMF는 다음과 같은 역할을 맡고 있다.

1) 국제통화제도의 개혁 및 제도운영의 개선 등에 대한 협의장소를 제공한다.
2) 국제유동성 관리의 관점에서 SDR의 적절한 창출, 배분을 한다.
3) 각 가맹국의 환율정책의 감시를 통하여 각국 경제정책의 국제협조를 추진한다.
4) 세계경제 전망을 세우고 경제정책 운영의 방법을 검토한다.
5) 국제수지 적자국에 대해서 적자 사정을 위한 경제정책 시정의 방법으로 일시적인 융자를 해준다.

국제통화기금이 회원국에 지원하는 자금에는 크게 세종류가 있다. 우선 우리나라가 1997년 12월 이용한 대기성(stand-by) 협정자금이 있다. 스탠바이란 일정규모를 비축해 두었다가 필요할 때 갖다 쓴다는 데서 유래되었다. 이 자금은 주로 단기적인 자금부족시 빌려 주는 것으로서 멕시코를 비롯하여 최근의 태국과 인도네시아 등이 모두 이 자금을 받았다. 이외에 'EEF(extended fund facility)자금'과 'ESAF 자금'이 있다. 전자는 해당국이 구조적인 문제로 장기적인 지원을 요청할 때 제공되며, 후자는 지난 1990년 기준으로 1인당 GNP가 740달러 이하인 저소득자국가들의 개발을 위해 무이자로 장기간 빌려주는 자금이다. 한편 구제(bailout)라는 용어로 표현되는 긴급구제제도는 긴급할 경우 통상적인 절차의 기간을 대폭 단축해서 처리하는 제도로서 지난 1994년 멕시코 외환위기 이후 생겨났다. 일반적으로 협상단의 파견과 합의문 통과를 위해서는 2주 정도의 공고기간을 거쳐 이사회가 개최된다. 그러나 1997년 아시아 국가들의 경우처럼 자금이 급히 필요한 경우에는 이사회 공고기간을 대폭 줄이기도 한다. IMF로부터 자금을 빌린 회원국은 빌리기로 한 자금을 다 인출하지 않아도 된다. 멕시코의 경우는 약속 받은 총 500억 달러 중 225억 달러만 사용하였다. IMF도 돈을 빌린 회원국의 경제사정이 호전되면 상환기간이 남아 있어도 즉각 돈을 갚도록 하고 있다. 지난 1982년 중남미 외채위기이후 이들 중남미 국가들에게 IMF의 자금이 지원되었으며 1990년대 들어 소련이 붕괴된 이후에는 구소련국가들과 동구권에 부흥자금이 투입되었다. 당시에는 자금지원 규모가 최고 100억 달러 내외였다. 그러나 최근에는 세계금융시장의 통합으로 국경을 넘나드는 자금의 규모가 커지면서 수백억 달러에 이르는 대규모의 긴급구제금융시원 사태가 발생하고 있다. 한편, SDR(Special Drawing Right)이란 IMF의 특별인출권으로서, 국제유동성 부족을 대비하여 만든 준비자산이다. 세계 각국은 무역 및 투자 등에서 발생하는 수취와 수입 및 투자 등에서 발생한 지불은 시간적 금전적으로 반드시 일치하지는 않는다. 따라서 그 차이를 메우는 자산이 필요한데, 이 준비자산을 세계전체로서 '국제유동성'이라고 부른다. SDR은 과거의 금 및 달러의 결점을 보완하기 위하여 1969년에 창설되었다. SDR의 창출액은 각 가맹국별로 IMF 출자할당액(quota)에 비례하여 배분된다. 각 SDR 참가국은 그 배분액에 따라 SDR과 교환하여 다른 참가국으로부터 그 상당액의 당해 상대국 통화를 취득할 수 있다. SDR을 준비자산으로 육성한다는 관점에서 질적인 측면의 노력이 이루어져 SDR의 매력을 높이기 위한 조치가 강구되었다. 1981년 1월에 SDR의 가치를 정하는 통화바스켓이 종래 16개 통화에서 주요 5개 통화인 미국 달러화, 독일 마르크화, 영국 파운드화, 프랑스 프랑화 및 일본 엔화로 간소화되었다.

(3) 변동환율제로의 이행과 전개

1944년 설립되었던 브레튼우즈 체제의 기본 정신은 달러화와 금을 기축통화로 하는 고정환율제도였다. 이 고정환율제도는 1971년 미국의 닉슨행정부가 달러를 금으로 바꿔주지 않는다는 불태환 정책을 선언할 때까지 유지되었다. 그러나, 금과의 교환이 보장되지 않는 달러화의 가치는 더 이상 고정될 수 없었으므로, 국제통화제도는 자연스럽게 현재의 변동환율제도로 이행되게 되었다. 각국은 1973년 2월과 3월에 주요국 통화를 변동제로 이행한 후로도 이것을 긴급조치로서 볼 뿐 정식 제도로 인정하지는 않았다. 결국 장래에는 고정환율제로 복귀한다는 의식을 여전히 가지고 있었으며, 이러한 태도는 IMF 역시 마찬가지였다. 그러나 1973년에 제1차 석유위기가 발생하여 많은 나라에서 인플레가 급진하고 국제수지의 상황도 세계적으로 크게 변동하였다. 이와 같은 세계경제의 변동으로 인해 원래 문제를 일으켰던 고정환율제로의 복귀는 점점 어려워지고 그 후 변동환율제도가 현실로 정착함에 따라 IMF로서도 이를 인정하지 않을 수 없게 되었다. 1971년 미국의 금태환 정지가 선언된 이후 국제통화제도에 대한 개혁논의가 계속 되어 오던 중 1976년 1월 자메이카의 킹스턴에서 열린 IMF 제5차 잠정위원회에서 국제통화제도 개혁에 관련된 현안문제들이 일괄 타결되었다. 동 합의에 따라 IMF 협정문 개정안이 1978년 4월 정식으로 발효됨으로써 새로운 국제통화제도인 킹스턴 체제가 출범하여 오늘에 이르고 있다. 킹스턴 체제하에서는 IMF 가맹국이 각국의 경제여건에 적합한 변동환율제도를 자유로이 선택할 수 있게 함으로써 변동환율제도를 공식화시켰다. 또한 금을 폐화시키고 준비자산으로서의 SDR의 기능을 강화시켰다. 한편, 1970년대 중반 이후 미국의 경상수지 적자폭은 확대되었으며, 미국의 고금리에 의해 미국으로의 자본유입이 중지되지 않은 상태에서 달러 강세 기조가 계속되었다. 이러한 달러 강세를 시정하기 위하여 미국, 일본, 서독, 영국 및 프랑스의 5개국 재무장관 및 중앙은행 총재들은 1985년 9월 22일 뉴욕의 플라자 호텔에서 회의를 개최하였다. 그 결과 1) 환율이 대외 불균형을 시정하기 위해서는 그 역할을 다해야 한다는 점, 2) 이를 위해 환율은 기초적 경제조건(fundamentals)을 지금보다 더 잘 반영하지 않으면 안 된다는 점, 3) 훤더멘틀의 현상 및 전망의 변화를 고려하고 달러를 제외한 주요 통화의 대 달러 환율을 상승시키는 것이 바람직하다는 것, 그리고 이 모든 사안을 위해 보다 밀접하게 협력해 간다는 것들에 대해 합의하였다. 이것이 이른바 '플라자합의'이다. 플라자 합의는 주요 통화 환율의 면에서 괄목할 만한 성과를 거두었다. 이 합의를 받아들여 각국 통화 당국의 협조 개입 결과 플라자 합의일에 달러 당 238엔이던 엔화의 환율이 1987년 2월에는 150엔대로 떨어졌다. 그러나 플라자 합의 이후 달러강세의 수정이 진행되었으나, 미국의 경상수지 적자는 좀처럼 개선의 조짐이 보이지 않았다. 또한 급격한 달러화 환율의 조정은 세계경제 성장의 걸림돌이 된다는 인식이 확대되었다. 이에 따라 1987년 2월 22일 이탈리아를 제외한 G7 중 6개국의 재무장관 및 중앙은행 총재는 파리의 루브르 궁전에 모여서 1986년 5월에 있었던 동경 서미트 선언의 체제에 따른 경제의 다각적 감시를 논의하였다. 루브르 합의에서는 1) 주요국의 통화는 각국의 정책수립을 전제로 하여 기초적인 경제적 조건에 이미 합치된 범위 내로 할 것, 2) 참가자는 환율을 당면의 범위 수준에 안정시킬 수 있도록 긴밀하게 협력할 것 등이다. 보다 주익적인 관점에서 볼 때, 루브르 합의는 선진국간의 최대과제를 지속 불가능한 대외수지의 불균형을 대폭적으로 시정하는 데 두고 그 해결을 위한 방향을 제시하면서 참가국의 구체적인 정책에 대해 합의했다는 점에 그 의의가 있다. 현재 국제통화제도의 장래를 둘러싼 많은 논의가 진행되고 있다. 그러나 이론적으로 또한 현실문제로서도 유효한 제도를 구축하는 것은 쉽지가 않다. 분명히 변동환율제에는 단점도 있다. 그러나 지난 20여 년간 경험으로 정착되고 있기 때문에 주요 통화의 변동환율제는 당분간 계속될 것으로 판단된다. 변동환율제도를 전제로 한 이상 이를 안정적으로 운영하기 위한 주요국간의 정책협조를 어떻게 강화시킬 것인가, 또는 변동환율제도를 대신할 통화제도를 어떻게 구축할 것인가 하는 문제들이 앞으로의 과제로 남아 있다.

통화 1 단위와 금의 일정 중량이 등가로 결합되는 화폐제도를 말한다. 금본위제는 화폐와 금의 결합강도에 따라 금화본위제, 금지금본위제, 금환본위제로 대별된다. 금화본위제는 화폐와 금의 결합이 가장 강한 형태로 금의 자유주조 및 용해, 수출입의 자유가 인정되는 제도이다. 금지금본위제는 국내에서는 은행권이 화폐의 중심적인 역할을 담당하고 금은 대외결제수단으로 사용되는 제도이다. 금환본위제는 화폐와 금의 결합이 가장 약한 형태로 금과 교환이 가능한 다른 나라 화폐, 즉 금환을 대외준비자산으로 준비하게 된다. 국제수지 적자 시에는 금의 유출을 초래하게 되고 이에 따라 국내 통화량이 감소하여 국내물가가 안정되고 대외경쟁력 강화를 통하여 국제수지의 개선효과를 볼 수 있는 것 같고, 금의 유출입에 따른 국내물가수준의 변동에 의해 국제수지 균형이 유지되어 대내적인 경제불안이 불가피하다. 국내물가 변동을 억제하기 위한 대내정책은 오히려 국제수지의 균형을 저해할 우려가 있다.

8. 경제적 가치기준

◎ 시장 가치

시장 가치란 "거래 대상에 대하여 충분히 아는 상태에서 수요자와 공급자 사이에서 자유로운 교환이 성립할 경우 결정되는 금액"으로 정의할 수 있다. 즉, 어떤 외부적인 강제없이 수요자와 공급자가 거래대상에 대해 합리적인 결정을 내릴 수 있게 충분하고 정확한 정보를 공유하는 상태에서 수요자와 공급자가 원한다면 매매가 자유롭게 이루어질 수 있음을 전제하는 것이다. 이는 『공정시장가치(fair market value)』, 『거래가치(transaction value)』로 쓰기도 한다.

◎ 투자 가치

투자 가치는 "개인적인 투자 요구에 기초한 특정 투자자 입장에서의 구체적인 가치이다. 이는 객관적이고 독립적인 시장가치와 구별된다. 투자가치는 종종 전략적 가치(strategic value)라는 용어로 쓰이기도 하는데, 이는 시장가치와 달리 특정 투자자의 투자전략에 따라 그 가치가 달라지기 때문이다. 소득접근법으로 기업가치를 구할 때 환원율로 투자자의 요구수익률을 사용한다면 여기서 산출되는 가치는 투자가치라 할 수 있다.

◎ 내재 가치

내재 가치는 평가 대상에 내재한 본질적인 가치로 일정한 조건 하에서 접근 가능한 사실자료를 바탕으로 대상에 대한 분석적 판단을 통해 산출된다. 내재가치는 투자자의 주관적인 판단과 무관하며 가치중립적인 성격을 갖는다. 따라서 주관성이 강한 투자가치와 구분된다.

◎ 공정 가치

공정 가치는 당위적 개념으로 불편부당한 객관적 가치를 말한다. 공정가치는 수요자와 공급자 또는 다양한 이해관계자 사이에 가치를 둘러싼 대립이 해소되지 못할 때 이해조정을 위한 기준으로서의 역할이 가능한 공정한 객관적 가치라고 할 수 있다.

1) 기업가치의 구성요소는?

기업가치는 수익가치, 자산가치, 시장가치 세 가지 요소로 구성된다.

수익 가치란 내재가치 라고도 하는데, 기업이 계속적으로 영업활동을 한다는 전제하에 미래에 예산되는 수익을 기업의 위험도를 고려한 적절한 할인율로 현가화한 개념 이다. 주식의 가치는 그것을 소유함으로써 얻게 될 미래수익에 대한 청구권으로 정의될 수 있기 때문에 유무형 의 모든 자산을 이용하여 얻을 수 있는 미래의 예상수익을 예측하고 이를 현재 가치화는 수익 가치법은 이론적으로는 가장 타당하다. 일반적으로 투자자가 기업의 주식이나 지분을 매입하는 이유는 그 기업으로부터 배당을 받거나 미래에 창출될 기대현금흐름을 통하여 효용을 얻을 수 있기 때문이다. 따라서 주식의 적정가치 또는 기업의 내재가치란 기업이 미래에 창출할 현금흐름 또는 배당 흐름을 예측하고 이를 그 기업의 경영위험에 상응하는 할인율 로 활인한 현재가치로 파악하는 것이 이론적으로 타당하다. 미래의 배당으름 또는 현금 흐름을 활인 가액이 현재의 화폐적 자살가치를 초과하거나 미달하는 부분이 초과 수익력을 나타내는 영업권을 구성한다고 볼 수 있으므로 이러한 동태적인 관점에서의 기업가치 인식방법이 타당성이 높다. 수익가치법이 논리적 타당성을 갖춘 방법으로 인정되고 있으나 미래수익과 현금흐름 및 배당흐름의 추정은 주관적 예측에 기포를 두고 이루어지는 것으로 평가자의 주관이 개입될 수 있어 객관성 확보가 어렵고, 또한 미래 현금흐름 또는 배당으름을 현재가치로 환산하기 위해서는 기업의 영업위험과 재 무 위험을 모두 반영한 할인율로 활인하여야 하는 문제점이 있다.

그러나 수익 가치법은 평가자의 주관에 따라 평가결과가 달라진다는 문제점에도 불구하고 이론적 타당성 과 함께 기업의 수익의 원천인 시장경쟁력 우위와 경영혁신을 가능하게 하는 기술력, 정보능력, 인적자산 등을 비롯한 무형의 자산을 평가내용에 포괄할 수 있다는 점에서 기업 내재가치 평가 시 가장 많이 이용되고 있다.

◎ 자산가치

기업 가치를 정태적 관점에서 평가 한다면, 평가시점 현재의 총자산에서 총 부채액을 공제하여 산출할 수 있다. 평가시점 최근의 순 자산가치에 의해 평가하는 방법이므로 이를 '자산 가치법'이라 한다. 여기에서 부채액은 그 성격상 채권자가 그 권리를 포기하지 않는 한 정확한 가액을 산출할 수 있어 평가에 어려움이 없으나, 자산가액을 적정한 현재가액으로 산출하기 위해서는 많은 문제점이 있다. 즉, 자산의 성격 규정과 관련된 문제로 전통경영 이론에 입각하여 자산을 미래의 수익창출에 활용하기 위해 현재 보유하고 있는 원가 집합으로 본다면 수익창출에의 기여도에 따라 평가해야 할 것이다. 자산을 채권자보로를 기본 목적으로 하는 법률적 관점에서 본다면 평가일 현재시점에서 매각하여 얻을 수 있는 현금액 또는 현금 하액인 매각가치로 평가해야 할 것이지만, 기업을 재구성하는 관점에서 본다면 자산을 대체원가로 평가하게 된다. 이와 같이 평가자의 관점 차이와 평가 목적에 따라 각기 다른 자산액이 산출될 수 있어 자산가치에의 한 기업가치 평가는 객관성을 확보하기 어렵다는 문제점이 있다. 다른 한편으로 기업가치는 기업이 보유하고 있는 개별자산의 화폐적 가치의 총합으로만 발휘되는 것이 아니라, 여러 가지 유무형의 자산을, 이 유기적으로 결합되어 창출하는 비화폐적 자산 도 포함되어야 한다.

그러나 자산가치법은 이러한 가치를 고려하지 못한다. 이러한 많은 문제점에도 불구하고 자산가치법은 청산가치 산출이나 채권자 보호를 위한 최소평가액 산출이라는 측면에서에서 수익 가치법에 비해 상대적으로 객관성을 인정받고 있다.

◎ 시장가치
시장가치 법은 비교방식에 의한 평가를 말한다.

국유재산법 시행령에 의하면 평가대산 주식의 발행기업과 동일한 업종의 상장법인 중에서 매출액규모, 자본금규모, 납입자본이익률, 매출액 성장 및 부채비율을 감안 하여 유사기업을 선정하고 재무제표를 기준으로

A: 평가대상기업의 1주당 순이익
B: 유사기업의 1주당 순이익
A': 평가대산기업의 1주당 순자산액
B': 유사기업의 1주당 순자산액의 산식에 의해 산출한 가치를 평가 대상주식의 가치평가에 반영하도록 하고 있다.

이는 평가대상기업과 유사한 기업의 주식이 시장에서 거래되는 현실적인 가격을 평가 대상기업의 주식가치 산정에 어떤 형태로든 반영할 필요가 있다는 점에서 설득력을 가지고 있으나 상장 기업 중에서 유사기업을 선정 하는 데에 평가자의 자의성이 개입될 수 있고 유사기업을

발견하기 어려운 경우 적용이 불가능한 문제점이 있다. 더욱이 유사기업의 주식이 거래되는 시장이 비효율적인 경우 오히려 평가대상주식의 진정한 주식가치를 왜곡시킬 수도 있다는 약점이 있다.

$$유사기업의 주가×(A / B / A' / B') / 2$$

2) 기업가치는 어떻게 측정하는가?

기업 가치를 측정 하는 방법은 신용평가회사 · 회계법인 · 국내외 컨설팅업체 · 한국감정원 · 정부출연 및 민간연구소 · 일부 감정평가법인 등이 평가하며, 외국 업체와도 전략적 제휴를 통해 공동으로 작업하는 경우가 있습니다.

기업 가치를 평가하는 방법은 수익 가치법, 자산가치법, 상대가치법 등으로 구분합니다. 수익 가치법은 평가 대상 업체의 장래의 현금흐름을 추정하고, 이를 위험률이 반영된 적절한 할인율로 할인하여 평가시점에서의 기업 가치를 구합니다. 자산가치법은 기업의 재무상태에 기초한 방법으로 회사의 자산 · 부채 및 자본항목을 평가하여 수정대차대조표를 작성한 후 자산총계에서 부채총계를 공제한 기업체의 순 자산가치를 기준으로 평가하는 기법입니다. 상대 가치법은 유사기업의 시장가치에 기초한 방법으로 평가대상기업과 동일 업종의 상장법인 중에서 매출액규모 · 자본금규모 · 납입 자본 이익률 · 매출액 성장률 및 부채비율 등을 참작하여 유사기업을 선정하여 비교 평가 합니다.

흔히 사용되는 기업가치평가의 지표는 PER · EV · EVA · MVA 등입니다. 가장 많이 쓰고 유용성이 높은 지표가 PER(Price Earning Ratio: 주가수익률)입니다. 주가가 회사의 한 주당 수익의 몇 배가 되는가를 나타내는 지표로, 주가를 한 주당 연간이익금으로 나누어 산출합니다. 따라서 PER이 높으면 회사이익에 비해서 주가가 상대적으로 높은 것이고, PER이 작으면 주가가 이익에 비해서 싼 것입니다.

PER의 단점을 보완하는 지표가 EV(Enterprise Value: 기업가치)입니다. 이 지표는 한국에는 생소하지만 외국인 투자자 사이에서는 가장 많이 쓰이는 것 중의 하나입니다. EV는 기업의 미래수익 창출능력을 이자율(평균자본비용)로 할인하여 현재시점에서 그 기업의 가치를 산출한 값입니다. 이 수치가 현 주가보다 높은 기업은 앞으로 주가가 오를 것이라고 평가됩니다. 최근 한국에서 새롭게 각광받는 EVA(Economic Value Added: 경제적 부가가치)는 주주 및 채권자의 자본비용과 기업의 수익을 비교해 주주의 부(富)라는 관점에서 기업 가치를 평가합니다. 기업의 수익성이 얼마나 되는지를 측정하는 방법으로 세후영업이익에서 총자본비용을 뺀 금액입니다. EVA＝세후순영업이익－(투자자본×가중평가자본비용)

EVA는 기업실적에 따라 해마다 크게 달라지는데 좀더 장기적인 관점에서 잉여가치를 산출하기 위해 개발된 지표가MVA(Market Value Added: 시장부가가치)입니다. 기업이 앞으로 창출할 EVA를 현재시점에서 이자율로 할인하여 더한 값으로 적정주가를 산출하는데 유용입니다.

한편 기업의 총 가치에는 주주의 지분뿐만 아니라 채권자인 타인자본의 몫도 포함되어 있으므로 해당기업의 가치 산정은 총 기업가치에서 차입금의 현재가치를 차감하여 산정한다.

진정한 기업가치는 성장 잠재력 까지도 포함하며 주식의 현 시세도 기업 가치에 포함된다. 아무리 기업이 좋고 우량 회사라고 하더라도 주식의 가치가 없으면 그 기업 가치는 평가 절하 되기 쉽기 때문이다. 그러므로 기업들은 주식 가치를 높이며 주식담당자를 통하여 주식을 높여야 할 것이다. 주식이 폭락을 거듭하면 외국에서 기업 가치를 낮게 평가하며 투자는 이루어지지 않을 것이다.

9. 다국적 기업

　2007년 이후의 국제정치경제의 핵심적인 성격을 규정해보라고 한다
면 아마도 많은 학자들은 서슴치않고 세계화(globalization) 현상이라고
말할 것이다. 지난 50년 동안에도 세계화 현상이 어떤 배경에서 시작
되어 어떻게 심화되어 왔는가, 그리고 그것이 국가의 자율성이나 국내
정치, 제도, 사회적 통합 등에 미치는 영향은 무엇인가에 관해 상당한
연구가 진행되어왔다. 국내에서도 몇 년 전까지 세계화 문제에 대해
나름대로 논의가 활발했었다. 그런데 이러한 세계화 현상을 추진하는
가장 근본적인 동력이 바로 다국적 기업이다. 다국적 기업활동의 활발
함과 위력은 이미 널리 알려져 있다. 예를 들어 물량적인 관점에서 본
다면, 1970년에서 1997년까지 전 세계의 GDP는 2배, 수출은 4배 가량
증가한 반면 해외직접투자는 약 8배정도 증가했다 (Economist 98 / 6 / 20,
Survey, 5). 또한 1992년도 GM사의 총 판매고는 1,340억 달러였는데
이것은 21개 국가를 제외한 세계의 모든 국가들의 GDP보다도 큰 규모
였다 (Spero and Hart 1997, 98). 질적인 차원에서도 다국적 기업은 국
내사회 및 국제관계에 상당한 영향을 미치고 있다. 1970년대 초 ITT
사의 칠레에서의 정치개입과 그로 인한 파란은 이미 잘 알려진 예이
다. 그러나 1990년대에는 개도국을 비롯한 대부분의 국가들이 다국적
기업들에 대해 가졌던 과거의 부정적인 이미지에 집착하기보다는, 국내
투자, 기술이전, 고용촉진과 자문을 위해서 서로 유치 경쟁을 벌리고

요로 하는 원자재, 부품, 기계설비 등을 조달할 수 있고 가장 이익적인 판매시장을 찾아 낼 수 있기 때문에 가능하다.

2) 다국적기업의 단점

다국적기업은 장점보단 단점이 더 많다. 그리고 심각한 단점이 있다. 기업 내를 보자면 단점이 적겠지만 투자국 입장에의 단점도 무시 할 수 없어 두가지를 같이 쓰겠다. 대표적인 투자국 입장에서의 단점은 국내 기업의 완패시 투자국의 '피해'이다. 다국적기업은 투자국에서 생존하기 위해 투자국 내의 기업과 피말리는 싸움을 한다. 그리고 투자국은 서민들을 위한 나라가 아닌 한국과 같은 자본가를 위한 나라이다. 이 싸움이 계속 공존한다면, 혹은 투자국 내의 기업의 승리로 끝난다면 어마어마한 이득을 챙길 수 가 있다. 하지만 그 승리가 다국적기업이 되어버리면 투자국의 경제상황은 다국적기업의 모체국인 어떤 나라가 주도할 상황이 되어버린다. 가정하자만 미국의 쉘회사가 중동지방의 석유 잘나가고 자본가를 위한 국가인 어떠한 나라의 석유회사와 싸워 이겨버렸다. 그렇다면 직접적인 언질은 없겠지만 간접적이고 비밀스럽고 조심스레 중동지방의 석유들은 미국의 손아귀에 서서히 넘어가 버리는 것이다. 물론 투자국 내에서 다국적 기업을 쫓아내기 위해 정부 차원에서 모종의 일을 꾸밀 수도 있지만 다국적기업의 하나의 장점은 철수가 빠르고 게다가 그렇게 된다면 국제사회에서 크게 비난 받거나 그 기업의 모체국과의 사이가 흐트러 질 수도 있다. 투자국 입장에서의 두 번째 단점은 다국적 기업의 의존도가 너무 커도 위와 같은 상황이 충분히 올 수 도 있고. 평화로운 식민지가 될 수도 있다. 그 기업이 하는 것에 따라 투자국의 운명이 결정지어지기 때문이다. 예를 들어 기업체의 수익이 점점 떨어지거나 미래에 대한 가망성이 없어 그 투자국에서 철수한다면 순식간에 엄청난 경제적 공황을 맞이할 지도 모르는 위험한 결과를 낳을 수 있다.

세 번째 단점은 현지국 장려책에 따라 진출한 기업이 기술을 무상으로 제공하지 않는 경우이다. 오히려 몇 몇 다국적 기업체는 높은 로열티를 요구하여 기술을 팔고 투자국이 기술을 계발할 경우, 자신들의 경쟁상대를 미리미리 없애고자 방해하는 것이다.

네 번째 단점은 투자국을 위한 국제법이 크게 활성화 되어 있지 않아 생기는 불이익이다. 다국적기업이 개발도상국의 자연자원개발에 직접 투자할 때 낮은 가격을 지불하여 착취하거나 과잉채굴로 자원고갈을 초래할 수도 있는 단점이다.

기업체 입장에서의 단점은 기업체가 운이 없거나 판단을 잘못해 생길 수 있는 타격이 조금 있는 단점이다. '기업 성장기반 확보에 따른 수익성 악화'인데 이런 경우는 기업성장의 측면에서는 어느 정도 성공적이었으나 종합상사의 수익성과 안정성이 문제로 부각되는데, 이것은 정부의 적극적 지원, 특히 수출금융의 혜택을 염두에 두고 이를 위한 수단으로 수출실적성장에 총력을 기울인 결과이나, 적극적 경영관의 확립이 요청되는 오늘날에는 상사경영자는 근본적인 상사전략의 변화를 통하여 해결책을 모색하여야 한다. 투자국 선정, 진출시에 정보 미흡, 아무리 오랜기간 조사하고 오랜기간 연구해도 그 민족의 성향, 법, 현 상황에 대해 거의 완벽히 숙지를 하지 못해 실패한 기업체가 많다. 동양권 (한국, 일본) 쪽으론 스타벅스를 예로 들 수 있다. 한국에서는 대 성공, 일본에서는 대 실패, 이는 일본인들의 성향을 자세히 파악하지 못한 정보미흡의 결과이다. 안정적 자금조달능력, 종합상사가 장기적 성장잠재력을 어느 정도 확보하고 있다는 관점에서 볼 때 단기적 수익성 문제는 그 자체로서 보다는 그로 인해 자금순환이 어려워진다고 하는 것이 더 커다란 문제이다. 따라서 상사는 투자재원 확보와 원활한 자금회전을 위한 안정적 자금 조달원 확보, 장기적인 자금순환의 균형 등의 재무관리상의 문제를 해결해야 한다. 전문경영자의 한계 및 인력

향상 미흡. 전문경영자는 소유경영자에 의해 매년 경영실적을 평가받는 입장이므로, 장기적이고 과감한 경영을 기대할 수 없다. 따라서 경영관리는 전문경영자가 담당하되, 소유경영자는 종합상사를 이해해야 하고, 전문가의 양성을 위해 합리적인 인력수급계획 및 인력향상에 과감한 투자를 해야 한다. 제도적 문제점. 정부는 정부의 입장을 지정요건을 통해 반영시켰고, 경영자는 상사를 그룹 차원에서 활용하는 입장을 취함으로써, 상사 자체의 전략이나 진로는 무시되어졌고, 종합상사는 환경에의 대응성을 잃어버리게 되었다. 현지원제도는 자금조달에 대한 편의제공이 중심이나 단기금융에 치중하고 있으며 지원제도는 산업전반적인 입장에서 전체적인 형평의 원칙을 전제로 하여 설정되어야 한다.

현지국과의 이익 상충. 현지국 정부는 국가이익의 최대화를, 다국적기업은 기업시스템이익의 최대화를 각각 목표로 하기 때문에 갈등이 발생한다. 그러나 이것보다 더 문제시되는 것은 정책에 대한 다국적기업의 영향력이 크고, 경제적 관점에서 다국적 기업이 투자대상국에 비해 보다 우월한 위치에 있다는 것이다.

치외법권의 문제. 현지국정부는 다국적기업이 본국의 정책을 따르려 할 경우 국가주권에 대한 위협으로 간주하는데 이때 다국적기업이 본국에 협력을 요청할 경우, 경제적 독립성의 문제가 제기된다.

민족주의 문제. 경제적 민족주의는 다국적기업을 세계화로 선동하는 적으로 간주하며, 이것은 추출산업의 경우에 특히 심하다. 이러한 자원민족주의는 외국인 소유권 자체의 정당성을 부인한다.

현지국의 양면적인 관점. 외국인 직접투자의 결과로 경제적 수익과 정치적 비용이 함께 발생하며, 이러한 수익과 비용을 정확하게 측정할 수 없으므로 양면적인 감정을 해소할 방법도 모호하다. 현 다국적 기업은 세계경제의 중심으로 그리고 그들만의 방법으로 세계 경제를 변화 시키고 있다. 하지만 그런 것을 이용해 악용하는 사례도 상당히 많다. 때문에 다국적 기업의 중요한 점은 국제사회에 대한 헌신이고 국제 경제에 대해 헌신하는 마음가짐이다. 기업체가 성공하려면 해당 투자국에 대해 특성을 자세히 알아 두어야하고 해당 투자국은 그들의 자본에 자신들의 자본에 잠식당하지 않게 만반의 준비를 해서 공생해야 한다. 그렇게만 된다면 다국적 기업 뿐만 아니라 개발도상국 또한 상당한 발전을 이룩할 것이다.

　다국적 기업의 장점도 있을 것이고 단점도 잇을 것인데, 우리가 생각해 봐야 할 것은 진정으로 한국에 필요한 기업이 무엇이 있나 이다.

　즉 다국적 기업이 들어오는 양상을 보면 대부분 환경오염 업체, 폐수, 수질, 업체들이 대부분이다. 자국에서는 환경문제로 인해 설립이 어려워지니까 비교적 수원한 후진국에 기업을 세워주고, 실업자 구제 및 경제 발전이라는 명목 하에 다국적 기업이 들어오는 것이다. 우리는 이것의 문제를 제대로 파악해 볼 필요가 있다. 국가 장기적인 측면에서 다국적 기업을 받아 들여야 한다는 것이다. 우리가 사는 국가와 지역을 발전시킬 수 있어야 하고, 우리 국민이 피해 없는 그런 기업을 유치하는 노력이 우선 시 되어야 한다. 즉 경제적인 측면도 중요 하지만 경제 보다는 안전과, 자유, 평화, 살기 좋은 환경이 우선시 되어야 할 것이다.

10. 금리 경제

1) 금리란

돈을 빌린 사람은 일정 기간 돈을 빌려 쓴 것에 대한 대가를 지급하는데, 이를 이자라고 하며 처음에 빌린 원금에 대한 비율을 이자율, 혹은 금리라고 한다.

예를 들어 A가 B에게 10만원을 빌렸는데, B가 1년 뒤에 11만원을 달라고 요구한다면 이자율(금리)은 연간 10%가 된다.

이자는 은행에 예금하는 경우에도 생기는데 이는 은행이 예금주에게 돈을 비려 쓴 대가를 지급하는 것이다.

예금주 입장에선 예금을 하지 않고 그 돈으로 안경, TV와 같은 필요한 물건을 구입할 수 있으나 예금을 해버린 뒤 물건 값이 오르면 나중에 더 많은 돈을 주고 필요한 물건을 사게 돼 손해를 보게 된다. 따라서 돈을 빌린 사람(또는 은행)은 빌려준 사람에게 이자라는 대가를 지급하는 것이다

2) 금리가 내리면 좋은 이유

금리가 내리면 우리 경제가 왜 좋아질까. 또 우리 가정에는 어떤 영향을 미칠까. 금리는 '돈의 값어치'이다. 금리는 빌리고자 하는 돈의 양에 비해 빌려 주려는 돈의 양이 얼마나 되는가에 따라 오르고 내린다. 금리가 낮아지면 기업이든 개인이든 은행이나 보험회사 등에서 돈을 빌려 쓰려 한다.

기업이 투자와 생산을 해서 경제가 살아나려면 투자에 필요한 돈을 은행에서 쉽게 빌릴 수 있어야 하다. 기업은 수익이 금리보다 높을 때 신상품 개발 등에 투자를 하게 된다. 예를 들어 어떤 회사에서 제품개발과 판매에 100억원이 필요한데 은행이 돈을 빌려주면서 금리를 5년만기 10%로 했을 때 이 회사는 매년 10억원의 이자를 내야한다. 물론 5년 뒤에는 빌린원금도 갚아야 한다. 이 회사는 원금 100억원과 5년동안 이자 50억원원을 합해 모두 150억원을 은행에 주어야 한다. 연간으로는 30억원씩 이다. 이 회사는 은행에서 꾸어온 돈으로 신제품을 만들어 매년 30억원씩을 벌어야 은행 빚을 갚을 수 있다. 따라서 금리가 낮아지면 기업이 돈을 적게 들여도 힘차게 돌아갈 수 있다는 뜻이 된다.

금리가 내려가면 저축은 줄어들게 된다. 금리가 낮거나 떨어지는 추세일 대 사람들은 금리가 낮으니 은행에 저축해 보았자 별로 이득이 될게 없다고 생각하고 부동산이나 주식을 사려 한다. 금리는 경제상황에 따라 계속 달라진다. 요즘처럼 경기가 안 좋을 때에는 금리를 내리는 것이 경제를 살리는 좋은 정책의 하나이다.

3) 금리는 어떻게 결정될까

금리는 기본적으로 시장의 수요와 공급 원리에 의해 결정되는데 돈의 가격인 금리도 돈을 빌리려는 수요가 공급보다 많으면 올라가게 되고 반대로 돈을 빌려주려는 공급보다 수요가 적으면 떨어지게 된다.

먼저, 돈의 수요는 기업의 투자에 의해 크게 좌우된다.

경기가 호황일 때는 기업들이 앞으로 물건을 만들면 잘 팔릴 것으로 기대하고 투자를 늘리기 때문에, 돈에 대한 수요가 증가하고 금리는 올라가게 된다.

은행은 주로 가계가 저축하는 돈을 기업과 개인에게 빌려준다. 그래서 가계로 들어오는 소득이 적어지거나 소비가 늘면 돈의 공급이 줄어 금리가 오르게 되고 돈벌이나 직업이 안정되지 못해 나중에 돈을 못 돌려받을 위험이 클수록, 그리고 빌려 쓰는 기간이 길수록 금리가 높아지게 된다.

4) 금리의 종류

(1) 단리: 단리는 이자를 계산할 때 원금에 대해서만 일정한 시기에 약정한 이율을 적용하여 계산하는 금리 계산방법이다. 이때 발생되는 이자는 원금에 합산되지 않으므로 이자에 이자는 발생하지 않으며, 상환기간까지 원금과 이율의 변동이 없으면 일정한 기간 중에 발생하는 이자율은 언제나 같다.

(2) 복리: 복리는 중리라고도 하는데 복리를 금지하는 법제도 있으나, 한국 민법에는 복리를 금지하는 규정이 없다. 따라서 당사자간의 합의(복리계약)에 의하여 복리를 낳게 할 수 있다. 그러나 그 계약이 채무자의 궁박·경솔 또는 무경험으로 인하여 현저하게 공정을 잃은 불공정한 법률행위로 인정될 때에는 무효가 되는 수가 있고(민법 104조), 산입 후의 원리합계와 산입 전의 원본과를 비교한 초과액이 이자제한법에서 정한 이자의 최고한도(연 4할)를 초과하는 경우에는 그 초과부분은 무효로 되는 경우가 있다(이자제한법 1~3조). 이자가 연체된 경우 당사자간의 복리산입의 특약이 없는 경우에는 지연배상에 관한 일반규정에 따라 해결해야 한다.

(3) 명목금리: 명목금리는 물가상승률(또는 예상물가상승률)을 감안하지 않고 표시 된 금리로 경우에 따라 복리로 계산되지 않은 단리 개념의 금리를 말하기도 한다.

(4) 실질금리: 실질금리는 자금을 빌리는 기업이나 개인이 부담하는 실질적인 금리부담을 말하는 것으로 명목금리에서 인플레이션을 차감한 금리수준을 의미한다.

(5) 기준금리: 금리체계의 기준이 되는 중심금리를 말한다. 금리에는 중앙은행의 공정이율, 시중은행의 예금금리, 콜레이트·국채금리 등 여러 가지가 있는데, 이것들은 유기적인 관계를 맺고 금리체계를 구성하고 있다. 그 중심적 위치에 있어서 한 나라의 금리를 대표하고 금융정세의 변화에 따라 표준적으로 변동하며 또한 금융시장에 있어서의 각종 금리를 지배하는 것이 기준금리이다.

(6) 시중금리: 금융시장의 표준적인 금리이다. 이는 시중은행의 표준적인 대출금리를 말한다. 한국에서의 은행금리가 규제금리인 관계로 자

금의 수급에 의한 자율적인 신축성이 없기 때문에 시중금리라고 하면 오히려 사채 금리를 가리키는 경향이 있다. 시중은행의 대표적인 대출금리로는 상업어음 할인율, 어음대부금리, 금융기관간의 단기자금대차인 콜 자금의 금리 등이 있다. 모두 중앙은행의 공정이율이나 금융시장 수급의 빈도에 의해 지배되고 변하는 경향이 있다.

(7) 약정금리: 금융기관이 고객에게 대출할 때 약정한 금리를 말한다. 약정금리는 대출시 표면상의 금리로 표면금리라고 한다. 실질적으로 차주가 부담하는 실효금리와 구별된다. 즉, 차주가 차입금액 중에서 얼마인가를 예금하도록 강요당한다면 그만큼 사용할 수 있는 자금량은 적어지므로 부담하는 금리는 약정금리보다 비싸진다. 통계에서는 금융기관의 평균약정금리가 쓰인다.

(8) 예금금리: 금융기관이 특정인의 예금에 대하여 예금자에게 지급하는 금리이다. 예금금리를 규제하는 나라와 규제가 없는 나라가 있는데, 한국은 금융통화운영위원회에서 금융기관의 각종 예금에 대한이자, 기타 지급금의 최고율을 정하여 규제금리제를 실시하다가 1993년 11월 1일을 기해 금리자율화가 실시되었다. 즉, 은행금리가 자율화되어진 것이다. 당좌예금과 별단예금에는 이자가 없고, 가장 금리가 낮은 보통예금으로부터 가장 높은 정기예금까지 예금의 종류마다 금리가 다르게 정해져 있다.

(9) 표준금리: 시중은행이 우대적격업체에 대하여 대출할 때의 금리이다. 우대금리라고도 하며, 미국의 프라임 레이트와 유사하다. 금리는 ① 한국은행 재할인 적격어음에 대한 할인, ② 신용력이 우대적격업체에 해당하는 기업에 대한 어음의 할인 및 대부이다. 표준금리는 은행대출금리의 중심지표라고 할 수 있으나, 현실적으로는 시중은행의 대출금리의 최저수준을 나타낸다.

5) 금리변동이 경제에 미치는 영향

금리의 움직임은 소비, 투자, 물가 등 전방위로 영향을 미치게 되는데 금리가 오르면 소비가 늘게 된다. 왜냐하면 은행에 예금을 맡긴 개인들이 금리가 오르면 더 많은 이자를 받기 때문이다.

하지만 반대로 기업들은 돈을 빌려 투자를 해야 하는데, 대출 이자가 높아지면 비용 부담이 늘어나 투자를 줄이게 된다.

금리 변동은 물가에도 영향을 미치는데 금리가 오르면 기업의 투자 활동이 위축되고 개인도 소비보다 저축을 많이 하므로 전체적으로 상품을 사는 수요가 줄어들어 물가를 하락시킨다. 그러나 이자가 상품의 생산 원가에 포함되기 때문에 금리가 오르는 경우, 제품 가격을 올리는 요인이 될 수도 있다.

따라서 금리가 물가에 미치는 영향은 서로 상반된 두 가지 요인 중 어느 쪽 영향이 더 큰가에 따라서 달라지는데 일반적으로 원가 상승효과보다 수요감소 효과가 더 크기 때문에 물가가 떨어진다는 것이 일반적 이론이다. 또 금리의 변동은 나라와 나라 사이의 돈의 움직임에도 관여하는데 우리나라 금리가 외국 금리보다 높아지면 외국 사람이 우리나라에 돈을 맡기는 것이 이자를 더 많이 받기 때문에 해외 자금이 국내로 유입되는 효과가 있다.

금리는 이렇게 경제 각 부문에 미치는 영향이 막대하므로 한국은행을 비롯한 각국의 중앙은행은 바람직한 금리 수준을 유지할 수 있도록 관리하고 있다. 즉, 금리를 수단으로 과열된 경기를 진정시키거나 침체된 경기를 부양하게 한다.

	금리상승	금리하락
투 자	위 축	증 가
저 축	증 가	하 락
물 가	하 락	상 승
해외 자금	유 입	유 출

6) 미국의 금리 인하가 우리 경제에 미치는 영향

(1) 미국 금리인하의 파급 경로

미국 연방준비이사회(FRB)의 금리 인하는 단기에 자본이동경로와 중기에 실물경로를 통해서 우리 경제에 미치는 영향이 크고, 일반적으로 그 방향은 긍정적이다.

① 단기적 경로: 자본이동경로

미국 금리인하는 단기에 미국과 우리 나라간에 금리 차이를 발생시킨다. 국제 자본은 높은 금리를 찾아서 이동하므로, 이 경우 외국의 자본이 우리나라로 유입될 것이다. 자본이 국내로 유입되어 외환이 풍부해지면, 우리나라 화폐의 가치가 높아져 환율이 하락하면서 안정화 될 수 있다. 또한 유입된 자금이 주식을 매입하게 되면 주가가 상승하는 효과를 거둘 수 있다.

② 중기적 경로: 실물시장경로

중기적으로는 금리인하로 미국내의 소비 및 투자심리가 회복되면서 국내 수요가 증가하여 수입이 증가할 것이며, 따라서 우리나라의 경우 미국으로의 수출이 증가하여 경상수지의 흑자가 기대된다. 또한 기업의 경영이 정상화되고, 소비 및 투자 심리가 회복되어 경기 침체에서 벗어날 수 있는 효과가 있다.

(2) 미국 금리인하의 시장별 영향

① 외환시장

외자유입 증대예상

미국의 금리인하는 미국 경제의 경착륙 우려를 상당 부분 해소시킴으로써 세계 경제의 성장 및 교역에 긍정적인 영향을 미치게 되고, 우리나라의 경제 둔화폭도 그 만큼 줄어들어 들게 될 것이다. 미국 금리인하로 미국 경제가 침체에서 벗어나게 되면, 신흥시장에 대한 투자 기피 현상이 완화되어, 간접투자나 직접 투자의 형태로 국제투자가 증가될 것이고, 수출 증대 등으로 인해 국내 기업의 실적이 호전되면 국내 주식시장에 대한 외국인 주식투자자금의 유입이 늘어나게 될 것이다.

단기에 자본이동경로를 통해서 미국과 우리나라의 금리 차이로 인해 국내 채권시장에 대한 외국인 투자도 증가하게 될 것이다.

원화 환율 안정에 기여

외국자본의 유입이 증가하는 것과 동시에 미국 경제에 대한 호전 기대로 인해 외환시장에서의 불안감이 다소 해소되면서 원화환율이 안정되는 효과가 있다. 또한 외국인 투자자금 유입확대와 함께 중기적으로는 수출증대의 효과만큼 외환공급이 늘어나 외환의 초과공급 지속될 것이 예상되기 때문에 원화 환율이 추가적으로 안정될 수 있는 효과가 있다.

② 금융시장

주식시장의 투자심리 회복

연방준비이사회의 금리 인하로 미국 경제의 경착륙 가능성이 해소되고 이에 따라 미국 증시가 안정을 되찾고, 국제적으로 풍부한 자금이 주식시장으로 몰리는 유동성 장세에 대한 기대가 형성되면 국내 주식시장의 투자 심리가 회복되어 주식시장이 회복세로 반전될 수 있다.

미국 경제에 대한 우려가 감소되면 국제금융시장의 투자분위기가 호전될 수 있고, 수출 기업을 중심으로 한 우리 기업의 수출실적이 개선되기 때문에 국내 주식시장에 대한 외국인 투자자금의 유입은 한동안 지속될 수 있다.

시장금리의 하향 안정

미국 경제의 경착륙에 대한 우려가 해소되고 이에 따른 환율에 대한 불안심리도 다소 진정되면서 국내 시장금리가 안정되는 효과도 있을 것이다. 시장금리의 안정화는 기업이 투자의사를 결정하는데 있어 가장 중요한 요인이다. 특히 원화의 가치가 상승하리라는 기대심리는 환율 급등에 따른 물가불안의 우려를 완화시킬 것으로 기대된다.

미국 경기의 회복기대로 우리 경제의 급속한 경기둔화에 대한 우려가 다소 진정될 경우 기업의 경영환경이 개선되므로 개별 기업의 신용도를 높이는 효과를 거둘 수 있다.

③ 실물경제

우리나라의 수출 증대 예상

금리 인하에 따라 미국 경기가 회복되고, 소비 및 투자 심리가 살아

남에 따라 미국의 수입 수요가 증대됨으로써 우리나라 수출 기업의 미국에 대한 수출이 증대될 것으로 예상된다. 특히 우리나라는 대미 수출의존도가 높기 때문에 미국의 금리 인하는 우리 수출을 증대시키는 효과가 클 것으로 전망된다. 미국의 금리 인하는 달러화의 가치를 하락시키므로 그 동안 약세를 보여 왔던 엔화가 상대적으로 강세로 돌아서는 효과가 있으므로 우리의 수출 경쟁력에 유리하게 작용할 것으로 기대된다.

수출 증대에 따른 소비 및 투자심리 회복

경제성장에서 수출 기여도가 큰 만큼 기업의 투자심리 뿐만 아니라 가계의 소비심리도 회복세로 반전될 것으로 기대할 수 있다. 수출기업의 자금 흐름 및 수익성이 개선되고 이에 따라 외자유입도 늘어나 전반적인 투자심리도 회복되고 기업 자금 사정도 개선되는 효과가 있을 것이다. 미국증시의 안정으로 주식시장이 회복세를 보일 경우 과도히 냉각되어 있는 소비심리 회복에 긍정적으로 작용할 수 있다.

11. 변동환율제도

변동환율제도란 환율을 일정비율에 고정하지 아니하고 외환 시장에 수요와 공급을 맡겨 자유롭게 변동하게 하는 제도이다. 변동환율제도는 환투기에 대한 저항력은 강하나 시세변동이 크기 때문에 거래에 불안이 따르며 통상의 활성화를 저하하는 경우도 있다. 변동환율제의 반대 말로는 단일 변동 환율제가 있다.

변동환율제와 유사한 말로는 공동 변동환율제가 있다. 공동변동환율제는 한 경제권을 형성하고 있는 나라들은 환율을 고정하고 다른 경제성을 형성하고 있는 나라에 대해서는 공동으로 환율을 변동시키는 제도이다. 다른 유사한 제도로는 관리변동 환율제가 있다. 관리변동 환율제는 기본적으로 변동환율 제도를 취하면서 통화 당국이 외환 시세를 관리 상태에 두는 제도이다.

변동환율제도는 1971년 8월 '닉슨 성명'으로 금과 달러의 교환이 정지된 결과 달러중심의 국제 통화 제도와 국제 통화 기금(IMF)평가를 상하 1%범위 내에서 유지하여야 하는 고정 환율 제도는 붕괴 되고 이를 대신하는 제도로서 1978년 4월 1일 킹스턴 체제를 출범시켰다. 즉 각국은 고정환율제도이든 변동환율제도이든 자유롭게 체용 할 수 있게 되었으나 전자를 택하였을 경우 대량의 외화 유입에 대하여 정부의 공개시장 조작만으로 힘이 미치지 못하면 고정 환율 제도를 일시 정지하고 시장 추세에 따라가는 변동 환율제도로 전환하는 수밖에 없다. 그러나 후자를 택할 경우라도 환율의 변동을 시장의 수급관계에만 내맡기고 있는 것과 같은 상태를 '제도'라 할 수 있는가 하는 의문이 생긴다. 또 변동이라고는 하지만 전적으로 자유롭게 변동 할 수 있는 것이 아니고 변동이 심할 경우 통화 당국의 시장개입이 당연히 예상되기 때문에 자유변동환율제란 문자 그대로의 뜻으로 존재하는 것은 아니다. 구체적으로 킹스턴 체제는 IMF 가맹국이 자국이 채택할 환율 제도를 IMF에 보고하도록 하는 한편 세계 경제가 안정적일 때는 회원국 85%이상의 찬성이 있을 경우 조정이 가능한 고정환율제도로 복귀할 수 있도록 하고 있다. 환율은 재화의 가격과는 달리 일국의 경제에 미치는 영향이 매우 크기 때문에 어느 나라이든지 환율 결정에 개입하여 변동 폭을 제한하는 것이 일반적이다. 이처럼 정부가 환율 결정에 개입하는 제도를 환율 제도라고 한다. 환율제도는 환율이 어떤 방법에 의하여 결정되는가에 따라서 크게 고정환율제도와 변동환율제도로 구분된다. 고정 환율제도는 환율변동을 전혀 인정하지 않거나 그 변동 폭을 극히 제한하는 제도를 말한다. 전형적인 고정환율제도인 금본위제도에서는 환율이 금 평가(parity)를 중심으로 극히 작은 범위 내에서만 변동하였다. 이러한 고정환율제도는 70년대 초 스미소니언체제를 거치면서 주요 통화의 변동환율제도로의 이행과 함께 붕괴되었다. 고정환율제도하에서는 정부가 환율을 일정 범위 내로 고정시킴으로써 환율을 안정시키며, 변동환율제도하에서는 정부가 환율결정에 개입하지 않고 외환시장에 있어서의 수요와 공급에 따라 환율이 자유롭게 결정된다. 대부분의 국가들은 변동 환율 제도를 채택하고 있으나 현실적으로 자유 변동환율 제도를 택하는 나라는 없으며 대부분 국가들이 정부가 직접 또는 간접적으로 자국화폐의 환율 결정을 규제하는 관리 변동환율 제도를 채택하고 있다.

환율변동의 원인으로는 변동환율제도하에서 환율은 외화의 수요와 공급에 영향을 주는 대외거래, 물가, 경제성장, 통화량 등 경제적 요인과 정치, 사회적 요인 등 여러 가지 요인에 의해 변동한다.

<외환수요측면>

우리나라 외환시장에서 달러화를 필요로 하는 경우는 상품을 수입하고 그 대금을 지급할 경우, 기술용역대가, 여행경비, 차관이자 등을 달러화로 지급할 경우 등을 예로 들 수 있는데 이들 경우에는 외환시장에서 달러화를 사려하는 사람들이 늘어나게 된다.

<외환공급측면>

우리나라가 상품을 수출하고 그 대금을 받을 경우, 외국에 나가 일을 하고 그 대가를 받을 경우, 외국인 관광객들이 한국에 와서 달러화를 사용할 경우, 외국인이 국내에서 주식투자를 하기 위해 달러화를 들여오는 경우 등을 예로 들 수 있는데 이들 경우에는 외환시장에서 달러화를 팔려고 하는 사람들이 늘어나게 된다.

<환율은 기본적으로 대외거래 결과에 따라 변동>

이와 같은 외국과의 거래 결과 달러화에 대한 수요가 공급보다 많으면 달러화 가치가 상승하고 원화 가치는 하락하여 원화 환율이 상승하게 된다.

일반적으로 외국과의 거래 결과를 나타내는 국제수지가 흑자이면 외환의 공급이 수요보다 많아져 환율이 하락하게 되며 국제수지가 적자이면 외환의 수요가 공급보다 많아져 환율이 상승하게 된다.

<물가, 경제성장, 통화량, 금리 등도 환율을 변동시키는 주요한 요인>

한 나라의 물가수준이나 경제성장률, 통화량이나 금리 등도 환율을 변동시키는 주요한 요인이 된다. 예를 들어 우리나라의 물가가 외국보다 많이 오르게 되면 우리나라 수출상품의 가격이 상대적으로 비싸지는 반면 수입상품의 가격은 상대적으로 싸게 되어 그만큼 수출이 감소하고 수입이 증가하게 된다.

이에 따라 우리나라가 수출로 벌어들이는 외국돈의 양보다 수입을 위해 지출하는 외국돈의 양이 많아져 외국돈이 귀해짐으로써 환율이 상승하게 된다.

그러나 다른 한편으로는 경제성장률이 높으면 우리나라 경제에 대한 신뢰도가 높아지고 우리나라의 금리수준이 외국보다 높으면 높은 이자 수익을 얻기 위해 외국투자자들이 우리나라 은행에 예금을 하거나 우리나라 채권을 사려고 할 것이므로 외국돈의 공급이 늘어나 환율이 하락하게 된다.

<정치·사회적 요인, 외환투기 등도 환율에 영향>

환율은 정치·사회적 요인에 의해서도 영향을 받는다. 예를 들어 정치가 안정된 나라의 돈은 상대적으로 가치가 올라가는 반면 정치가 불안정한 나라의 돈은 가치가 떨어지는 경향이 있다. 뿐만 아니라 국가 간 분쟁 등으로 국제정세가 불안할 때에는 안전성이 높은 미국 달러화의 가치가 상승하는 경향이 있다.

1) 변동환율제도의 장점과 단점

▶ 장 점
① 국제수지가 적자를 보이면 그 나라의 통화가치가 하락(자국통화 표시 환율이 상승)하여 수출의 가격경쟁력이 생기므로 국제수지 불균형이 자동적으로 해소된다.
② 국제수지균형을 달성하기 위해 신용제한, 수입제한과 외환관리강화와 같은 정책을 실시할 필요가 없으므로 대외균형을 위하여 대내균형이 희생되는 일이 없다
③ 환율을 일정수준으로 유지하기 위하여 정부가 외환을 보유할 필요가 없다.

▶ 단 점

① 환율이 시시각각으로 변동되므로 환위험이 발생하여 무역과 국제
   투자가 저해되고 물가 및 기업경영의 불안을 초래한다.

② 국제투기를 위한 균형파괴적인 단기자본이동이 발생할 가능성이
   있다.

③ 물가와 환율이 서로 영향을 주어 물가와 환율상승의 악순환이 초
   래될 가능성이 있다. 즉 변동환율 제도는 본질적으로 인플레이션
   지향적이다. 왜냐하면 자국통화의 가치하락(환율상승)은 수입품품
   의 자국통화표시 가격하락을 가져오지 않는 경우가 많기 때문이
   다. 이러한 현상을 ratchet effect라고 한다.

④ 환율변동이 국제수지를 호전시키려면 수출입의 가격탄력성이 충분
   히 커야만 하며 그렇지 못한 경우에는 오히려 국제수지를 악화시킨
   다. 예를 들어 국제수지 적자로 환율이 US$1=600에서 US$1=900
   으로 상승하면 한 개당 US$0.67만 받아도 되므로 수출가격을 인
   하시킬 수 있으나, 가격인하에도 불구하고 수입수요가 가격인하
   폭 이상으로 증가하지 않으면 오히려 수출금액이 줄어들게 된다.

 환율이 상승한다는 것은 1달러를 살 경우 원화의 비용이 더 들어간
다는 것을 말한다. 즉, 원화의 가치가 하락하고 반대로 달러화의 가치가
상승한다. 이러한 현상이 지속되는 경우를 고환율시대, 또는 원저현상
이라고 한다. 물론 반대의 경우 즉, 환율이 하락하면 1달러를 구입하는
원화의 비용이 더 적게 들어간다. 이런 경우는 원고시대, 저환율시대라
고 말한다. 이러한 환율의 변동은 우리 경제전반에 미치는 영향이 아
주 크다. 즉, 우리경제는 다른 나라에 비하여 무역의존도가 높고 그 중
에서도 수출의존도가 높은 경제구조이므로 우리가 원했건 원하지 않았
건 우리나라의 경제적 특성상 어쩔 수 없는 현상이다. 즉, 우리나라의
경우 천연자원이 절대적으로 부족하다. 그러면 부족한 천연자원을 수입
할 수밖에 없다. 이러한 이유로 우리 경제는 환율의 변동에 민감한 경

제가 되었다. 즉, 환율이 올라가면 핸드폰 1대당 수출가격이 100$이라고 할 때 수출해서 받는 원화가 더 늘어나므로 수출증가의 효과를 갖는다. 반대의 경우 환율이 하락하면 100$로 핸드폰을 수출해도 원 재료비에 못 미친다면 수출을 하지 않을 것이다. 이처럼 환율의 변동은 수출, 수입을 조절하여 우리 경제전반에 커다란 영향을 미친다. 환율을 높게 해서 수출을 장려하면 될 것 같지만 환율이 높아지면 생산하기 위한 원재료 수입가격이 높아진다. 즉, 석유수입, 철광석 수입 등등의 가격이 높아져 물가상승을 초래하고 결국 생산비를 높이게 된다. 쉽게 말해 환율이 오를 때의 장점으로는 값싸게 수출을 많이 할 수 있고 단점으로는 비싼 값에 수입을 해야 한다. 환율이 내릴 때의 장점으로는 비싸게 수입했던 물건을 값싸게 수입 할 수 있고 단점으로는 수출가격이 비싸지기 때문에 수출량이 적어 질수 있다.

2) 환율의 변동 요인과
주요 통화들의 환율 결정 요인

〈환율의 변동요인〉

 1. 경제적 요인
 이자율: 이자율의 상승은 단기자금의 유입을 초래하므로 단기적으로 해당통화의 즉각적인 강세 요인이 된다.
 통화량: GNP 증가율을 감안한 통화량의 증가율이 상대적으로 높은 경우 인플레이션을 상대적으로 높게 하여 해당국 통화의 약세 요인이 된다. 그러나 정책의 신뢰도가 높은 나라(미국, 독일, 일본 등)에서의 통화량 억제를 위한 금리인상 가능성으로 단기적 감세요인이 되는 경

우도 있다.

▶ INFLATION: 구매력에 의하면 상대적으로 높은 인플레율은 그
  나라 통화를 약 세화 시키는 요인이 된다.

▶ 국제수지: 국제수지 흑자가 커지면 나라 통화는 강세를 보인다.

▶ 경제성장률: 경제성장률이 높아지면 그 나라 통화는 강세를 보인다.

▶ 석유가: 산유국의 통화는 강세인 반면 비산유국의 통화는 약세를
  보인다.

2. 정치적 요인

▶ 정치적, 경제적 정세가 불안한 때는 해당국의 통화를 기피하여 다
  른 안정된 통화로 투자 대상을 바꾸려는 투자가들 때문에 해당통
  화의 약세요인이 된다.

▶ 굵직한 정치적 사건이 있게 되면 통상 안정된 통화(SAFE HAVEN
  이라 함)를 선호하여 미국달러는 강세를 나타낸다.

3. 기술적 요인

▶ 환율은 환율의 움직임 자체의 작용에 따라 어떤 추세를 형성하면
  서 변화한다.

▶ 경제적, 정치적 요인과는 무관 하다.

4. 중앙은행의 정책

▶ 환율의 급등한 변동으로부터 자국화를 보호하기 위함이다.

▶ 중앙은행이 시장에 직접 개입하거나 금융통제 수단으로 지준율,
  할인율 등의 정책을 사용한다.

▶ 은행의 시장 개입 시 단기적으로 강력한 힘을 발휘한다.

5. 시장 참가자들의 예측과 기대

▶ 시장참가 자들은 환율에 영향을 미치는 각종 경제지표등을 미리

예측하여 거래를 하게 된다.

▶ 권위 있는 Economist들의 예측은 환율 변동에 중대한 영향을 미친다.

자본의 흐름: 금리 차 와 밀접한 관계가 있으며 단기적으로 환율에 영향을 미친다.

〈주요 통화들의 환율결정 요인〉

환율은 경제적 요인의 영향을 받는다. 외환거래는 흔히 변동환율환경으로 불리는 일종의 자유 시장 환경에서 이루어진다. 변동환율환경에서의 환율은 수출입, 자본흐름, 상대적 물가인상률 등 많은 요인들에 대하여 반응을 보인다. 흔히 정부정책에 따라 환율변동에 제한이 가해진다.

상품교역수지는 미국 달러와 다른 통화들 간의 교환비율에 영향을 주는 요인들 중 하나이다. 상품교역수지는 특정 국가의 상품 수출입 순차 액으로 정의된다. 독일 마르크화의 환율을 예로 들어 보겠다. 미국은 독일로부터 상품을 수입하고, 그 상품의 대금을 지급하기 위해 독일 마르크화를 필요로 한다. 따라서 미국 회사는 미국 달러와 독일 마르크를 교환한다. 반면, 독일인들은 미국 상품을 원하기 때문에 미국 상품 대금을 지불하기 위해 미국 달러를 구매한다. 그 순 효과는 독일 마르크와 미국 달러의 공급 증가이다. 미국의 독일 상품에 대한 수요는 독일 마르크에 대한 수요를 증가시키는 반면, 독일의 미국상품 구매는 미국 달러의 공급을 증가시킨다. 이 경우 미국의 독일 상품 구매와 독일의 미국상품 구매의 순차 액이 두 국가들 간의 상품교역수지이다. 독일증권과 미국증권을 비교할 때, 미국증권에 비해 독일증권이 더 매력적인 것으로 보일 것이다. 독일의 높은 수익률은 미국 달러의 유입을 증가시킬 것이다. 주식 및 채권 매입자금의 국가 간 흐름 또한 환율에 영향을 미친다. 단기적으로 볼 때, 이와 같은 자본의 흐름은 수익률의 차이에 의해 크게 영향을 받는다. 다른 모든 요인들이 동일하다면, 독일증권에 투자한 미국 달러의 수익률이 클수록, 독일 마르크의 미국증권에로의 유출은 작아진다. 종합해서 말하면, 독일로 유입되는 자금이 증가하면, 미국 달러의 가치가 하락하고 독일 마르크의 가치는 증가할 것이며, 따라서 미국 달러에 대한 독일 마르크의 비율("DM / USD")은 외환시장에서 제시되는 바와 같이 하락할 것이다. 물가인상률은 환율에 영향을 미치는 또 다른 요인이다. 소비자들은 물가인상이 자신의 구매력에 끼치는 잠식효과를 피하고자 한다. 결과적으로, 높은 물가인상률을 보이는 국가로부터 수입되는 상품보다 낮은 물가인상률을 보이는 국가로부터 수입되는 상품에 보다 큰 관심을 보인다. 따라서 낮은 물가인상률을 보이는 국가의 통화가치는 상승하는 반면, 높은 물가인상률을 보이는 국가의 통화가치는 하락한다. 물가인상요인과 통화의 구매력 모두 당해 통화의 환율에 직접적으로 영향을 미친다. 예컨대, 만일 미국이 교역상대국인 독일에 비해 낮은 물가인상률을 보이고 있다면, 독일 마르크의 대미 달러 환율이 인상되어 미국에 비해서 인상되고 있는 독일의 가격수준을 반영하게 된다. 이러한 사실은 환율은 장기적으로 두 국가의 가격수준 차이를 반영하기 위해 조정된다는 구매력 평가설 개념에 뿌리를 내리고 있다.

미국 달러에 영향을 미치는 주요 기초적 요인들

○ 연방 준비 은행: 미국중앙은행(Federal Reserve Bank)은 인플레이션 없는 최대 성장률을 달성하기 위해 필요한 통화정책을 결정할 수 있는 전적인 독립성을 가지고 있다. 연방 준비은행의 주요 정책신호는 공개시장조작, 할인율 그리고 연방자금금리이다.

○ 연방공개시장위원회: 연방공개시장위원회(Federal Open Market Committee)는 년 간 8회에 걸쳐서 실시하는 주요 이자율 발표 등 통화정책결정에 대한 책임을 맡고 있다. 12인의 동 위원회는 7인의 간사 위원회, 뉴욕연방은행장, 11개 다른 준비은행장들이 1년씩 교대로 맡는 나머지 4석으로 구성된다.

○ 이자율: 연방자금 금리는 분명히 가장 중요한 이자율이다. 이는 예탁기관들 상호간의 하룻밤 대출에 대해 부과되는 금리이다. 연방 준비 은행은 분명한 통화정책신호를 보내고자 할 때 연방자금 금리의 변

화를 공표한다. 이러한 발표는 통상적으로 모든 주식, 채권, 통화시장에 커다란 영향을 미친다.

○ 할인율: 이는 연방 준비 은행이 상업은행들의 긴급결제에 대해 부과하는 이자율이다. 이 금리는 상징적인 성격이 보다 큰 것이지만, 이 금리의 변화는 분명한 정책신호이다. 할인율은 거의 언제나 연방자금 금리보다 낮다.

○ 30년 만기 재무부 채권: 30년 만기 미국 재무부 채권은 장기 또는 주도적 채권으로도 알려져 있다. 이 채권은 시장의 인플레이션 예상을 나타내주는 가장 중요한 지표이다. 시장에서는 채권수준을 나타낼 때 흔히 가격보다는 수익률을 사용한다. 모든 채권에서와 같이, 30년 만기 채권의 수익률은 가격과 역의 관계에 있다. 장기 채권과 미국 달러가 어떤 뚜렷한 관계를 보이는 것은 아니나, 물가상승 우려에 따른 채권가치의 하락(수익률 상승)은 달러를 압박할 수 있다. 이러한 우려는 강세의 경제지표로부터 야기될 수 있다.

경제순환 단계에 의하면, 호경기의 경제지표는 달러에 상이한 영향을 미친다. 물가상승의 위협이 없는 환경에서 호경기의 경제지표는 달러를 부양시키나, 때때로 물가상승 위협(높은 이자율)이 매우 심각할 때에는 강세지표는 일반적으로 달러를 약화시키며 결과적으로 채권의 매도를 초래한다.

장기 채권은, 일종의 기준 자산으로서, 일반적으로 국제적 고려사항들에 의해 촉발되는 자본흐름의 변화에 의해서 영향을 받는다. 신흥시장의 금융 및 정치적 혼란은 안정적 특성을 가지고 있는 미국 재무부 채권의 잠재적 부양요인이 될 수 있으며, 따라서 달러가치는 상승하게 될 것이다.

○ 3개월 만기 유로달러 예금: 미국 밖에 위치하고 있는 은행들이 보유하고 있는 3개월 만기의 달러 표시 예금에 대한 이자율은 환율추정을 위한 이자율 차이 결정에 있어서 귀중한 비교지표가 된다. USD / JPY을 예로 들어 설명하면, 유로-엔 예금에 비해 유로-달러 예금에 유리하

게 형성된 이자율 차이가 클수록, USD / JPY이 강세를 보일 가능성이 커진다. 때에 따라서는, 다른 요인들의 복합적인 영향으로 인해 이와 같은 관계가 나타나지 않을 수도 있다.

○ 10년 만기 재무부 증권: 외환시장에서는 10년 만기 재무부 증권의 수익률과 EU(독일 10년 만기 채권), 일본(10년 만기 정부 채권), 영국(10년 만기 증권) 등 해외에서 발행되는 유사 채권들의 수익률을 비교한다. 미국의 10년 만기 재무부 채권 수익률과 해외의 유사채권 수이익률의 차이에 따라서 환율이 달라진다. 미국 채권의 수익률이 높을 때 해외 통화들에 비해 미국 달러가 강세를 보이게 된다.

○ 재무부: 미국 재무부는 정부채권 발행과 재정정책 결정에 대한 책임을 맡고 있다. 재무부는 통화정책에 대한 발언권은 없으나, 달러에 대한 그의 발표는 통화에 중요한 영향을 미친다.

○ 경제지표: 미국이 발표하는 가장 중요한 경제지표에는 노동지표(임금, 실업률, 시간당 평균임금), 소비자물가지수, 생산자물가지수, 국내총생산, 국제무역, NAPM, 생산성, 공업생산, 주택착공, 주택허가, 그리고 소비자 신뢰도 등이 있다.

○ 주식시장: 3대 주요 주가지수에는 다우존스공업지수(Dow), 에스앤 피 500(S & P 500), 그리고 나스닥(NASDAQ)이 있다. 다우는 달러에 영향을 미치는 가장 유력한 지수이다. 1990년대 중반부터, 외국 투자자들이 미국 주식을 매입하면서 다우지수는 달러와 강한 양의 상관관계를 보였다. 다우에 영향을 미치는 세 가지 주요 요인들에는 기업이익, 예상 이자율, 그리고 국제적 고려사항이 있다.

○ 교차환율의 영향: 어떤 통화에 대비한 달러의 가치는 때로는 다른 통화 조합(또는 환율)의 관계에 의해서도 영향을 받는다. 예를 들면, 유로에 대한 엔의 갑작스런 상승은 유로의 일반적인 하락을 초래할 뿐만 아니라, EUR / USD의 하락도 초래한다.

○ 연방자금 금리 선물거래: 선물시장에서의 연방자금 금리를 통해 이자율을 예견해 볼 수 있다. 약액은 계약만기에 따라서 예상되는 미

래의 연방자금 금리를 나타낸다. 그러므로 선물거래는 연방 준비 은행 정책과 비교되는 시장기대 심리의 귀중한 척도가 된다. 이자율은 100에서 계약액을 뺀 다음 그 결과를 현금/현물환 시장의 실세 연방자금 금리와 비교함으로써 얻어 진다.

○ 3개월 만기 유로달러 선물거래: 연방자금 선물거래가 미래의 연방자금 금리에 대한 기대심리를 반영하는 것이라면, 3개월 만기 유로달러 선물거래는 미래의 3개월 만기 유로달러 예금 금리에 대한 기대심리를 반영하는 것이다. 그러므로 3개월 만기 유로달러 및 유로엔 예금에 관한 선물거래들 간 차이는 USD/JPY에 대한 기대심리를 결정하는 본질적인 변수가 된다.

★ USD/JPY에 영향을 미치는 요인들

○ 재정부: 재정부(Ministry of Finance)는 일본 유일의 가장 중요한 정치·통화기관이다. 의사결정권의 점차적인 분권화에도 불구하고, 통화방향을 결정하는데 있어서 일본 재정부가 갖는 영향력은 미국, 영국, 또는 독일의 재정부가 갖는 것에 비해 훨씬 더 강력하다.

재정부 관료들은 엔화에 중대한 영향을 미치는 경제시책들을 발표한다. 이러한 발표들은 엔화가 바람직하지 못한 방향으로 절상 또는 절하되는 것을 피하기 위한 구두개입을 포함한다.

○ 일본은행: 1998년, 일본은 중앙은행(Bank of Japan)에 독자적 운영권을 부여하는 법을 통과시킴으로써 중앙은행을 정부(재정부)로부터 독립시켰다. 통화정책에 대한 전적인 통제권을 일본은행에 이양시킨 반면, 외환정책에 대한 권한은 재정부에 남겨두었다.

○ 이자율: 하룻밤 콜 금리(Overnight Call Rate)는 주요 단기 은행 간 금리이다. 콜금리는 유동성 관리를 위해 설계된 일본은행의 공개시장조작에 의해 관리된다. 일본은행은 콜금리를 환율에 영향을 주는 통화정책 변화의 신호로 이용한다.

○ 일본정부 채권: 일본은행은 통화시스템에 유동성을 유입시키기 위

해 매월 10년·20년 만기 일본정부채권(Japanese Government Bonds)을 매입한다. 10년 만기 정부채권은 장기 이자율의 주요 지표로 이용된다. 10년 만기 일본정부 채권 수익률과 10년 만기 미국 재무부 증권 수익률의 차이는 USD/JPY 환율의 중요한 결정요인 이다. 일본정부 채권의 하락(일본정부 채권의 수익률 상승)은 대개 엔화를 부양 시키며 USD/JPY에 큰 부담을 준다.

○ 경제기획청: 경제기획청(Economic Planning Agency)은 경제개발정책을 형성하고 실업, 무역, 환율 등을 포함하는 경제정책을 조정하는 기능을 수행하고 있다.

○ 통상 산업 부: 통상 산업 부(Ministry of International Trade and Industry)는 일본산업의 이익을 증진하고 일본기업의 국제경쟁력 강화를 도모하는 정부기관이다. 통상 산업부의 권한과 가시성은 미·일무역 쟁점이 외환시장의 최대 관심사항이었던 1980년대와 1990년대 초기 만큼 큰 의미를 갖지는 않는다.

○ 경제지표: 일본의 가장 중요한 경제지표는 국내총생산, 기업경기실태조사(분기), 국제무역, 실업, 공업생산, 그리고 화폐공급(M2+CDs) 등이 있다.

○ 니께이-225: 니께이 지수(Nikkei-225)는 일본의 대표적인 주가지수이다. 엔화의 하락은 일반적으로 수출기업의 주가를 부추기고, 이는 전체 주가지수의 상승으로 이어진다. 때로는 니께이-엔의 관계가 역전되어, 니께이의 강한 출발로 투자자금이 엔화표시 주식으로 유입되면서 이것이 엔 상승(USD/JPY을 압박)으로 이어지는 경향을 보인다.

○ 교차환율의 영향: USD/JPY 환율은 때로는 EUR/JPY, EUR/USD 등과 같은 교차환율(제3국 환율, 비달러 환율)의 움직임에 의해 영향을 받는다. 예컨대, USD/JPY의 상승(달러 상승 및 엔 하락)이 직접적인 달러 강세보다는 EUR/JPY의 절상에 의해 야기될 수 있으며, 이와 같은 교차환율은 일본과 유로권의 대조적인 심리에 의해 부각될 수 있다. 유로화의 일반적인 강세로 인해 EUR/JPY과 EUR/USD가 동시에

반등하는 것이다. 일본 경제에 대한 낙관적인 전망 등과 같은 특수한 요인들이 있는 경우, 이는 엔보다 달러에 더 큰 영향을 미칠 수 있다. 결과적으로 유로절상이 엔에 미치는 피해가 상대적으로 작아지기 때문에 USD / JPY은 약세를 보일 수 있다.

★ EUR / USD에 영향을 미치는 요인들

○ 유로 권: 국내총생산 계정에서 유로를 채택하고 있는 11개 국가들(Eurozone)는 독일, 프랑스, 이태리, 스페인, 네덜란드, 벨기에, 오스트리아, 필랜드, 포르투갈, 아일랜드, 룩셈부르크가 있다.

○ 유럽중앙은행: 유럽중앙은행(European Central Bank)은 유로 권을 위한 통화정책을 관리한다. 의결기구는 집행위원회, 각국 중앙은행의 총재들로 구성된 운영위원회이다. 집행위원회는 유럽중앙은행 총재, 부총재, 그리고 4인의 기타 위원들로 구성된다.

○ 유럽중앙은행의 정책 목표: 유럽중앙은행의 주요 목적은 가격안정이다. 이 은행의 통화정책은 다음의 두 가지 핵심 축으로 구성되어 있다. 첫째 축은 가격동향과 가격안정 위험에 대한 전망이다. 가격안정은 2% 이하의 종합소비자가격지수 증가로 정의된다. 종합소비자가격지수가 매우 중요하기는 하나, 가격안정에 대한 중기 위험여부를 결정하기 위해 다양한 지표 및 예측들이 이용된다. 둘째 축은 M3에 의해 측정되는 통화량증가이다. 유럽중앙은행은 연간 4.5%의 M3 성장을 기준치로 채택하고 있다. 유럽중앙은행은 격주 목요일마다 운영위원회를 개최하여 이자율을 공표한다. 매월 첫 회의에서 유럽중앙은행은 기자회견을 갖고 통화정책 및 경제전반에 대한 전망을 발표한다.

○ 이자율: 유럽중앙은행의 재 대출 이자율은 유동성을 관리하기 위해 이용되는 주요 단기 이자율이다. 유럽중앙은행의 재 대출 이자율과 미국 연방자금 금리의 차이는 EUR / USD에 대한 좋은 지표가 된다.

○ 3개월 만기 유로예금: 유로 권 밖의 은행들이 보유하고 있는 3개월 만기 예금(3-month Euro-deposit: Euribor) 이자율은 환율예측을

위해 이용하는 이자율 차이를 결정하는데 있어서 매우 귀중한 기준이 된다. EUR / USD를 예로 들면, 유로-달러 예금에 비해 유로예금에 유리하게 형성된 이자율차이가 클수록, EUR / USD는 상승할 가능성은 커진다. 때로는 다른 요인들의 복합작용으로 이러한 관계가 성립하지 않는다.

○ 10년 만기 정부채권: EUR / USD 환율에 영향을 미치는 또 다른 중요한 요인은 미국과 유로권의 이자율 차이 이다. 독일의 10년 만기 정부채권(10-Year Government Bonds)이 일반적인 비교기준으로 이용된다. 독일의 10년 만기 채권 이자율이 미국의 10년 만기 재무부 증권 이자율보다 낮기 때문에, 스프레드의 축소(독일의 수익률 인상 또는/ 그리고 미국의 수익률 감소)는 이론상으로 EUR / USD 환율에 유리할 것으로 예상된다. 스프레드의 확대는 EUR / USD 환율에 불리하게 영향을 미칠 것이다. 그러므로 10년 만기 미국-독일 채권 이자율의 스프레드는 주시해야할 좋은 지표이다. 이와 같은 수치의 추세는 일반적으로 절대치보다 더 중요하다. 물론 이자율 차이는 일반적으로 미국과 유로권의 성장전망과 관련이 있으며, 이는 환율을 결정하는 또 다른 기초적 요인이다.

○ 경제지표: 가장 중요한 경제지표는 최대 경제국인 독일이 발표하는 것이며, 유로 권 전체에 관한 통계지표들은 아직 미숙한 단계에 있다. 중요한 경제지표들에는 대개 국내총생산, 물가상승률(소비자물가지수 및 종합소비자물가지수), 공업생산, 그리고 실업률이 있다. 특히 독일이 발표하는 주요 지표는 기업신뢰도를 폭넓게 나타내주는 IFO조사이다. 안정 및 성장에 관한 협정에 의거해서 GDP성장률을 3% 이하로 유지해야 하는 개별 국가들의 재정적자 또한 중요한 지표이다. 이 국가들은 또한 자국 적자의 추가적인 감소 목표를 가지고 있으며, 목표 달성의 실패는 유로화에 불리한 영향을 미칠 가능성이 있다.

○ 교차환율의 영향: EUR / USD 환율은 때로는 EUR / JPY과 같은 교차환율(제 3국 환율)의 움직임에 의해 영향을 받는다. 예컨대, EUR / USD

는 EUR / JPY 환율 하락을 통해 여과되는, 일본에 관한 매우 긍정적인 뉴스에 의해 하락할 수 있다. 비록 USD / JPY가 하락하고 있는 경우라도, 유로약화는 하락세의 EUR / USD에 영향을 미친다.

○ 3개월 만기 유로 선물거래: 3개월 만기 유로 선물거래(3-month Euro Futures Contract: Euribor)는 미래의 3개월 유로-유로 예금에 대한 시장의 기대를 반영한다. 3개월 현금 유로-달러와 유로-유로 예금에 대한 선물거래들의 차이는 EUR / USD에 대한 기대를 결정하는 중요한 변수이다.

○ 기타 지표: EUR / USD와 USD / CHF은 강한 부정적인 상관관계를 보이는데, 이는 유로와 스위스 프랑의 지속적인 유사관계를 반영하는 것이다. 이는 스위스 경제가 대체적으로 유로권 경제에 의존하기 때문이다. 대부분의 경우, EUR / USD의 상승(하락)은 USD / CHF의 하락(상승)을 동반한다. 정반대 또한 일반적으로 성립한다. 두 통화들 중 어느 한쪽에만 적용되는 요인들이 있는 경우 이러한 관계는 성립하지 않는다.

○ 정치적 요인: 모든 다른 환율의 경우에서와 같이, EUR / USD도 프랑스, 독일, 또는 이태리의 연합정부에 대한 위협 등과 같은 정치적 불안에 매우 민감하다. 독일의 러시아에 대한 상당 수준의 직접투자로 인해, 러시아의 정치 또는 금융 불안 또한 EUR / USD에 적신호가 되고 있다.

IMF 이후 치솟은 환율이 대충 1300원대에서 1200원대로 안정화 되면서 달러 환율은 나름대로의 안정세를 보이는 듯하였다. 그러나 2004년 3분기부터 무너진 환율은 1000원선을 하향 돌파하여 2007년 7월 현재 920원대에 있다.

○ 중국이 여전히 경제 성장을 하고 있지만 이전과 같은 초고속 성장은 아니다. 이미 중국에 진출할 곳은 다 진출한 포화 상태인 데다가, 그 동안 초고속 성장 때문에 물가 인상도 상당 부분 이루어 졌으며, 또한 위안화의 절상과, 앞으로 위안화가 변동환율제로 바뀌어 나간

다면, 지금까지 중국의 최고 경쟁력이었던 인건비에 경쟁력이 많이 떨어질 것이라고 본다. 또한 중국의 소비 수준이 높아지면서, 중국은 세계최고의 소비 시장으로 떠오르고 있다. 이는 세계 제 2의 공장국가이자 세계 제1의 자본국가인 미국에게 상당히 좋은 여파를 줄 수 있다. 중국 60억 인구가 4인 가족 기준으로 pc를 한대씩 갖는다면, 미국 마이크로 소프트는 사상 유래 없는 대박을 맞는 것이고, 이틀에 한 캔씩만 콜라를 마셔도 코카와 펩시는 전 세계 시장과 맞먹는 대박 시장을 갖는 것이 될 것이다.

○ 계속되는 원유값 상승도 달러화에는 상당한 호재 이다. 일단 미국은 산유국이다. 원유 값이 상승하면 미국에게 상당히 유리 하고 거기다가 중국 및 동북아시아 등의 나라들이 원유를 사려면 일단 달러를 먼저 사야 한다. 달러의 수요가 늘어나게 됨으로 당연히 달러화가 강세가 될 것이라 고 본다. 거기에 위안화 절상, 유로 권으로 통합된 유럽권의 계속되는 경제 제자리걸음, 아직은 최고의 과학 기술을 자랑하며 고부가 가치산업을 창출해 내는 미국이라는 점이 미국의 저력이며 이러한 저력은 슬슬 힘이 빠져가는 중국을 제치고 다시 한 번 발돋움하리라고 본다. 거기에 맞물려 한국의 무역수지 악화도 원/달러 환율 상승에 한몫을 할 것이다.

수출로 먹고 사는 나라라 해도 과언이 아닌 우리나라는 계속적으로 수출증가율이 떨어지고 있는 실정이다. 이러한 문제가 실업률도 일으키고 내수 부진으로도 이어지고, 여러 군데로 미치고 있으며 이러한 문제는 단기간에 해결 될 수 있는 문제가 아닐 것이다. 이런 식으로 경제 상황이 악화됨에 따라 원화 가치가 하락하여 상대적으로 원/달러 환율이 더욱 오를 것이라고 생각 된다. 결국 중국 성장률의 둔화와 소비 수준의 상승, 원유 값과 원자재 값의 상승, 한국의 경기 침체 등등으로 2010년까지의 원/달러 환율은 계속적으로 오를 것이라고 생각된다.

12. 채권과 경제

채권은 발행시부터 만기까지 일정한 이자가 지급되는 유가증권이다. 채권가격은 주가처럼 시시각각으로 변하기 때문에 채권투자시 매매차익을 얻을 수도 있다. 채권은 종류가 다양하며, 발행자의 부도 시 큰 손실을 입을 수도 있다.

1. 채권은 발행시부터 만기까지 일정한 이자가 지급되는 유가증권이다.

채권은 국가나 공공기관, 금융기관 또는 일반 주식회사가 발행하는 일종의 채무증서로서, 시중에서 거래가 가능한 유가증권이다. 또한 발행시부터 만기까지 일정한 이자가 지급되므로, 만기까지 보유한다면 안정적인 수익을 기대할 수 있다.

즉 채권이란 신용도가 높은 발행주체(국가나 공공기관, 금융기관 또는 일반 주식회사 등)가 일정한 이자지급을 약속하고, 투자자들로부터 돈을 차입한 후, 그 반대급부로 제공하는 채무증서를 말한다. 이러한 채권이 일반 차용증서와 다른 점은 만기전에 다른 사람에게 되팔 수 있다는 것이다.

이와 같이 채권은 만기 전에 매매를 통해 투자금액을 회수할 수 있어, 일반대출보다 투자리스크가 적기 때문에 발행이나 거래가 매우 활발한 유가증권이다. 또한 매매시에는 시중금리수준에 따라 매매 손실이나 매매이익이 발생할 수도 있어 다양한 투자전략을 수립할 수도 있다.

2. 채권가격은 주가처럼 시시각각으로 변하기 때문에, 만기전 매매시 매매손실이나 매매이익이 발생할 수 있다.

채권가격은 시중금리 수준에 따라 시시각각으로 변하게 된다. 이렇게 채권가격이 변하는 이유에는 시중금리에 영향을 주는 정부의 통화정책이나 채권시장의 수급불안 등 여러 가지가 있다.

이러한 채권가격은 시중금리와 완전히 역의 관계에 있어, 시중금리가 올라가면, 채권가격은 떨어지게 되고, 반대로 금리가 하락하면 채권가격은 올라가게 된다. 왜 그럴까?

일반적으로 시중금리란 우리가 채권 등 이자부 상품을 구입할 때, 기대하는 수익률이라고 할 수 있다. 따라서 상품(채권)을 싸게 구입해야만, 기대하는 이익이 커질 수 있다. 즉, 시중금리(기대수익률)가 높으면, 채권(상품)가격은 싸져야 하는 것이다. 예를 들면, 시장에서 물건을 살 때, 같은 물건이라면 가능한 싸게 사야만, 내가 얻는 이익이 커지는 것과 같은 이치다.

이와 같이 채권가격이 시중금리에 영향을 받기 때문에, 채권가격은 주가처럼 시시각각으로 변하게 되고, 가격이 변하기 때문에 매매시 매매손실이나 매매이익이 발생하게 되는 것이다. 하지만, 채권은 주식과 달리 만기가 있어, 최소한 만기까지 보유할 경우 내가 매입할 당시의 매매수익률은 얻을 수 있다.

3. 채권은 종류가 다양하며, 발행자의 부도시 손실을 입을 수도 있다.

채권은 발행주체에 따라 국채(정부), 지방채(시, 도 등 지방자치단체), 특수채(토개공, 한전 등 특수 법인), 금융채(금융기관), 회사채(주식회사) 등으로 구분되며, 이자지급 방식에 따라 이표채(정기이자 지급), 복리채(만기에 복리이자 지급), 할인채(발행시 선이자 지급)로 구분된다.

이밖에 특수 권리가 부여된 전환사채(CB / 주식전환권 부여), 신주인수권부 사채(BW / 주식인수권 부여), 교환사채(EB / 주식교환권 부여) 등이 발행되고 있다. 하지만, 이자부 유가증권으로서 일종의 채무 증서란 점에서는 모두 공통점을 갖고 있다.

앞서 언급한 바와 같이 채권은 발행주체가 매우 다양하므로, 발행자의 채무지불능력도 천차만별이다. 따라서 채권선택시 매우 중요한 고려사항 중 하나가 발행자의 부도가능성 여부이다. 특히 회사채에 투자할 경우, 발행회사의 재무안정성을 고려해야 한다.

만약 발행회사가 부도가 날 경우에는 엄청난 손실을 볼 수 있기 때문에, 전문가가 아니라면 당연히 안정성이 높은 채권에 투자는 것이 좋다. 부도 시에는 대우채권처럼 원금도 거의 못 건질 수 도 있기 때문이다.

1) 사고 팔 때 확인 필수사항

1. 채권을 사려고 할 때에는 무엇보다 사고채권여부를 확인해야 한다.

채권은 주식과 달리 무기명 채권이어서 분실, 도난. 위조 가능성이 따르므로 사고여부를 철저히 확인할 필요가 있다. 이를 확인하기 위해서는 증권시장지에 공시된 사고채권번호나 관련 증권기관의 사고채권자료를 대조해 본다. 또 증권예탁원의 자동응답서비스를 이용하여 사고채권여부를 확인해 보는 길이 있다. 그러나 최근에 발견되는 위조채권의 경우는 사전에 사고여부를 알기가 어려우므로 투자자들의 각별한 주의가 요구된다. 위·변조채권의 특징으로는 인쇄상태가 선명하지 못하거나 불빛에서 '대한민국정부'라는 글자가 없거나 종이의 재질에서 거칠거나 손상된 경우 의심해봐야 한다.

2. 채권의 종목구분을 정확히 하여야 한다.

같은 종류의 채권이라도 발행일, 매출일, 표면이율의 차이에 따라서 종목이 달라지고 매매단가도 달라지므로 종목구분을 확인한 후 매매해야 한다. 이표채(이자표시채권)인 경우에는 이표가 제대로 붙어 있는지도 확인해야 한다. 이표채의 경우 이자 지급일마다 이표를 한 장씩 떼어서 이자를 지급 받기 때문에 이표가 제대로 붙어있는지 확인하는 것이 중요하다.

3. 안정성과 유동성을 확인한다.

채권투자는 발행주체의 재무안정성 검토가 필수이다. 채권은 워낙 장기투자여서, 중도매매가 가능한(유동성이 좋은) 종목이 좋다. 최근에는 금융부문의 불안정성이 커지면서, 특히 발행주체의 안정성이 중요한 투자지표가 되고 있다. 고수익률 보다 고안정성을 택하는 것이 채권투자의 기본이다. 예를 들면, 대우의 자금사정 악화설이 돌면, 주식은 곤두박질치더라도 팔 기회가 한두 번은 있지만, 채권은 오히려 앉아서 당할 수도 있다.

채권은 일반적으로 1년 이상의 장기투자 종목이 대부분이다. 따라서 중도매매가 가능한 종목을 선택하는 것이 좋다. 즉 매매가 용이한 대중적인 채권이 유망하다는 것이다. 또한 만기가 지나치게 길지 않은 종목이 좋다. 만기가 너무 길면, 채권시장 침체시 유동성이 급격하게 줄어들기 때문이다. 만일 중도매매의 필요성을 느끼지 않는 경우에는 유동성보다 안정성과 수익률에만 치중하여, 종목을 선택하면 된다.

4. 살 때와 팔 때 수익률의 차이를 주의하여야 한다.

증권회사와 개인간 거래에서 통상 증권사는 거래시 개인의 매입수익률은 낮고(높은 가격), 개인의 매도수익률은 높게(낮은 가격) 책정한다. 즉 같은 종류의 채권이라 하더라도 고시되는 대표수익률과 증권사에서 제시하는 수익률은 차이가 날 수 있고 증권회사간에도 차이가 있을 수 있다. 즉 채권을 되팔 경우에는 생각보다 수익률에 차이가 발생해 수익이 작아질 수 있음을 주의하여야 하며 채권을 매입한 증권사에서 매도하는 것이 다소 유리할 수 있다. 그러나 채권을 만기까지 보유할 경우에는 매입당시 수익률이 만기까지 유지되므로 수익률 차이는 없게 된다.

5. 만기수령과 재투자여부를 고려해야 한다.

채권의 만기금액 수령이나 이자수령은 증권회사 계좌를 통하면, 손쉽게 하실 수 있다. 하지만, 채권을 개인이 소지하고 있는 경우에는 증권회사에 계좌를 개설하고, 만기나 이자수령일 1주일 전에는 계좌에 입고해야 한다.

증권회사 계좌에 채권을 입고해 두어야, 만기수령이나 이자수령은 물론, 보유채권의 긴급매도가 요구될 때, 신속히 처분할 수 있다. 증권회사는 이를 대행하는데 있어, 별도의 수수료를 징구하지 않기 때문에 매우 편리하게 채권을 관리할 수 있다.

특히 이표채의 경우, 재투자여부를 반드시 살펴야 기간손실을 보지 않는다. 이표채는 만기 전에 이자가 조금씩 지급되므로 이를 직접 수령할 것인지? 아니면 다른 채권에 재투자할 것인지? 를 증권사에 사전 통지하면, 이자수령일에 바로 재투자되므로, 기간손실을 보지 않을 수 있다. 그러나 재투자여부를 사전에 통지하지 않으면, 수령된 이자가 극히 저금리(고객예탁금 이용료율)로 방치되기 때문에 이자의 기간손실이 발생한다.

6. 보유채권이 부도가 나면?

거래 증권사나 발행회사, 원리금 지급은행 등에 직접 청구하면 된다. 거래 증권사의 계좌에 채권을 보유하고 있다면 거래 증권사에 처리를 의뢰하면 되고, 만약 본인이 직접 보유중인 경우에는 채권 발행회사나 원리금 지급은행에 당해 채권의 처리에 대해 문의하면 처리방법을 확인할 수 있다. 일반적으로 채권의 부도 시에는 채권자의 이익보호를 위한 별도의 단체가 구성되므로, 발행회사의 관할법원 등에 의뢰해도 처리방법을 확인할 수 있다. 소액 채권자의 입장에서는 신고절차만으로도 정상적인 처리가 가능하지만, 진행상황 등을 체크해 보려면, 관할법원 등을 통하는 것이 유리하다. 만약 발행시의 제반조건 및 부도시 처리절차 등을 확인하고 싶으면, 금융감독원의 공시실에서, 발행시 제출된 유가증권 신고서와 첨부서류 등을 누구나 쉽게 열람이 가능하다. 채권부도는 최종 부도확인 시까지 상당기간 소요된다. 채권 부도란 결국 발행회사의 부도를 의미하므로, 회사의 정리절차가 최종 확정될 때까지, 투자금액의 회수가 불가능할 것이다. 물론 보증기관 등이 있다면, 보증기관에서 우선 지급해 주겠지만, 무보증사채(금융채 I, II 포함)의 경우에는 법원 최종판결을 기다려야 하기 때문이다. 이때 법원에서는 채권자 이의신청기간을 두므로, 법원의 고지사항을 반드시 확인해 보아야 한다. 이와 같이 최종 부도확인과 채권처리절차가 확정되어, 그나마 일부 채권이라도 회수하는 데 상당기간이 소요되게 되므로, 채권부도로 인한 손실이 막대해지게 된다. 따라서 1-2%의 수익률 때문에 큰 손실을 입는 투자위험은 지지 않는 것이 좋다. 채권투자는 안전이 최고의 투자전략이라 할 것이다.

2) 채권을 사고파는 시점

채권은 금리가 떨어질 것으로 예상될 때 사는 것이 좋다. 채권은 안정적인 장기수익을 원하는 사람에게 유망하다. 채권은 채권형 수익증권보다 안정성이 높고, 다양한 상품조합이 가능하다.

채권은 금리가 떨어질 것으로 예상될 때 사는 것이 좋다.

채권은 금리(채권수익률)가 떨어지면, 가격이 올라간다. 그러므로 금리가 떨어질 것이 예상된다면, 채권을 사는 것이 좋다. 즉 가격이 올라가면, 비싸게 팔 수 있기 때문이다. 대부분의 사람들은 채권을 사면, 이자를 받을 수 있다는 것은 알지만, 주식처럼 매매차익이 생길 수 있다는 것은 잘 모르는 것 같다.

채권은 안정적인 장기수익을 원하는 사람에게 유망하다.

채권에서 매매차익을 기대하고 투자하는 투자자는 상당한 전문가라고 할 수 있다. 하지만, 이러한 전문가외에, 장기적으로 안정적인 수익을 원하는 고객에게도 채권은 매우 유망한 투자수단이 되고 있다. 채권은 채권형 수익증권보다 만기가 훨씬 길고(최장 20년), 이자수익도 장기적으로 일정하게 지급되므로, 장기적인 이자수익이 필요한 사람에게 매우 유망하다. 특히 매달 이자지급을 원하는 사람에게도 좋은 투자상품이다. 채권은 투자시점부터 만기까지 일정한 이자를 지급 받을 수 있는 상품이므로, 이자수익이 매우 안정적이다. 또한 정기적으로 이자를 현금으로 수령할 수도 있으므로(회사채 등 투자시), 이자수입으로 생활을 하는 사람에게도 좋은 투자상품이다. 채권은 활용하기에 따라서, 이자가 지급되는 상품 중에는 최상의 투자상품이 될 수 있다. 특히 주식의 투자리스크 때문에 주식이외의 안정적인 투자상품을 찾는 경우나 시중금리가 높을 때에는 향후 금리하락으로 최대 수익을 올릴 수 있는 채권투자를 고려하는 것도 방법이다.

채권은 채권형 수익증권보다 안정성이 높고, 다양한 상품조합이 가능하다.

채권형 수익증권은 대체로 만기가 짧은 상품이 주종이며, 운용회사에 따라 편법투자가 많아, 고객이 항상 주의하지 않으면, 대우사태와 같은 예기치 않은 손실을 입을 수도 있다. 하지만, 채권은 투자자가 직접 채권을 골라 매입할 수 있으므로, 안정성이 높은 채권에만 투자할 수 있다. 그리고 채권형 수익증권은 정형화되어 있어, 다양한 투자욕구를 충족시켜주지 못하며, 운용방식에 따라(만기 불일치 전략시) 손실을 가져올 수도 있지만, 채권에 직접 투자할 경우에는 최소한 만기까지 보유시에는 매입수익률이 유지되므로, 투자리스크를 줄일 수도 있다.

채권은 금리가 오를 것으로 예상될 때 중도매매하면 매매차익을 얻을 수 있다.

채권에 대한 세금은 표면금리에 대해서만 부과하고 매매차익에 대해서는 세금이 부과되지 않는다. 따라서 보유채권의 향후 금리가 하락할 것으로 예상되어 중도 매매할 경우 주식과 같이 매매차익을 얻을 수도 있다. 즉 채권매입시점에서 채권을 싸게 사서 향후 금리 하락시 중도 매매하여 매매차익을 얻을 수 있으므로 이를 고려한 투자라면 향후 채권금리의 하락을 예측하여야 한다. 그러나 채권의 매매차익을 고려한 투자일지라도 보유채권을 만기까지 보유한다면 채권시장의 금리변화에 상관없이 확정이자를 얻을 수 있다.

3) 채권수익률과 투자포인트

세후수익률이란 채권 이자에 대한 세금을 공제한 후의 수익률을 말한다.

모든 이자소득에 대해서는 원천징수를 하는 것이 원칙이다. 채권 이자를 수령할 때나 만기에 상환을 받을 때는 이자소득에 대해 세율에 따라 원천징수를 한 나머지 금액을 실제 받게 된다. 즉 세후수익률이란 채권 이자에 대한 세금을 공제한 후의 수익률을 말한다. 이때 재투자는 표면이율에서 세율만큼 뺀 후 재투자하는 것으로 가정한다. 채권의 세금은 표면금리에 대해서만 부과되는데, 표면금리란 채권을 발행할 때, 발행자가 지급하기로 약속한 이자율을 말한다. 따라서 발행이후의 시장수익률 변화에 따른 매매차익에 대해서는 세금이 부과되지 않아 표면금리가 낮은 채권은 절세에 유리하다. 예를 들어, 현재 수익률이 7%로 동일한 두 채권이 있을 경우 A채권의 표면금리가 5%이고 B채권의 표면금리가 7%라면 세금 면에서는 A채권 투자시 두 채권의 차이인 2%(A－B)이자에 대해 비과세 되는 효과가 있다. 즉 절세 측면에서는 표면금리가 낮은 채권이 세후수익률이 높게 된다. 그리고 동일한 수익률이라 하더라도, 수익률 변동에 대한 민감도는 표면금리가 낮은 채권이 더 크므로, 향후 수익률 하락 가능성이 크면, 표면금리가 낮은 채권에 투자하는 것이 좋다. 이 경우 매매차익이 더욱 커지므로, 절세효과와 더불어 수익을 극대화시킬 수 있다.

  즉 세후수익률을 이용한 투자로는 안전한 국공채를 눈여겨볼 수 있다. 국공채 중 국민주택채권의 경우 표면금리가 3%, 5%로 표면금리가 낮지만 세후수익률은 높게 나타나며 채권금리의 대세하락 시에는 큰 시세차익과 더불어 절세효과에 탁월하다.

  아울러, 만기 1년 이상인 금융채권은 세금우대종합저축제도를 이용해 4천만원 이내에서 세금우대 혜택을 받을 수도 있다.

4) 채권수익률이 변하는 이유?

  채권수익률을 변하게 하는 요인은 크게 외적요인과 내적 요인으로 구분된다. 외적 요인으로는 주로 거시경제변수나 채권 및 자금시장 수급요인 등을 들 수 있다. 내적 요인으로는 발행주체의 부도위험이나 채권만기구조(잔존기간)를 들 수 있다.

  채권수익률이 변하게 되는 외적요인들
  채권수익률은 결국 채권에 대한 수요와 공급에 의해 결정된다고 할 것이다. 그런데 채권의 수급에 영향을 주는 변수가 바로 거시경제 변수인 것이다. 즉 경기나 국제수지, 정부의 통화정책, 기업의 자금수요 등을 말한다. 이는 모두 시중자금의 이동을 야기 시키므로, 채권수익률을 변화시키게 되는 것이다. 그럼 이들의 상호관계를 한번 살펴보자. 일반적으로 경기가 회복된다는 것은 기업들의 매출이 증대되는 상황을 의미한다. 즉 제품시장수요가 늘어나고 있다는 것이다. 이는 기업들로 하여금 새로운 생산설비의 투자를 야기하게 되고, 이를 위해 자금수요가 늘어나게 되어 채권(회사채)수익률이 높아지게 된다. 이와 같이 경기가 회복되면, 물가도 오름세로 돌아서서, 인플레이션을 야기하게 되고, 이 또한 이자율상승을 부추기게 된다. 정부는 또한 경기확장을 위해 시중에 자금을 많이 풀게 되는데(통화팽창), 이 역시 자금순환과정을 거쳐 결국 인플레이션을 야기하게 되므로, 이자율은 상승하게 된다.

이러한 경기와 통화정책, 심지어 국제수지까지 상호 연동성이 매우 크므로, 어떤 한가지의 사유가 단독적으로 채권수익률에 영향을 주지는 못한다. 또한 이들의 상호작용은 시간의 흐름에 따라 뒤바뀌게 되므로, 각 지표의 추이변화에 유의해야 한다. 예를 들면, 시중자금 팽창으로 이자율이 떨어지지만, 자금수요가 증대되면서, 인플레이션 우려가 발생하면, 다시 통화긴축이 이어지고, 통화긴축으로 금리가 다시 올라가는 등 시차에 따라 이자율변화가 복잡하게 전개된다.

내적 요인으로는 채권 발행주체의 부도위험이나 채권의 만기구조(잔존기간)를 들 수 있다. 채권수익률은 경기 등 주변 외부환경의 변화에 민감하게 작용하지만, 회사채처럼 발행주체가 다양한 경우에는 개별기업의 신인도에 따라 수익률 차가 크게 나타난다. 결국 개별기업의 내용변화가 채권수익률에 영향을 미치게 된다. 특히 개별기업의 부도위험은 절대적인 영향요소라고 할 것이다.

이외에 채권자체의 만기구조 역시 채권수익률에 영향을 주게 된다. 즉, 채권만기가 길수록 채권회수에 대한 우려가 커지므로 수익률이 높은 편이며, 만기가 짧을수록 수익률이 낮다. 물론 시중이자율의 장기예측에 따라서도 수익률이 변하는데, 장기적 하락이 예상되면, 장기채의 만기금리가 유동성위험에도 불구하고, 단기채 금리보다 낮은 경우가 발생한다. 이와 같이 채권은 외부 환경요소 외에도 발행주체의 신인도나 채권의 만기구조에 따라서도 영향을 받게 된다. 특히 발행주체에 대한 신용평가는 채권 매입전에 반드시 살펴보아야 한다.

5) 채권 투자의 장단점 비교

채권 VS 주식

채권은 정부나 지방자치단체, 특수법인, 금융기관, 주식회사 등이 장기자금을 조달하고자 발행하는 유가증권으로 채권소유자는 확정된 원금과 이자를 지급 받을 권리가 있는 채권자이다. 반면 주식소유자는 이익발생시 배당금을 지급 받을 권리가 있으며 주주로서 회사경영에 참여할 권리가 있다는 점에서 채권과 차이가 있다.

채권은 국가, 지방자치단체, 특수법인, 금융기관, 주식회사 등이 투자자들로부터 장기간 많은 자금을 일시에 조달하기 위해 발행하는 일종의 차용증서로서 채무를 표시하는 유가증권이다. 채권은 발행시 원리금의 상환기간이 정해져 있는 기한부 증권이다. 따라서 채권의 잔존기간이 투자결정 요소로서 중요성을 가지며, 동일 채권이라도 잔존기간에 따라 수익률이 다르다. 주식은 상법상 주식회사만이 발행할 수 있지만 채권은 정부, 지방자치단체, 특수법인 및 주식회사 등이 발행할 수 있는 범위가 넓다. 자본을 조달하는 방법에 있어서도 주식은 자기자본이 증가하는 효과지만 채권은 타인자본으로 대차대조표상의 부채항목에 표시된다. 즉 채권이 주주(주인)로서 회사 경영에 참여하는 것과 달리 채권은 자금을 빌려주고 원리금을 지급 받는 채권자가 된다는 점에서 가장 큰 차이가 있다. 주주는 회사의 경영성과에 따라 지급 받는 배당금이 변동하지만 채권의 소유자는 매입시 이미 확정된 원금과 이자를 받게 된다. 유동성 측면에서 보면 주식은 채권보다 유동성이 높은 편이나 위험에 있어서는 채권이 안정성이 높다. 기업의 해산시에도 채권자는 주주에 우선해서 재산분배권을 청구할 수 있지만 주식은 현실적으로 권리 행사가 어렵고 주식시장에서 거래가 끊어져 시장위험이 채권보다 크다.

〈채권과 주식의 차이점〉

구 분	채 권	주 식
발행기관	정부, 지방자치단체, 특수법인, 금융기관, 주식회사 등	주식회사
자본조달형태	타인자본(부채)	자기자본
증권소유자의 지위	채권자	주 주
증권의 존속기간	만기 있음(영구채권 제외)	만기 없음
보수의 형태 및 성격	확정이자 수령	이익발생시 배당금 수령
원금상환의무	만기시 원금상환	상환의무 없음 (유통시장거래)
경영참가권	없 음 (단, 재산분배권은 주식보다 우선)	있 음
위 험	주식에 비해 작다	크 다

채권 VS 은행상품

채권은 확정금리 상품이지만, 은행상품과는 달리 매매차익을 얻을 수 있다. 채권은 발행주체에 따라 다양한 수익률이 적용된다.

1. 채권은 확정금리 상품이지만, 은행상품과는 달리 매매차익을 얻을 수 있다.

채권도 은행예금 등과 마찬가지로 만기까지 확정금리가 지급되지만, 만기 전에 시장에서 매매할 수 있다는 이점이 있다. 따라서 금리 하락기 에는 시장에서 매도하여, 매매차익을 얻을 수도 있다. 이와 같이 채권은 CP(기업어음)나 CD(양도성 예금증서)와 같은 단기금융상품과 유사한 성격을 갖고 있다. 채권수익률과 은행예금 이자율이 같다면, 채권이 더 유리하다고 할 것이다. 이는 중도매매가 가능하기 때문이다. 하지만, 최근에는 은행예금에도 중도해지가 부분적으로 허용되는 상품이 많이 나오고 있으므로, 단순히 중도매매가 가능하다는 점만이 장점은 아니며, 금리하락기에 매매차익을 얻을 수 있다는 점이 더 큰 장점이라 할 것이다.

2. 채권은 발행주체에 따라 다양한 수익률이 적용된다.

채권은 발행주체에 따라 수익률이 다르며, 이자지급방식도 매우 다양하여, 선택의 폭이 넓다. 물론, 은행상품도 다양한 조건이 부여되고 있지만, 부여된 조건이 채권처럼 표준화되어 있지 않은 단점이 있다. 특히 발행주체의 신용등급에 따라 수익률이 다양하게 결정되고 있어, High risk, High return의 투자결정이 가능하다. 즉, 경우에 따라 고수익 투자가 가능하다는 것이다. 실례로 IMF 직후 기업들의 신용등급이 천차만별이어서, 고수익채권이 매우 많이 발행되었던 것을 상기해 볼 수 있다.

은행 확정금리 상품과 채권의 가장 큰 차이점은 만기전 중도매매와 중도매매시 매매차익을 얻을 수도 있다는 점이다. 또한 발행주체의 신인도에 따라 고수익 채권에 투자할 수도 있다는 것이다. 즉, 투자리스크가 다양하고, 시장에서의 거래가 가능하다는 것이 가장 큰 차이점이라 할 것이다. [1]

---

1) http://bank.emoney.co.kr

13. 한계효용과 경제

어떤 재(財)의 소비량의 추가단위분(追加單位分) 혹은 증분(增分)으로부터 얻는 효용을 말한다. 소비자가 재를 소비할 때 거기서 얻어지는 주관적인 욕망충족의 정도를 효용이라 하고, 재의 소비량을 변화시키고 있을 경우 추가 1단위, 즉 한계단위의 재의 효용을 한계효용이라 한다. 일반적으로 어떤 재의 소비량이 증가함에 따라 필요도는 점차 작아지므로, 한계효용은 감소해가는 경향이 있다(한계효용 체감의 법칙). 이 같은 한계효용체감하에서 몇 종류의 재를 소비할 경우, 만약 각각의 재의 한계효용이 같지 않다면, 한계효용이 낮은 재의 소비를 그만두고 한계효용이 보다 높은 재로 소비를 바꿈으로써 똑같은 수량의 재에서 얻어지는 효용 전체는 더 커지게 된다.

그와 같이 하여 소비자가 주어진 소득으로 최대의 효용을 얻도록 합리적인 소비를 한다면, 결국 각 재의 한계효용은 균등하게 되는데 이를 한계효용 균등의 법칙이라고 한다. 이 같이 재의 필요도가 높은 것이라도 소비자의 손에 들어오는 수량이 많으면 그 한계효용은 낮아지며, 따라서 보다 적은 대가밖에 지급하지 않으려고 한다. 높은 사용가치를 가지는 상품의 교환가치가 반드시 높은 것은 아니어서, 사용가치의 크기와 교환가치의 크기에는 내적 관련성이 없는 것처럼 보이지만, 사용가치를 한계효용과 관련시켜 파악함으로써, 교환가치와의 관계가 밝혀지게 된다.

이 같이 한계효용이라는 개념에 관련하여 상품의 가치를 밝혀내려고 하는 학파를 한계효용학파(오스트리아학파)라고 한다.

한계효용과 한계효용 체감의 법칙

여기서 '한계'란 원래. '가장자리', '끝' 등을 나타내는 것이다. 즉 한계효용이란 '마지막 (소비한) 것이 주는 효용'이라고 이해하시면 된다는 것이다. 따라서

사과를 1개 먹었을 때는. 그 1개가 주는 효용이 곧 한계효용이 되고. 사과를 2개 먹었을 때는 (1번째에 먹은 사과가 아니라) 2번째로 먹은 사과 즉 마지막에 추가된 사과가 주는 효용을 한계효용이라고 하는 것이다. 같은 이치로. 3개를 먹었다면 이번에는 3번째에 먹은 사과의 효용이 한계효용이 되는 것이다.

그런데. 이런 한계효용은. 그 소비되는 양이 많을수록 (커지는 것이 아니라) 점점 작아진다는 것이 바로 '한계효용 체감의 법칙'인 것이다.

한계효용균등의 법칙

한계효용 균등의 법칙은. 두 종류 이상의 재화를 소비할 경우에 그 소비한 '총효용'이 극대가 되게 하는 조건을 뜻하는 것이다.

수요곡선의 도출과 소비자 잉여

우리가 흔히 보는 바와 같이.

수요곡선이 우하향하는 것도 한계효용 체감의 법칙으로 설명이 가능하지요

화폐 한 단위의 한계효용은 1로 일정하다는 가정 하에서.

재화의 한계효용을 화폐단위로 표시를 한다고 생각해 보면, 예를 들어서, 100째번 사과의 효용(사과가 100개일 때의 한계효용)이 화폐가치로 500(원), 150째번 사과의 효용은 450 이라는 식으로 표시되는 것

이다.

그런데 왜 이것이 바로 수요곡선이 되냐 하면, 그 사과의 가격이 500 원이라는 것은, 사과 한 개를 얻기 위해 희생되는 화폐의 효용이 500이 라는 것이고,

이 때 99째번 사과까지의 한계효용은 500(원)보다 크므로 적어도 100째번 사과까지는 화폐를 주고 사과를 얻는 것이 더 이익이라는 것 이다. 따라서 사과의 가격이 500원일 때의 수요량은 100개라는 것이다.

이 때 사과의 가격이 450원으로 떨어졌다면, 화폐와 교환해서 이익 을 볼 수 있는 사과의 수는 한계효용이 450이 되는 사과의 수량까지 늘어 날 수가 있는 것이다

따라서 사과의 '한계효용곡선'은 바로 '수요곡선'이 되는 것이고 그 모양은 한계효용체감의 법칙에 의해 우하향하는 것이다.

경제학에서의 모든 '한계'개념은 시장의 '분배기능'을 뒷받침해주는 이론입니다.

그러나 여기서의 '분배'란 결코 소득의 분배가 아니고, 더욱이 '공평 한'분배도 아닙니다. 한계생산력에 따른 분배는 "자원"의 "효율적"인 분배를 가져온다고 해야 맞겠다. 이것은 주어진 자원이 가장 큰 효과 를 보일 수 있는 곳에 가장 큰 효과를 보일 수 있을 만큼만 사용된다 는 뜻입니다. 따라서 사회 전체로 봤을 때 최적의 분배를 가져온다고 할 수 있겠습니다. 주의할 것은 여기서 '최적'(optimal)이라는 것은 역 시 경제적으로 가장 효율적이라는 의미입니다. 공평하다는 것과는 거리 가 있다고 생각한다. 상품의 가격과 소비자 선택에 관한 한계효용설(限 界效用說)에 추가하여, 생산요소에 대한 보수(報酬)가 한계생산력으로 써 결정 된다고 설명하는 이론으로, 미국의 J.B.클라크, 오스트리아의 F.F.비저와 E.뵘바베르크 및 영국의 A.마셜 등이 주장하였다. 기업은 자본·노동 및 토지 등 몇 가지 생산요소들을 고용하여 상품을 생산해 낸다. 기업이 생산하는 상품의 수량은 생산요소의 고용량에 따라 다르

게 결정되는데, 이 관계를 생산기술로 요약할 수 있다. 다른 모든 생산
요소들의 고용수준을 일정하게 두고 노동의 고용을 한 단위 증가시킬
때 발생하는 상품생산량의 증가분을 노동의 한계생산력이라고 한다.

　자본 및 토지의 한계생산력도 같은 방법으로 정의된다. 다른 모든
생산요소들의 고용수준을 일정하게 두고 노동의 고용량을 지속적으로
증대시킬 때, 한계생산력은 변하게 된다. 예를 들어 일정 면적의 토지
를 경작하는 데 농부 1명을 투입하면 벼 10섬의 수확을 얻을 수 있지
만, 농부의 고용을 2명, 3명으로 증대시키면 수확은 15섬, 18섬으로밖
에 늘지 않으므로, 노동의 한계생산력은 10섬, 5섬, 3섬의 꼴로 농부의
고용이 증가할수록 감소하게 된다. 이 같이 다른 생산요소들의 고용수
준을 모두 일정하게 두고 어느 한 생산요소의 고용량을 늘릴 때, 한계
생산력이 점차 감소하게 되는 생산기술을 한계생산력체감 (diminishing
marginal productivity)의 생산기술이라고 한다. 일반적으로 모든 생산기
술이 한계생산력체감의 특성을 보이지는 않는다. 한계생산력설은 생산
기술이 모두 한계생산력 체감의 특성을 가지는 경우에 대한 소득분배
이론에 지나지 않는다.

|Ⅲ|

한국
경제와
직업

2007년도 년초에 4~5%의 경제성장률이 이어지는 가운데 환율이 급속히 하락함에 따라 내년 1인당 국민소득이 2만 달러를 돌파할 것으로 추정되고 있다. 한국은행과 LG경제연구원의 견해 따르면 올해 국내총생산(GDP) 성장률이 5.0%로 전망되고 내년 4.4% 성장률이 예상되는 가운데 최근 원.달러 환율이 급속히 하락함에 따라 GDP 디플레이터, 인구증가세 등을 감안한 2007년 1인당 국민소득이 2만달러 선에 이를 것으로 보인다는 기사가 시민들의 마음을 설레게도 하고 불평스럽게도 하였다. 실질적인 경제적인 소득이나 삶의 질은 향상 된 거 같지 않은데 국민소득 2만불이라는 사실은 서민경제에는 그다지 와 닿지 않는 수식어일 뿐인 것이다.

단지 평균으로 국민전체의 소득수준에 대하여 긍정적인 해석을 하는 것은 부분을 보고 전체로 해석하는 오류를 범하고 있는 것과 같은 것이다. 국가의 경제지표가 성장한다고 해서 국민의 경제수준이 향상되었다고 해석해서는 안 된다는 것이다.

지난해 명목 GDP는 806조6천억원이며 1인당 국민소득은 1만6천291달러였다. LG경제연구원은 자체 분석을 통해 2007년 1인당 국민소득을 1만9천800~2만달러로 추산했다. 또한 곧 있으면 세계10위권 안에 드는 경제선진국으로 진입할 것이라는 예견까지 하고 있어 더욱더 서민들의 의심을 유발하고 있는 듯하다.

국민소득이 2만불로 가고 있음에도 서민들이 피부로 느끼지 못하는 것은 그만큼 빈부의 격차가 크게 발생하고 있다고 해석할 수 있다. 즉 자본이 부유한 사람을 중심으로 더욱더 집약되고 우리나라의 경제사정도 상위층의 소득의 유동에 따라 다르게 변동이 될 수 있다는 것을 볼 수 있는 것이다. 이것은 또한 국민소득이 평준화되어 있지 않고 소득의 격차가 심화되었다고 해석할 수 있는 것이다.

1. 국민소득의 개념과 격차

1) 국민소득의 개념

생산물은 한 나라의 노동력과 국민자본이 가동되어 만들어지는데, 그러한 생산물은 소비나 투자를 통하여 노동력과 국민자본의 유지·확대에 충당되고, 재생산이 이루어진다. 그러나 여기서 말하는 집계는, 한 나라의 기업을 비롯한 모든 경제주체가 생산한 산출액을 단순히 누계한 것(산출액 총계)은 아니다.

다시 말하면, 한 기업의 생산액에는 다른 기업으로부터 구입한 원료 등의 소비분, 즉 중간생산물의 중복계산이 포함되어 있다. 그러므로 한 나라에서 생산된 순생산물의 가치의 합계는 생산과정에서 소비된 중간생산물의 가치(중간소비)를 산출액 총계에서 뺀 최종생산물의 가치의 합계로 보아야 하는 것이다.

기업의 산출액에서 중간생산물의 가치를 뺀 것이 부가가치이다. 그러므로 순생산액은 이 부가가치를 집계한 것이라고 할 수 있다. 그리고 부가가치는 생산에 참가한 생산요소에의 지불(이윤 포함)이므로, 이는 지불을 받는 쪽에서 보면 소득인 것이다. 따라서 한 나라의 생산액의 합계는 가계 등에 분배된 국민소득과 같아진다. 또한 그 소득은 지출된다. 즉, 기업 등이 생산한 재(財)·서비스는 가계 등에 의해 사들여지고 소비나 투자에 충당되는데, 이러한 형태로 생산물의 흐름(소득의 흐름)은 완결된다. 이러한 국민소득은 생산·분배·지출의 세 가지 측면에서 파악되며, 그 각각을 생산국민소득·분배국민소득·지출국민소득이라고 한다.

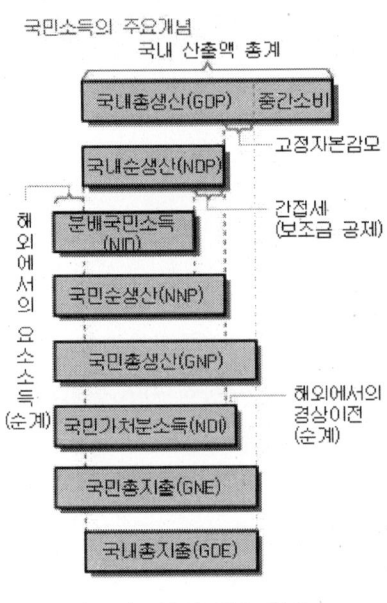

〈국민소득의 주요개념〉

2006년 국민소득을 기준으로, 원화로 환산한 금액입니다. 2006년 한국 1인당 국민소득 원화 환산 금액은 1750만원으로 월 145만원 정도로 파악된다. 2007년 국민소득은 이보다 100만원 가량 상승될 것으로 예상하는 것이 전문가들의 견해이다.

평균 소득의 150% 이상의 계층을 상류층으로 구분할 때 우리나라의 상류층은 2006년에 2625만원, 월평균 218만원 이상의 소득을 가진 것을 파악하고 있다. 평균 소득의 70%~150%에 해당하는 계층을 중간계층으로 보았을 때 70% 수준의 사람들은 일년에 1225만원, 월평균 102만원 정도의 수입을 갖는다고 볼 수 있으며 100%일때 1750만원, 월평균 145만원, 150%일때 2625만원, 월평균 218만원이다. 중하층을 보면 평균 소득의 50%~70%의 계층으로 50%(875만원, 월평균 72만원), 70%(1225만원, 월평균 102만원), 빈곤층 (평균 소득의 50% 미만 계층)은 50%(875만원, 월평균 72만원)으로 파악되고 있다. 즉, 월평균 72만원 미만을 버는 사람은 빈곤층으로 분류되며, 72만원~102만원은 중하층으로 분류됩니다. (대다수 아르바이트 및 일부 비정규직) 102만원~218만원은 중산층으로 분류되며, 수년 전부터 꾸준히 중산층에서 중하층으로의 이동이 이루어지고 있다. 반면 150% 이상을 버는 상류층의 숫자 역시 꾸준히 늘어나고 있다. 2007년 국민소득의 경우에도 환율의 큰 변동이 없는 한 1800만원-1850만원 정도가 될 것으로 추정하고 있다.

비정규직의 경우, 월급 150 벌기도 힘든 세상이지만, 그래도 우리나라는 아직 빈부의 차가 그리 심하지 않은 국가로 분류되어 있다는 것에 그나마 다행으로 여기고 있다.

2) 국민소득격차 발생

국민전체 소득은 상승하고 있는데 국민 개인의 소득의 상승효과를 느끼지 못한다는 것은 부의 편재가 점차적으로 심화되고 있는 것으로 볼 수 있다. 즉 지역별, 직업 및 신분별 소득격차가 심화되고 있는 것이다. 이것은 98년 외환위기 이후에 더욱더 극심해졌다. 이러한 소득격차에 대한 원인을 여러 가지로 볼 수 있다. 여기서는 소득 격차의 불평등이 발생하게 된 원인을 기회의 불평등에서 찾고자 한다.

해방이후 급작스런 사회변동에 따라서 우리나라의 시장의 구조가 급변하게 된다. 더욱이 6.25사변을 겪고 난 후에는 군부가 정권을 장악하여 오로지 경제성장을 목표로 앞만 보고 달려온 것은 모든 국민이 대략적으로 알고 있는 것이다. 우리나라의 소득의 격차가 갈수록 심화되는 것은 바로 이때부터 잘못된 정책의 방향으로 인해서 현재의 결과를 가져온 것으로 볼 수 있다. 1964년 박정희 정권은 자신의 정권에 대한 정당성을 확보하기 위해서 연금, 의료보험, 공무원연금 등의 여러 복지 제도를 입법하게 된다. 하지만 시행을 하지는 않는다. 그 이유는 그러한 제도는 경제성장에 별다른 도움이 되질 못한다고 생각하였기 때문이다. 경제성장을 최우선으로 생각하였기 때문에 국가는 경제정책을 수립하여 경제성장을 위해서 많은 투자와 계획을 세우게 되는데 이러한 과정 속에서 정경유착, 비리 등이 난무하게 되었다. 그리고 기존의 불의한 방법으로 부를 취득한 사람들도 많은 혜택을 받게 되었다. 그 근거로 해석할 수 있는 것이 광복이전 친일활동을 통해 부를 축적한 사람들을 광복이후에 재산을 회수하지 못하였기 때문에 그들의 부가 그대로 전해져 내려온 것이다. 이러한 상태에서 어느 정도 경제력을 갖춘 부류를 적극 활용하고 지원하다보니 부를 가진 사람은 더욱더 부유해지고 노동력만 가진 사람은 더욱더 가난해지고 노동력을 착취당하게 된다. 우리나라에서 노동운동이 급격히 발전하게 된 이유도 바로 이러한 역사적 배경에서 찾을 수 있을 것이다. 이러한 역사적 배경으로 인해서 대기업들은 더욱더 육성되어지고 소규모 기업이나 개인들은 대기업에 흡수됨으로 말미암아 부의 편재가 발생하기 시작한 것이다. 갑작스런 자유시장경제가 도입되면서 시장의 질서는 자본을 독점한 사람을 중심으로 형성되게 된다. 즉 독과점이 남발하고 카르텔이 난무하였던 것이다. 결국 실질적으로 피해를 입는 것은 무지한 불특정다수인 서민들에게만 경제적인 어려움이 물가 상승과 함께 찾아오게 되는 것이다. 또한 특정 공업산업만을 육성하고자하는 정부의 경제정책 또한 자본의 흐름을 저해하는 원인이 될 수 있다. 소득격차라는 것은 간단히 얘기하자면 노동으로 인하여 발생한 부가 노동을 한 노동자들에게 제대로 분배가 되지 않기 때문에 발생하는 것이다. 극단적인 예가 우리나라에서 많은 근로시간을 가짐에도 불구하고 그에 상응하는 임금을 받지 못하는 외국인 노동자들을 들 수 있다. 그들은 자신들이 일한 만큼을 받는다고 여길지 모르겠지만 외국인 인건비와 내국인 인건비는 기본적으로 차이가 난다. 내국인이 더 비싸고, 외국인은 내국인만큼 못 받고 있다. 그럼 그 차익은 어디로 가는 것일까? 이 간극에 발생하는 차익은 당연히 고용주에게로 향하게 된다. 이것은 곧 소득격차가 시작되는 가장 첫 단계가 되는 것이다. 이것을 줄이려면 우선 창출된 부가 각자 노동자에게 제대로 분배되어야 된다. 그러나 현실적으로 그렇게 사회적 구조가 형성되어 있지 못하기 때문에 소득의 격차를 가져올 수밖에 없는 것이다. 이렇듯 최초 출발부터 평등하지 못한 상태에서 시장이 형성되었기 때문에 하이에크가 제시하였던 시장의 자생적 질서는 합리적이지 못하고 자본을 가진 사람들에 의해서 인위적으로 자신들에게 유리한 방식으로 조작되기 마련이다.

소득격차해소는 고대로부터 인간이 고민해온 문제일 것이다. 프롤레타리아 혁명을 외치던 마르크스도 그런 문제를 해결하기 위해 공산주의를 주창했지만 소득격차의 문제는 해결방법이 없다고 볼 수밖에 없다. 다만 피해를 최소화하는 것은 있을 수 있다. 그러나 본질적인 문제를 해결할 수가 없기 때문에 해소될 수가 없는 것이다. 소득격차를 최소화하기 위해서는 무엇보다도 특정 도시에 집중되어 있는 인구를 분산시킬 수 있는 방안이 간구 되어야 한다. 결국 특정 도시로 인구가 집중되는 현상은 소득의 격차를 해소하고자 하는 개인들의 욕구에서 비롯된 것이기 때문이다. 많은 사람들이 집중되어 있는 수도권에서는 개인, 가구, 집단, 신분별로 소득의 차이가 극심하다. 좀더 잘 살아보겠다고 지방에서 서울로 향하였지만 여전히 격차는 해소되어지지 못하는 것이다. 벌어도, 벌어도 더 벌어지기만 하는 소득 격차. 경제가 한 단계씩 업그레이드돼도 소득·계층 간 격차는 여전히 풀지 못하는 숙제로 남아 있다. 빈부 격차뿐만 아니라 산업 부문별 격차로까지 이어지는 소득·계층 간 격차는 부(富)에 대한 욕구와 그 속성에서 비롯된다. 100% 해결할 마땅한 대책을 찾기도 어렵다. 때문에 미국 일본 등 선진국들도 모두 소득·계층 간 격차라는 문제를 안고 있다. 소득 격차가 단순한 차이로 남아 있는 게 아니라는 점이 중요하다. 경제적 격차는 교육·사회 진출의 격차와 차별로까지 이어지고 갈등구조를 재창출할 수 있다. 그 차이가 도저히 뛰어넘을 수 없을 만큼 벌어지면 사회·경제적 불씨가 될 수도 있다. 이 같은 불씨를 없애고 갈등구조를 넘어서야 선진사회로 한 단계 도약할 수 있다. 지금처럼 있는 자들에게서 강제로 **빼앗아** 빈곤층을 지원하는 '하향평균식' 정책보다는 성장동력을 찾아 지원함으로써 중산층을 확대하는 정책이 더 절실한 상황이다. 양극화라는 문제가 내내 사회적 이슈로 부각됐고, 복지재정 투입 등 각종 정책이 나왔지만 양극화가 해소되기는커녕 오히려 확대되고 중산층은 줄고 있는 것이다. 소득·계층 간 격차 확대 외에 산업·부문별 양극화도 심각한 문제다. 세계 시장과 어깨를 나란히 하며 경쟁력을 확보해 온 중화학공업이나 IT 등 수출산업 부문은 높은 성장세를 유지하고 있는 데 비해 내수시장에 안주해 온 서비스업 등 내수산업은 성장 기반이 취약해지고 있다. 중국의 추격에 따른 섬유, 각종 생활용품 등 국내 경공업산업도 점차 설 곳을 잃어가는 형편이다. 수출-내수 부문 간, 중화학-경공업 간, 대기업-중소기업 간 생산성 및 수익성 격차 등이 확대되고 있는 것이다. 소득·계층 간 양극화, 산업 부문별 양극화 등 경제적 격차 확대는 앞으로 그 속도가 빨라질 수 있다. 이 경우 경제주체, 부문별 단절 현상이 고착화될 수 있다는 점에서 문제가 있다. 소득이 높은 상위계층은 끊임없는 투자를 통해 부를 축적해 나가고 하위계층은 투자는커녕 살아가기에 급급할 수밖에 없기 때문이다. 이는 또 교육, 사회 진출의 기회까지 이어지는 만큼 갈등구조의 재창출로 이어질 소지가 있다. 더욱이 중산층의 축소는 소득·계층 간 완충지대의 축소, 상위층 대신 하위계층의 증가라는 점에서 사회 갈등 증폭의 문제를 낳을 수 있다. 아울러 산업 부문별 양극화의 경우 개방 확대와 기술 혁신의 가속도를 고려할 때 그 격차가 더 커질 수 있다. 소득의 격차를 완전 해소할 수는 없겠지만 완화할 수 있는 방법은 성장 통한 일자리 창출과 공평과세가 해법일 수 있다. 경제 양극화, 계층 간 갈등이 존재하는 한 선진화는 달성하기 어렵다는 지적이 많다. 선진사회로 가려면 각 부문이 유기적으로 작동, 갈등 요인을 없애야 하며 완충지대도 충분히 존재해야 하기 때문이다. 소득·계층 간 갈등의 해법을 놓고 분배냐 성장이냐 논란이 많지만, 양극화 문제를 근본적으로 해결하려면 지금과 같은 분배 위주의 정책보다는 성장과 빈곤층 해소를 통한 중산층 키우기에 초점이 맞춰져야 할 것으로 지적된다.

아울러 중요한 것은 이젠 정치적 구호처럼 돼버린 '양극화 해소'가 아니라 '빈곤층 해소'에 복지정책의 초점이 맞춰져야 한다는 것이다. 아울러 억지로 세금을 거둬들여 빈곤층과의 갭을 메우기보다는 내야 할 세금을 내지 않는 자들에 대한 철저한 세원 추적 등을 통해 공평과세가 이뤄지도록 하는 게 순서다. 중앙대 신인석 교수는 최근 '참여정부에 대한 실망의 이유'라는 칼럼에서 빈곤층 해소를 위한 구체적인 정책으로 ▷ 계층별로 이동이 가능한 구조 정착 ▷ 잠재성장률 회복을 위한 성장동력 확충 ▷ 공평과세 등이 필요하다고 지적했다. 여러 정치가 및 경제전문가들이 소득의 격차 해소방안을 제시하지만 인간이 사는 사회는 경제학자들 혹은 정치인들만이 살고 있는 사회가 아니다. 종교인, 기업가, 복지가, 빈민 등 다양하고 각개 각층의 사람들이 모여서 이루는 것이 사회이다. 이러한 사회의 구성요소의 특성이 따라 각기 이해관계가 상충되기 때문이 부의 편재와 소득격차가 발생되는 것이다. 결국 소득격차는 사회적 갈등을 유발하게 되고 갈등은 사회적 안정성을 저하시키는 악순환을 겪게 된다. 소득격차를 해소하는 것보다 중요하고 선행되어야 하는 것은 사회적 갈등을 해소하는 것이다. 소득격차를 해소하면 사회적 갈등이 해소될 것이라 볼 수도 있겠지만 우선순위를 두어야 하는 것은 갈등의 해결이다. 그 이유는 인간 삶의 궁극적인 목표는 행복이기 때문이다. 모든 사회구성원들이 행복을 위해서 갈등을 해소하려면 모든 사람들이 공정하다고 신뢰할 만한 질서와 제도가 형성되어야 한다. 그 질서와 제도의 범위 안에서 개인은 더욱더 공정하고 자유로운 경쟁을 통해서 자신의 이익을 극대화 할 수 있으며 개인간의 격차를 해소하기 위해서 노력할 때 해소될 수 있을 것이다. 그러나 개인의 사고는 합리적이지 못하고 여러 이해관계가 상충되기 때문에 자생적으로는 공정한 질서와 제도가 형성되기는 어렵다. 그렇기 때문에 국가의 공정하면서도 강하고, 절제된 개입을 통해서 제도와 질서를 형성하는 것이 무엇보다 선행되어야 할 것이다.

2. 한국자본주의 경제적 종속극복

1) 자본종속의 완화

한국경제에서 외국인 직접투자가 차지하는 비중은 다른 나라에 비해 매우 낮다. 예컨대 1989년의 경우 외국인직접투자가 GNP에서 차지하는 비중은 0.36%에 불과했다. (같은 해 대만, 싱가폴, 태국, 미국, 프랑스의 그것은 각각 1.61%, 14.6%, 2.58%, 1.36%, 2.50%였다.) 그리고 외국인 직접투자는 1986년 3.54억달러에서 1988년 12.83억달러 급증했으나, 1989년 이후 감소추세로 반전되어, 1992년에는 8.95억달러에 머물렀다. 특히 제조업투자는 1988년 이후 감소추세가 계속되고 있다. 게다가 자본철수액도 1987년 2,368만달러에서 1988년 4,609만달러, 1989년 7,505만달러, 1990년 1억3,620만달러, 1992년 3억6,900만 달러로 급증했다. 하지만 이같은 외국인 직접투자의 감소를 자본종속의 완화로 해석하는 것은 옳지 않다. 이는 초국적자본의 세계전략의 변화의 결과로 해석될 수 있다. 발전도상국 전체에 대한 해외직접투자는 1980년대 들어 그다지 증가하지 않았다. "1980년대 후반 발전도상국에 대한 해외직접투자가 세계전체의 해외직접투자에서 차지하는 비중은 24%에서 13%로 감소했다."%에서 1991년 16%로 격감했는데, 이는 한국, 대만보다는 ASEAN 제국과 중국으로 생산기지를 전환하고 있는 일본기업의 해외투자전략의 변화에 기인한 것이다.

2) 기술적 종속의 완화

1980년대 이후 활발해진 기술도입에 따라, 기술대가 지급액도 1982년 1.16억달러에서 1991년 11.84억달러로 급증했다.% 수준이었으나, 첨단제품인 컴퓨터, 반도체, 통신기기 등에 대해서 10% 수준으로 높아졌다. 일반 가전제품의 기술도입대가가 순매출액의 2～3%인데 비해, 퍼스널 컴퓨터의 경우는 최고 매출액의 12.4%에 달해, 이 분야의 인건비가 제품 생산비의 7.5%～7.7% 정도를 점하고 있는데 비해 훨씬 높은 생산원가를 구성하고 있는 실정이다. 또한 반도체 부문의 1990년도의 추정 로열티 지급액은 1억1천만달러 정도로서 전체 매출액에서 차지하는 비율이 평균 9.4%에 달해 일반 가전제품의 3배 이상이나 높은 비율에 달했다.

본래적 의미'의 자본수출? 자본수출이 증가하고 있는 것은 사실이다. 자본수출 총액은 1988년 2.2억달러에서 1991년 11.25억달러, 1992년 12.55억달러로 증가했다.1990년 이후 한국에서는 직접투자를 통한 자본의 순수출이 이루어지고 있음에도 불구하고, 레닌의 자본수출 개념에 보다 부합되는 자본수출 개념이라고 할 수 있는, 직접투자와 증권투자를 모두 포함하고 자본수입액을 차감한 자본 순수출입이라는 지표는 1991년에도 무려 28.75억달러의 자본 순수입을 기록하고 있다. 특히 해외증권투자를 통한 자본수입이 급증하고 있다. 그리고 '본래적 의미'의 자본수출이기 위해서는 수출된 자본은 한국에서보다는 높은 이른바 식민지 초과이윤을 획득해야만 하지만, 이를 입증할 수 있는 자료는 아직 제출되어 있지 않다.%에서 1990년 62.9%, 1992년 73.6%로 증가했다.

세계체제론의 관점에 설 때, 자본주의 세계체제에서 한국의 현재의 위치는 반주변부에 해당된다고 할 수 있다. 한국경제는 반주변부 제국에서 대만과 함께 그 간 가장 역동적인 경제성과를 보였다. 그러나 이와 같은 한국경제의 역동성을 한국경제가 반주변부에서 중심부로 진입하고 있는 증거로 간주하는 것은 무리다. 아리기에 따르면 <표4>에서 보듯이 1988년 한국경제의 자본주의 세계체제에서의 위치는 그 간의 '기적적인' 고도성장에도 불구하고, 1938년 일본의 수준에서 벗어나지 못하고 있다. 즉 '고유 중심부' 제국의 1인당 GNP를 100으로 놓았을 때, 1988년 한국의 1인당 GNP는 20.2였는데, 이는 1938년 일본의 20.7 혹은 1960년 23.2 정도의 수치였다. 또 <표5>에서 보듯이 1990년에도 OECD제국의 평균 1인당 GNP에 대한 한국의 1인당 GNP의 비율은 26.7 밖에 되지 않으며, 1970년 일본의 62.7과 엄청난 차이가 있다. 세계은행의 자료에 따르면, 1991년 한국의 1인당 GNP는 6,340달러로 세계 30위였다. 또 한국은 그 간의 급속한 수출증대에도 불구하고 1989년 세계 수출에서 점하는 비중은 2.1%로서, 1960년 일본의 해당 수치인 3.1%에 미치지 못했다 그리고 계속 높아지던 한국의 수출순위는 1990년 세계 13위에서 1991년에는 세계 14위로 한 순위 하강했다. 요컨대 한국은 그 간 고도성장에 힘입어 자본주의 세계체제의 주변부에서 반주변부로 상승하는 데 성공한 것은 사실이지만, 현재 중심부로 진입하는 도정에 있다고 말할 수는 없다. 물론 한국이 중심부로 상방 이동할 수 있는 가능성이 선험적으로 배제되어 있는 것은 아니다. 하지만 자본주의 세계체제의 위계적 구조의 역사적 견고성의 경험, 그리고 1968년에 시작되어 1989년 '현존 사회주의'의 붕괴에서 피크에 달한 미국의 헤게모니의 위기로 집중적으로 표현되는 자본주의 세계체제의 위기를 고려한다면 또 그 속에서 더욱 격화되고 있는 한국의 대내외적, 경제적 경제외적 난관과 모순을 감안한다면 한국이 중심부로 '자연성장적'으로 이동할 수 있는 전망은 극히 불투명한 것 같다

3) 자본주의 세계체제의 위계적 구조

경제적 종속이 그 어떠한 역사적 경향도 갖고 있지 않으며, 그 자체 '종속변수'일 뿐이라는 사실은, 경제적 종속의 문제를 올바르게 이해하기 위해서는 경제적 종속의 배후에 있는 생산력발전의 국제적 차별을 기초로 하는 자본주의 세계체제의 위계적 구조 자체를 검토할 필요가 있음을 시사한다. 이와 관련하여 1980년대 중반 이른바 '정치경제학의 복원'으로 주장되는 신식국독자론의 본격적 수입과 함께 성급하게 기각되었던 임마누엘 세계체제론을 재평가할 필요가 있다

월러스타인의 세계체제론은 통상 종속이론의 아류 내지 신전개 정도로 간주되어 왔다. 하지만 월러스타인의 세계체제론은 일국적 변혁의 전망을 부정하고 자본주의 세계체제 전체의 변혁을 중시한다는 점에서, 자본주의 세계체제와의 단절 을 정치적 결론으로 제시하는 종속이론의 지배적 문제설정과 분명하게 구별된다. 세계체제의 변혁을 일국적 변혁에 우선하는 세계체제론의 입장은 일국사회주의론의 문제설정인 종속이론보다는 오히려 트로츠키의 영구혁명론과 가깝다고 할 수 있다.

특히 자본주의 세계체제를 [중심부－반주변부－주변부]의 3중구조로 파악하는 월러스타인의 세계체제론의 시각을 반주변부 사회분석에 적용하고 있는 지오바니 아리기 (Giovanni Arrighi)의 최근작업은 주목할 만 하다

아리기는 1938 / 50년에서 1975 / 83년간 3중구조에서의 위치가 변동한 나라가 전세계 국가의 5% 정도에 불과했음을 보이면서 20세기 자본주의 세계체제의 3중구조가 그 간의 급격한 변화에도 불구하고 대단히 견고하게 유지되어 왔다고 주장한다.

4) 마르크스의 경제적 종속

마르크스주의의 경제적 종속 개념은 경험주의적 유형론이나 관념적인 경향론이 아니라, 마르크스의 세계시장에서의 가치법칙의 수정명제와 그에 기초한 국제적 가치이전을 기본 내용으로 하여 구성되어야 한다. 마르크스는 생산력수준이 차별적인 국민국가들의 집합인 자본주의 세계체제에서는 국민국가의 틀을 빌어 설명되었던 등노동량교환을 기본으로 한 가치법칙의 작용이 수정되며, 이와 같은 가치법칙의 수정된 관철과정에서 국제적 가치이전이 발생한다고 보았다. 따라서 마르크스의 정치경제학체계에는 경제적 종속이라는 문제 자체가 존재하지 않는다는 주장은 올바르지 않다. 마르크스의 정치경제학체계에서 경제적 종속의 개념은 생산력발전의 국제적 불균등성에 기초한 위계적으로 구조화된 자본주의 세계체제에서의 하위적 위치 및 그 효과로서의 국제적 가치이전으로 정의될 수 있다. 그리고 이와 같은 위계적인 세계체제에서의 차별적인 위치와 국제적 가치이전이 생산력발전의 불균등구조를 유지 심화시키는데 기여하는 것은 물론이다. 하지만 세계시장에서의 가치법칙의 수정에 관한 마르크스의 명제는 생산력발전의 국제적 불균등성이 국제적 가치이전을 야기하는 원인이지, 세계시장에서 가치법칙의 수정된 작용에 수반된 국제적 가치이전이 생산력발전의 국제적 불균등성을 결과시키는 것은 아님을 보여준다. 즉 마르크스에게서 경제적 종속은 그 자체 '종속변수'일 뿐이며, '독립변수'는 아니다. 이로부터 경제적 종속의 문제와 그 문제에 대한 이론적 해명의 중요성을 부정하는 것도 옳지 않지만, 이를 종속심화론 혹은 종속약화론처럼 하나의 경향법칙의 추상수준으로 격상시키는 것도 부당함을 알 수 있다. 왜냐하면 한 국민국가 안에서도 개별자본들 간에 생산력의 불균등발전이 일어나듯이, 자본주의 세계체제에서도 제국민적 자본 간에 불균등발전이 전개되며, 이러한 생산력의 국제적 불균등발전에 근거하여 국제적 가치이전

의 정도와 방향은, 원리적 수준에서는, 끊임없이 변동할 수 있기 때문
이다. 요컨대 경제적 종속의 현실과 개념은 존재하지만, 경제적 종속의
'역사적 경향'이라는 것을 정식화할 수는 없다는 것이다. 그러나 국제
적 가치이전으로서의 경제적 종속의 현실을 노동가치론의 추상수준에
서 실증적으로 확인하는 작업은 매우 어려운 이론적 기술적 문제를 수
반한다. 그러나 기존의 가격단위의 통계에서도 한국으로부터 가치의 순
유출이 일어나고 있음을 확인할 수 있다.

　최근 한국사회 성격논쟁에 대두하고 있는 각종 유형의 종속약화론은
'종속의 문제설정'을 탈피한 것 같지만, 실은 종속심화론의 반사적 대
립물에 지나지 않는다. 그 간의 한국경제가 종속심화의 경향을 나타내
지 않았음은 물론이지만, 그렇다고 하여 종속약화론이 주장하듯이 종속
약화라든지 제국주의로의 전화경향을 시현하지도 않았다. 경제적 종속
은 심화경향이라든지 또는 반대로 약화경향이라는 법칙적 경향성을 갖
지 않는다. '종속의 문제설정'은 본질적으로 스탈린주의적인 일국사회
주의론의 문제설정이며, 그 때문에 자본주의 세계체제의 구조화된 위계
적 총체성과 그 속에서 한국자본주의의 위치 및 그것의 정치적 함축을
정당하게 인식할 수 없었다. 경제적 종속은 생산력발전의 국제적 불균
등성에 기초한 위계적으로 구조화된 자본주의 세계체제에서의 하위적
위치 및 그 효과로서의 국제적 가치이전으로 개념규정되어야 한다. 현
재 한국자본주의는 자본주의 세계체제에서 반주변부 상층에서 진동하
고 있으며, 중심부로의 상방이동은 현재화되지 않고 있다. 그 간 자본
주의 세계체제에서 상승전략의 경험은 그 상승전략이 자본주의 세계체
제와의 단절이라는 형태를 취했든, 아니면 반대로 자본주의 세계체제에
포섭되는 전략을 취했든, 그것이 성공한 경우는 극히 예외적이었음을
보여준다. 이로부터 한국자본주의의 반주변부적 위치로부터의 탈출은
자본주의 세계체제 속에서의 상방이동이나 자본주의 세계체제와의 단
절이 아니라, [중심부-반주변부-주변부]라는 위계구조 그 자체, 즉 자
본주의 세계체제의 총체적 변혁을 통해서만 전망될 수 있다는 결론이

나온다.

경제적 종속을 극복하고 자율적인 참여 경제로 나아가야 한다. 즉 외부주도적인 경제가 아닌 스스로 참여하는 자율 경제에서 개방경제, 능동적인 경제로 변화 발전 하여야 한다. 이것이 한국 경제를 살릴 수 있는 대안인 것이다.

경기가 좋지 않은 것은 수출보다는 내수 쪽에 문제가 있기 때문입니다. 그래서 대기업보다도 중소기업, 작은 상점들이 더욱 힘들어집니다. 여기 저기 소비가 미덕이다라고 하면서 길가에서 신용카드를 나눠주다시피 했습니다. 소득이 없는 젊은이들에게도 마찬가지 입니다. 그렇게 빌린 돈으로 소비를 하다 보니 물건도 그런대로 잘 팔리고 경기가 좋은 것 같이 느껴졌지만, 결국에는 빌려서 쓴 돈을 갚지 못해 신용불량자가 320만이나 생겼습니다. 그러니 소비가 위축 될 수밖에 없었습니다. 기업들이 투자를 해야 하는데 소비가 시원치 않은 데다 여러 가지 정치 사회 노동 등 불확실한 것이 많아서 투자를 꺼리고 있습니다, 노사분규가 크게 늘어나고, 주5일 근무제 도입으로 비용부담이 증가하고, 고용을 늘리지 않게 되고 실업자들이 늘어납니다. 실업자가 많아지면서 이 역시 소비를 위축시키는 요인이지요. 역ㄹ국은 악순환에 빠져있는 것 입니다. 정부에서 카드문제에 적극적으로 개입을 해서 해결을 해주게 되면 신용에 있어서 도덕적인 해이가 발생할 수 있기 때문에 그렇게 하기도 힘듭니다. 가장 좋은 방법은 카드 사용자 스스로가 적절하게 지출을 하는 것이며, 정부에서도 적당한 규제를 통해 마구잡이식 카드발급과 한도 늘리기를 막는 것뿐입니다. 정부는 추경예산 등을 통하여 사회간접자본 투자를 함으로써 일거리를 만들고 중앙은행에서도 금리를 인하하여 기업들의 투자를 유인하고 있습니다. 이러한 재정정책과 금융정책으로 수요를 살리고 기업투자를 유도해야 합니다. 이러한 거시적인 정책 외에 각종 규제 등을 완화하여 기업들이 자유롭게 기업 활동에 전념할 수 있도록 해야겠다. 우리나라 경제가 많이들 안 좋다고는 합니다. 그 이유는 취약한 기술개발에 있다고 봅니다. 기술개발과 경제와는 상관이 없을 듯하지만 무척 밀접합니다. 한국이 자랑하는 핸드폰과 메모리 등 제품들은 미국이나 일본에서 개발된 것을 다만 우리가 미국기계, 일본기계 사와서 조금 업그레이드 시켜서 다른 나라보다 앞서 있다고 하는 수준입니다. 반도체 생산에 쓰이는 기계는 대부분이 일본 제품이고 핸드폰의 핵심칩인 CDMA칩도 미국 제품입니다. 우리는 열심히 제품 만들어 팔면서 그 돈의 일부를 단지 기술 개발한 미국 일본 기업에게 고스란히 전해주고 있습니다. 여기서 우리나라의 문제점은 모든 가전의 핵심이 되는 기술과 부품의 해외 의존도가 너무 높다는 것입니다. 우리가 그런 기술력을 보유해서 로열티로 제공되는 비용을 줄여서 한국 경제에 그 돈을 푼다면 실로 엄청난 효과를 거둘 것입니다. 그리고 IMF의 경우 싱가폴의 예에서처럼 우리의 방식을 찾을 필요가 있음을 절실히 느낍니다. 싱가폴의 경우는 수상이 직접 대국민 성명을 통해 고통 감수를 통한 어려움 극복을 호소하였고 국민들은 그에 수긍하였습니다. 그 결과 싱가폴은 아시아에서 손꼽히는 부국이 되었습니다. 그처럼 아시아엔 서방 세계가 갖지 못한 그 무언이 있습니다. 우리도 싱가폴의 예에서처럼 우리가 가진 그 무언가를 이끌어내는 과정으로 어려움을 극복해야 했다고 봅니다. 우리는 외국 자본에 점점 우리나라의 경제에 통제권이 위협 받고 있습니다. 우리는 이제부터라도 개방화된 세상에서 우리가 서방의 거대 자본에 맞서서 우리를 지키는 방법을 찾아야 합니다. 그리고 IMF를 보며 우리는 그 위력이 어떤지 느꼈습니다.

　한국경제의 문제는 끝도 없습니다. 장기적 불황에 따른 투자와 소비 심리 감축, 일자리에 비해 넘쳐나는 청년 실업 등 많이 있지만 객관적으로 따져 봤을 때 외국인의 투자를 위축시키는 가장 큰 원인은 첫 번째가 정부규제 입니다. 공장을 하나 짓는다고 가정하면 필요한 서류만 해도 수백 가지가 된다고 합니다. 두 번째 원인은 바로 노사문제라고 합니다. 한국의 노조의 힘이 너무 크고 파업이 잦다는 것이 외국인 투자를 위축시키는 요인으로 분석되고 있습니다. 노동시장의 문제는 많이 있습니다. 가장 큰 문제가 되는 것은 바로 비정규직 문제입니다. IMF 이후 대규모로 생겨난 비정규직의 차별문제는 심각한 사회문제까지 되고 있는 상황입니다. 그리고 외국인 고용허가제도, 청년실업률의 급격한 증가 등이 있습니다. 사실 현재한국경제의 전반적인 상황을 고려해 보면 다들 자신의 눈앞에 보이는 이익을 위해서 투쟁하다보니 외곡이 되고 문제가 더 심각해지는 것은 아닌가 합니다.

선진국의 경제의 특징은 지속적 경제성장 없이는 1인당 국민소득 3만달러는 물론 4만달러에 도약할 수 없다. 서비스업 및 비교역재 부문의 생산성과 고용창출 능력을 제고하되 제조업과 수출의 주도적 역할을 유지 강화하는 것이 선진국 진입의 필수 조건이다. 안정된 노사관계와 혁신적 연구개발 활동을 기반으로 매력적인 투자환경을 갖추어야 선진국 도약을 앞당길 수 있다.

우리나라의 1인당 국민소독은 2만달러 정도이다. 한국 경제가 '단군 이래 최대 호황'을 구가하던 1980년대 말 당시 세계 일류국가였던 미국, 일본, 스웨덴 등 9개국이 막 넘어서고 있었던 국민소득 수준이 바로 2만달러였다. 그 때 기준으로 보면 우리나라도 이제 명목상 선진국을 자부할 수도 있으리라, 하지만 그 후 20년이 채 못 되는 기간에 당시 선진국들도 질주를 계속해 어느덧 4만달러, 5만달러, 나아가 6만달러를 돌파한 상황이다. 선진국들과의 소득격차는 20여년 전 그대로이거나 오히려 더 벌어진 셈이다. 만성적인 소득 격차를 좁혀 선진국 대열에 합류하려면 어떠한 노력을 기울여야 할지, 우리보다 먼저 2만달러, 3만달러, 4만달러 시기를 겪은 선진국들의 발자취를 더듬어보면 향후우리 경제의 발전 전략과 경로를 설계하는데 타산지석의 교훈을 얻을 수 있을 것이다. 이하에서는 이러한 목적 하에 1인당 GNI 수준이 2만달러 이상인 23개국의 2만달러 이후 경제구조와 성장패턴을 살펴보고자 한다. 국민소득 수준이 높아짐에 따라 1인당 GNI가 2배로 증가하는 데 걸리는 기간이 점점 늘어나는 것으로 나타났다. 1인당 GNI가 3만 달러 이상인 18개국의 경우 5000달러 돌파 이후 1만달러에 도달하기가지 평균 6년이 걸렸으나, 1만달러를 기록한 해로부터 2만달러 시대에 진입하기까지는 10년이 걸렸다. 4만달러 이상인 7개국의 소득구간별 소요시간 역시 5000~1만달러 5.4년, 1만~2만 8.4년, 2만~4만 12.9년 등 갈수록 길어졌다.

1인당 GNI의 연평균 증가율도 소득수준이 높아짐에 따라 추세적으로 떨어지는 것으로 조사됐다 3만달러 국가군의 경우 5000~1만달러 12.9%, 1만~2만달러 7.7%, 2만~3만달러 6% 등으로 하락세를 면치 못했다. 4만달러 국가군 역시 5000~1만달러 12.9%, 1만~2만달러 7.7%, 2만~3만달러 6% 등으로 하락세를 면치 못했다. 4만 달러 국가군 역시 5000~만달러 시기에 13.4%의 높은 성장률을 보였으나 이후 차자 성장률이 떨어져 3만~4만달러 시기에는 절반 가까운 수준인 7.5%로 하락했다.

우리나라가 2007년 말에 국민소득 2만달러를 기록한다면, 1만달러를 돌파한 1995년 이후 12년 만의 일이다. 1만~2만달러 배증 기간이 평균 10년이었던 선진국들에 비해 2년이 더딘 셈이다. 도한 해당기간 우리나라의 연평균 1인당 GHI 증가율은 4.8%로서 우리에 앞서 2만달러 달성한 23개국 평균 8.3%에 비해 3.5%포인트가 낮다. 이는 23개국 중 호주와 뉴질랜드 다음으로 낮은 수치다. 외환위기 이후 1인당 GNI가 위기 전 수준을 밑돈 것이 이러한 소득성장 지체에 결정적인 영향을 끼쳤다.

1인당 GNI 증가에 대한 구성요인별 기여도를 살펴보면 무엇이 소득증가의 주 요인인지를 파악할 수 있다. 1인당 GNI는 경상가격 기준으로 작성되므로 분석에 한계가 있다. 여기서는 1인당 GNI와 규모나 움직임 면에서 큰 차이가 없는 1인당 국내총생산(GDP) 증가율을 대상으로 분석을 수행한다. 즉 1인당 GNI 기준으로 국민소득 구간을 나눈 뒤 각 구간별로 1인당 GDP 증가율에 대한 요인별 기여도를 분석한다. 무

엇보다 눈에 띄는 결과는 1인당 GNI와 1인당 GDP의 하락 추세 속에
서도 선진국들의 경제성장세는 견고하게 유지됐다는 점이다. 3만달러
국가군의 경우 1인당 GDP는 5000~1만 12.5%, 1만~2만달러 7.5%, 2
만~3만달러 5.9% 등으로 점점 떨어졌다. 하지만 실질GDP 증가율, 즉
경제성장률은 연평균 3.0%에서 2.9%, 3.1% 등으로 3% 안팎을 유지했
다. 4만달러 국가군도 비슷한 흐름을 보였다. 즉 1인당 GDP는 5,000~1
만달러 시기 12.7%, 1만~2만달러 9.3%, 2만~3만달러 8.0%, 3만~4만
달러 7.2% 등으로 연속해서 떨어졌다. 하지만 경제성장률은 5,000~1
만달러 시기 3.2%에서 1만~2만달러 구간에 3.1%로 떨어지지만, 2만~3
만달러 시기에는 3.4%로 반등한다. 두 경우 모두 2만~3만달러 구간의
성장률이 1만~2만달러 시기보다 높다. 1인당 GDP의 증가세 둔화 속
에 일정수준의 경제성장세가 유지되다 보니, 경제성장률이 1인당 GDP
의 변동에 미치는 영향이 점차 커졌다. 예컨대 3만달러 국가군의 경우
1인당 GDP 증가율 수치에서 경제성장률의 기여율이 5,000~1만달러
시기 23.7%, 1만~2만달러 38.8%에서 2만~3만달러 구간에 52.1%로 커
진다. 4만달러 국가군에서도 경제성장률의 1인당 GDP에 대한 기여율
이 25.4%, 33.0%, 42.2% 등으로 점증했다.

환율 여건은 국민소득 2만달러 이후 소득 향상에 순기능을 하는 경
향이 있는 것으로 분석됐다. 각국 통화의 달러 대비 환율은 2만달러
도달 시점까지는 전반적으로 상승 추세를 지속했다. 이에 따라 환율
여건은 대외 가격경쟁력에는 긍정적인 영향을 미쳤을 것으로 보이지만,
그 자체로서는 1인당 국민소득을 늘리는데 부정적으로 작용했다. 하지
만 2만달러 이후 시기에는 환율이 하락 추세로 돌아서면서 달러표시 1
인당 국민소득 증가에 기여한 것으로 나타났다. 특히 4만달러 국가군
은 3만~4만달러시기에 환율 덕을 크게 입었다. 1만~2만달러 시기에
국민소득의 -35.3%를 깎아먹었던 환율이 2만~3만달러 26.6%, 3만~4
만달러 38.6% 등으로 소득 증가에 크게 기여했던 것이다. 한편 물가
상승률은 성장단계가 높아질수록 점점 낮아지는 것으로 조사됐다. 이는

선진 경제가 성숙기로 접어듦에 따라 성장패턴이 빠른 물가상승을 동반하는 요소주도형 또는 투자주도형에서 생산성 향상이 이끄는 혁신주도형으로 이행해갔기 때문으로 풀이된다. 경제 글로벌화의 확산 및 심화 속에 1990년대 이후 요소비용이 현격히 낮은 거대 후진국들이 잇달아 글로벌화의 흐름에 가담한 것도 전세계적인 물가안정에 적잖이 기여한 것으로 보인다. 국민소득 2만달러 이후 선진국들 경제의 모습은 어떻게 달라졌을까? 여기서는 2004년 현재 1인당 국민소득이 3만달러 이상인 18개 국가를 대상으로 국민경제에서 소비 / 투자 / 수출, 내수 / 수출, 제조업 / 서비스업 등의 구성항목별 비중과 외국인직접투자(FDI), 고용 및 노사관계 등과 관련된 지표들의 추이 분석을 통해 선진국 경제의 구조적 특징을 포착해본다. 3만달러 국가군, 4만달러 국가군 이외에 중북부유럽소국을 별도로 구분해 분석을 진행한다. 중북부유럽소국 국가군은 선진 18개국 가운데 경제규모와 대외여건이 우리와 비슷해 벤치마킹 대상으로 적당하다고 판단되는 나라들의 집합이다. 2004년 현재 국민소득 3만달러 이상의 선진국 가운데 총인구가 100만 이상, 2000만명 이하인 네덜란드, 벨기에, 스웨덴, 오스트리아, 스위스, 덴마크, 핀란드, 노르웨이, 아일랜드 등 9개국으로 구성된다. 3만달러 국가군과 4만달러 국가군은 경제구조적 특징이 대체로 일치한다. 하지만 중북부유럽소국들은 일부 지표에서 이들 국가군과 다소 다른 양상을 나타낸다. 국민경제 내 부문별 비중에 대한 분석 결과는 수출 비중의 지속적 상승과 총투자 및 설비투자 비중의 점진적 축소로 요약된다. 3만달러 국가군의 경우 GDP에서 수출이 차지하는 비중은 5000~1만달러 시기에 32.9%, 1만~2만달러 시기 36.8%에서 2만~3만달러 시기에는 41.4%로 갈수록 상승한다. 반면 투자 비중은 26%, 22.7%, 21.9% 등으로 하락한다. 유럽소국들의 수출 비중은 37.4%, 43.8%, 48.2%로 증가세가 더욱 두드러진다. 이러한 변화는 수출과 내수간의 상대적 비중 변화에도 그대로 반영된다. 유럽소국의 경우 수출과 내수의 합 모두에서 하락세를 보였다. 예컨대 3만 달러 국가군의 설비투자 증가율은 5000~1만달러 시기 11.7%, 1만~2만달러 7.9%, 2만~3만달러 2.8% 등으로 빠르게 감소했다. 세 국가군 모두에서 제조업 비중은 점차 하락하는 반면 서비스업의 비중은 꾸준히 상승하는 모습을 보였다. 서비스업 고용이 전체 고용에서 차지하는 비중 역시 지속적인 상승세를 나타냈다. 3만달러 국가군의 경우 전체 산업의 고용률이 국민소득 1만달러 이후 70%를 넘어 지속적으로 상승하는 가운데 서비스업 고용 점유율이 5000~1만달러 시기 58.5%, 1만~2만달러 64%, 2만~3만달러 69.5% 등으로 큰 폭의 오름세를 보였다.

　제조업과 서비스업 간의 생산성 격차는 발전단계가 높아질수록 점점 더 벌어졌다. 유럽소국의 경우 제조접 생산성 증가율은 3.3%~4.2% 범위에서 움직였으나, 서비스업 생산성 증가율은 1.2~1.3%에 그쳤다. 이에 따라 제조업 대비 서비스업 생산성지수는 77.6에서 65.3 다시 52.1 등으로 하락을 거듭했다. 이는 서비스업에 추가 투입되는 노동의 한계생산성이 고용점유율 증가에 따라 점차 낮아졌기 때문으로 분석된다. 외국인직접투자(FDI)는 3만달러 국가군이나 4만달러 국가군 모두 유출입총액이 급증하는 가운데, 2만~3만달러 시기에 큰 폭의 순유출을 겪었다. 이는 몇몇 특정국가들이 막대한 규모의 FDI 순유출을 기록한 탓으로 분석된다. 3만달러 국가군의 예를 들면, 1만~2만달러 시기에는 영국(98억달러 · 이하 순유출 규모), 일본(86억달러), 독일(55억달러) 등이 대규모 순유출을 경험했다. 이들 3개국을 제외하면 평균 1억3,186만달러의 순유입으로 뒤바뀐다. 2~3만달러 시기에는 영국(468억달러), 일본(349억달러), 프랑스(248억달러), 독일(101억달러) 등이 전체 순유출의 82.7%를 차지했다. 거대 자본순유출 국가가 포함되지 않은 유럽소국 국가군은 2만~3만달러 시기에 FDI가 순유입으로 전환되어 대조를 이뤘다. 한편 노조 조직률과 연평균 파업 및 직장폐쇄 건수, 연평균 손실 근로일수 등에 나타난 노사관계는 경제가 성장할수록 안정을 찾아가는 것으로 나타났다. 특히 2만달러를 고비로 노조 조직률과 손실 근로일수 모두 큰 폭으로 떨어진 점이 눈길을 끈다. 현재 한국 경제의 실상은 과거 선진국 경제의 모습과 어떻게 다를까? 무엇보다 설비투자 증가율의 급격한 감소가 두드러진 차이점이다. 3만달러 국가군이나 유럽소국의 경우 1만~2만달러 시기의 연평균 투자증가율이 5,000~1만달러 시기의 3분의 2 수준으로 떨어진 바 있다. 우리나라는 하락 폭이 훨씬 커 투자증가율이 종전의 3분의 1에도 못 미치는 수준으로 급락했다. 서비스산업의 취약성도 과거 선진국에서 찾아보기 힘든 우리 경제의 커다란 약점이다. 서비스산업의 부가가치 비중이 제자리걸음을 하고 있으며, 제조업 대비 서비스업 생산성 지수가 72.6에서 48.2로 급락하고 있다. GDP 구성성분의 비중을 살펴보면 수출 비중은 비슷한데, 투자 비중은 상대적으로 높고 소비 비중은 낮은 편이다. 고용율은 선진국들과 8%포인트 가까운 큰 격차를 보이고 있다. 서비스산업의 저발전과 내수 부진이 만성화되어 있는 가운데 성장동력으로 기능해온 투자 부문마저 부진에 빠져 고용창출 능력이 약화된 것이 최근 몇년간 우리 경제의 핵심적인 문제점이었음을 알 수 있다. 투자 부진, 고용 창출력 약화 이외에 혁신 능력 부족 또한 우리 경제의 재도약에 걸림돌이 되고 있다. 밴치마킹은 부문별 베스트 프랙티스를 모방하는 방식으로 이뤄지기도 한데 이를 극복할 줄 아는 의식이 있어야 한다. 우리 사회와 체질 및 여건이 다른 선진 각국에서 경제적 성공을 이끈 제도들을 참고해 우리 상황에 맞는 발전전략을 마련해야 하는 것이다. 성공의 조건은 두 가지, 즉 이러한 제도들을 우리 여건에 맞게 변형 정착시키고 통합적 사회 구성 및 운영 원리에 대한 합의를 형성하는 것이다. 두 가지 조건이 충족되지 않으면 아무리 좋은 제도도 제대로 가능하지 못한다. 북유럽의 사회적 대타협 기제를 본뜬 노사정위원회나 한국판 실리콘밸리모델인 혁신클러스터가 소기의 성과를 거두지 못하고 있는 것이 그 사례다. 반면 시스템을 불안하게 만드는 것처럼 보이는 요소도 두 가지 요건이 충족되면 구성원들에 의해 자연스럽게 수용된다. 미국 사회에서 극심한 빈부격차가 첨예한 계급갈등을 유발하지 않고 경쟁에 따른 불가피한 부산물로 받아들여지고 있는 점을 사례로 들 수 있다.

이는 사회구성원들이 자유경쟁을 공정한 게임의 룰로 흔쾌히 수용하고 있기 때문에 가능하다. 통합적 사회구성원리에 미국식 경쟁모럴만 있는 것은 아니다. 일본, 오스트리아, 뉴질랜드 등 체질과 여건이 다른 여러 나라들이 미국, 캐나다와 더불어 실제 불평등도보다 체감 불평등도가 훨씬 낮은 국가군에 속해 있다. 갈등을 완화·치유하는 나름의 통합적 사회구성원리가 있다는 얘기다. 국민 정서와 대내외 여건에 맞는 우리 나름의 통합적 사회구성원리를 찾아내는 것은 성공적인 경제구조 전환에 필수요건이라 하겠다.

3. 통합스왑시장 극복

1) 시장 참가자

효율적 거래를 위해서는 市場이 필요하다. 시장이 존재하지 않을 경우 거래행위에는 많은 비용이 들어가기 때문이다. 작물을 수확한 농부가 이제 그 생산물을 처분하여 자녀 학비를 마련하기로 마음먹었다고 가정해 보자. 시장이 존재하지 않는다면 농부는 이 곳 저 곳을 방문하여 그 작물을 매수할 상대방을 찾아야 할 것이다.

이는 다리품이 많이 들어가는 고단한 勞役이 아닐 수 없다.

그러나 만일 시장이 존재 한다면, 농부는 이 곳 저 곳을 방문하는 대신 시장에 작물을 가지고 가서 매수 상대방과 거래가격을 협상하고 그 협상가격으로 해당 작물을 처분함으로써 자녀의 학비를 마련할 수 있게 된다. 또한, 농부가 본인은 가격협상에 소질이 없다고 생각할 경우 본인을 대신하여 가격협상을 대신하여 줄 사람을 대동하고 시장에 갈 수도 있을 것이다. 이 경우 협상을 대신하여 준 사람에게 수고비 명목의 비용을 지급할 수 있을 것이나, 그 비용을 차감하고라도 농부 본인이 협상하였을 경우 팔았을 것이라 기대되는 가격보다 더 높은 가격에 협상가가 작물을 팔아 줄 수 있다면 농부에게 이익이 된다. 예를 통해서, 우리는 시장이 형성되기 위하여 몇 가지 요소가 필요함을 알 수 있다. 우선, '매수·매도하려는 이해를 가진 經濟主體'들이 있어야 하고, 이들이 협상을 하기 위하여 만날 수 있는 '場所'가 있어야 한다. 더불어, 거래의 대상이 되는 물건 즉 '去來客體(목적물)'가 필요하고 선택의 문제로 '협상을 居中調停하는 仲介人'이 필요할 수 있다. 스왑시장 역시 마찬가지이다. 스왑시장을 구성하는 요소들을 하나씩 살펴보기로 한다.

2) 거래 경제주체

시장위험(market risk)을 적극적으로 관리하고자 하는 모든 경제주체가 스왑계약 거래당사자가 될 수 있다. 국내외 이자율 및 환 변동위험에 노출된 企業, 대규모 금융자산을 관리하고 있는 은행·투신·보험 등의 금융기관 그리고 경제성장, 고용, 인플레이션의 효율적 관리를 달성하고자 하는 中央銀行 등을 이러한 경제주체로 거론할 수 있다. 다른 시장과 마찬가지로 스왑시장에는 최소 去來單位가 존재한다.

은행간 스왑계약은 이자율스왑계약의 경우 100억원 통화스왑계약의 경우 Usd5백만이 최소단위이며, 거래금액을 증가시키고자 할 경우 최소단위의 배수를 사용한다.

최소 거래단위는 불변의 것은 아니어서 당사자간 합의 하에 조정이 가능하다.

여하튼, 통상의 거래단위가 워낙 고액이다 보니 가계나 중소기업이 시장위험 관리를 위해 스왑계약의 필요성을 느낀다 하여도 활발히 시장에 참여하는 데는 실무상 많은 제약이 있다 하겠다.

3) 장 소

모든 시장은 거래당사자들이 집합하여 呼價하는 장소를 필요로 한다.

시장은 주변의 편의점, 대형 슈퍼마켓 그리고 증권거래소와 같이 물리적으로 공간이 존재하는 장소일 수도 있으며 전화, Internet매체 혹은 특정 정보단말기(Reuter, Bloomberg 등)를 이용하는 개념상의 장소일 수 있다. 자본시장은 물리적공간이 존재하는 장소에서 이루어지는 거래를 場內去來, 개념상의 장소에서 이루어지는 거래를 場外去來라 부른다. 스왑은 거래 당사자들이 유무선 매체를 통하여 呼價함으로써 계약을 체결하는 장외(OTC, Over the Counter)시장 상품이다.

4) 거래객체

스왑시장의 거래객체는 스왑 금융상품이다. 우리나라 스왑계약의 거래행태는 크게 두 가지로 나누어 볼 수 있다. 우선, 仲介人(Broker)의 周旋에 의하여 계약이 체결되는 은행간 거래 利子率스왑(Interest Rate Swap)과 通貨스왑(Cross Currency Swap)이 있다. 은행간 이자율스왑과 통화스왑은 거래조건이 定型化되어 있다. 고정금리와 변동금리의 교환주기, 이자금액의 계산방법, 변동금리의 결정방식 등 거래와 관련한 자세한 사항을 事前에 표준화시킴으로써 거래당사자 사이에 스왑만기와 금리만 합의하게 되면 계약과 관련한 나머지 사항은 정형화된 내용에 따르게 된다.

다음으로, 스왑은행의 'Sales Desk'와 고객간의 직접 협상에 의해 거래가 체결되는 스왑계약이 있다. 이러한 스왑은 필요에 따라 자유롭게 변형이 가능한 구조로 고정금리와 고정금리 교환스왑 또는 당사자의 목적을 위해 특수하게 구조화된 스왑거래 등을 예로 들 수 있다.

5) 중개인

스왑거래가 성사되도록 돕는 도우미 역할을 한다. 스왑계약은 이해당사자 쌍방간의 특약에 따라 다양한 형태를 가질 수 있다. 이러한 多樣性은 거래당사자의 필요(Needs)를 보다 더 잘 충족시켜줄 수 있다는 장점이 있는 반면, 汎用性의 부족에 따라 거래의 便易性을 떨어뜨린다는 단점을 발생시킨다. 이러한 단점을 보완하기 위하여 은행간 스왑거래는 이자율스왑과 통화스왑에 대하여 상품명세를 표준화하고 있다. 중개인(Broker)의 참여는 은행간 시장에서 이루어지는 표준화된 이자율스왑과 통화스왑 거래의 중개로 국한된다. 스왑은행 당사자간 협상에 의해서 충분히 거래가 성사될 수 있음에도 불구하고 중개인을 활용하는 이유는 무엇일까? 그것은 스왑거래가 장외시장(OTC Market)에서 이루어지기 때문이다. 장외시장은 가장 큰 특징은 實時間 呼價(市場價格, 滿期別 金利)의 발견이 쉽지 않다는 것이다.

거래를 할 수 있는 물리적인 장소가 집중하여 존재하지 않기 때문에 거래체결을 위해서는 당사자 본인이 직접 시장참가자 다수에게 연락하여 현재 시장에서 거래되는 가격은 얼마인지 누가 얼마만큼의 수량을 어느 가격에 사고 혹은 팔고 싶어 하는지를 알아야 한다. 이러한 정보를 취득하기 위해서는 다리품이 들어간다. 중개인의 활용은 이러한 다리품을 절약하게 하여 준다. 중개인은 중개회사(Brokerage House)와 스왑은행간에 連繫網(Networking)을 형성함으로써 실시간 시장가격을 제공할 수 있게 된다. 중개인은 스왑은행과 연락을 취하여 해당은행의 스왑거래 의사를 알아내는데 이렇듯 스왑은행 하나하나가 제시한 거래 의사가 중개인에게 집중됨으로써 시장 최우선 가격이 발견된다. 예컨대, 5년 만기 이자율스왑에 대하여 A은행은 4.50%에 고정금리 지급을 B은행은 4.45%에 고정금리 지급을 C은행은 4.57%에 고정금리 수취를 D은행은 4.52%에 고정금리 수취를 브로커에게 가격으로 제시하였다

가정해 보자. 이 경우 고정금리 지급과 관련한 시장 최우선 가격은 A은행이 제시한 4.50%가 되고 고정금리 수취와 관련한 시장 최우선 가격은 D은행이 제시한 4.52%가 된다. 브로커는 집계된 거래 의사표시 가격 중 시장 최우선 가격은 選別해 내고 이 가격을 다시 스왑은행에 통지하여 줌으로써 거래가 성사될 수 있도록 돕는다. 스왑은행은 보통 Broker Box라고 불리는 전화를 이용하거나 Reuters, Bloomberg, CHECK, Infomax 등의 정보단말기 화면에 고시하는 방법을 사용하여 시장 최우선 가격을 제공한다. 사례에서 A은행과 D은행이 제시한 가격차이는 2bp로 압축되어 있다. 브로커는 A은행과 D은행에 전화를 걸어 시장에 2bp의 가격차이로 거래를 하고 싶어 하는 상대방이 있음을 알리고 A은행과 D은행의 거래당사자에게 시장상황을 설명하는 등 각종 정보를 추가로 제공함으로써 거래 성공가능성을 높인다.

A은행과 D은행은 서로 타협하여 4.51% 가격에서 거래를 할 수도 있고 시장금리가 하락한다고 판단한 D은행이 A은행이 제시한 가격 4.50%를 받아들임으로써 혹은 시장금리가 올라간다고 판단한 A은행이 D은행이 제시한 4.52% 가격을 받아들여 거래가 성사될 수 있다. 이렇듯 거래가 성사되면 브로커는 거래성사와 관련한 성공보수로서 브로커수수료를 양 당사자로부터 받게 된다.

국가 발전을 위하려면 통합 스왑 시장을 제대로 파악하고 대처하는 것이 필요하다.

4. 경기변동을 이해하는 직업경제

1) 경기변동이란

　자본주의 경제에서는 생산이나 소비와 같은 경제활동이 활발한 호경기와, 그러한 경제활동이 침체하는 불경기가 번갈아 발생하는데, 그러한 변동과정을 경기변동 또는 경기순환이라 한다. 경기변동은 일정한 주기를 두고 발생하는데, 호황과 불황이 파상적으로 되풀이되고, 그 변동은 경제의 모든 부문에 영향을 주며 국제적으로 파급해 나간다. 이러한 경기변동의 물결이 본격적으로 일어난 것은 자본주의 경제가 확립된 19세기 초엽의 유럽에서이며, 역사상 특히 유명한 것은 1929년 미국에서 시작된 세계적인 대공황이다.

2) 경기변동의 국면

　① 불황기 또는 침체기: 투자나 생산 활동이 침체하고, 실업의 증대, 물가의 하락, 금리의 저하, 주가의 폭락 등이 나타난다.
　② 회복기: 생산의 축소·조정 과정을 거친 다음, 경제는 전환점을 넘어서 상향 한다. 거래는 회복되고 투자나 생산은 상승기미를 보이며,

실업은 감소하기 시작한다.

③ 호황기 또는 번영기: 투자가 활발해지고, 생산재나 소비재의 생산이 증가하며, 금리나 물가는 등귀한다. 고용이 증가하며 임금도 상승한다. 증권시세도 활황을 계속한다.

④ 후퇴기 또는 공황: 생산의 상승은 정점에 달하여 과잉생산이 일어나고, 자본설비도 과잉상태가 되어 투자가 급격히 감소한다. 재고가 늘어나고 기업의 자금조달이 어려워져, 은행은 전망에 대한 불안에서 대부금의 회수를 서두른다. 이러한 상태가 극에 달하면 신용의 붕괴에 따른 신용공황에까지 발전하기도 한다. 기업은 도산하고 실업자가 대량 발생하며 물가나 주가가 떨어진다.

3) 경기변동의 원인

경기변동은 총체적인 수요·공급의 불균형으로 일어나는데, 생산·분배·지출이라는 경제순환 중에서 그러한 수요·공급의 불균형을 일으키는 요인은 주로 투자에서 구할 수 있다. 경제순환과정에서 유효수요를 형성하는 것은 투자나 소비이지만, 그 중에서 소비는 소득수준에 따라 변화하는 것이지 그 자체가 경제변동의 원인이 되는 경우는 드물어, 보통 소비함수는 비교적 안정되어 있다. 그러나 투자는 소득수준의 변화, 기업 간의 경쟁, 기술혁신 등 많은 요인에 따라서 변동하므로 불안정해지기 쉽다. 따라서 그러한 투자의 불안정한 성격이 경기변동의 근원이 되는 경우가 많다.

일반적으로 수요·공급의 불균형은 시장이 가지는 수요·공급의 조정 메커니즘에 의하여 자동적으로 과잉이 체크되는 경향이 있다. 수요와 공급이 일치하지 않으면, 가격이 변동하거나 재고량의 변화를 통하여 생산량이 조정된다. 그러나 그와 같은 시장의 조정 메커니즘의 작용에도 불구하고 실제로 불균형이 경기변동 또는 공황이라는 형태로 조정되는 이유는, ① 경기변동의 과정에서 일종의 누적과정이 작용 ② 조정이 행해지고 파급하는 데는 시간의 지체가 따른다는 요인이 있기 때문이다.

누적과정이란 가령 어떠한 원인으로 투자가 증가하여 유효수요가 늘면, 이는 투자 재 산업에 종사하는 생산요소에 분배될 소득을 증대시키고, 이에 따라 소비가 늘면 그것이 다시 투자증가를 유발하여(승수와 가속도의 상호작용) 누적적으로 국민소득을 계속 증가시켜 나가거나, 또는 경기상승이 가일층 호황에 대한 기대를 낳고, 그것이 재고투자를 증가시켜서 현실적으로 호황을 촉진하며, 다시 그것이 호황에 대한 기대를 조장하는 바와 같은 식으로 경기상승이 누적적으로 일어나는 것이다. 개개의 상품에 대하여 살펴보면, 공급이 늘면 가격이 떨어지고 이에 따라서 수요가 늘거나 공급이 체크되어 자동적으로 수요·공급이 조정되는데, 경제 전체의 경기에서 이러한 누적적인 작용이 일어나기 쉬운 까닭은 경제 전체에서는 공급의 증가가 어느 정도 수요를 증가시키고, 상호작용적으로 공급과 수요가 변동해 나가는 메커니즘이 있기 때문이다. 그러나 이러한 상향식 누적과정은 무한정으로 계속되는 것이 아니라 조만간 벽에 부딪히게 된다. 그러한 벽에는 몇 가지 종류가 있는데 경제상황에 따라 반드시 동일하지는 않으나 대체로 국제수지의 적자에 따른 금융긴축, 신용의 수축, 노동을 비롯한 생산요소의 공급난 등을 들 수 있다. 누적적인 상향과정은 이러한 벽에 부딪치면 더 이상 상승할 수 없어 경기는 반전한다. 그리하여 경기가 하강하기 시작하면 투자가 감소하고 그것이 국민소득을 수축시켜, 이번에는 하강의 누적과정이 작용하여 경기하강이 계속된다. 그러나 어떠한 경우에도 최소한의 소비는 있으므로 생산이 제로가 되는 일은 없으며, 감가상각 등으로 자본이 감소하다가 언젠가는 전환점에 이르러 결국 투자가 회복되고 경기는 상승하기 시작하는 것이다. 수요·공급의 불균형 조정이 파동을 그리는 두 번째 요인은, 조정의 파급이 시간적인 지체를 수반하여 발생하는 것이다.

4) 경기변동의 종류

키친파동 주기: J.키친은 1923년 논문에서 1890~1922년의 영국과 미국의 어음교환액·도매물가·이자율의 변동을 통하여 C.쥐글라르 및 N.D.콘드라티예프의 파동 이외에 40개월을 주기로 하는 단기파동이 존재함을 증명하였다. 같은 해 W.L.크럼도 같은 주기의 단기파동을 발견하였으므로 키친-크럼의 파동이라고도 하나, 키친 쪽이 너 우수하다 하여 40개월 순환의 단기파동을 키친파동이라고 한다. 또 10년을 주기로 하는 쥐글라르의 파동을 주순환이라 하는 데 비해 키친파동을 소(小)순환이라 한다. 주순환이 설비투자의 변동을 중심으로 하고 있는데 반하여, 소순환은 시장의 예상과 현실의 매출의 불일치에서 오는 재고투자의 순환적 변동에 의해서 발생하는 것으로 설명되고 있다. 쥐글라르 파동: 쥐글라르 순환 또는 주순환이라고도 한다. 경기변동의 물결은 주기의 장단에 따라 몇 가지 종류로 나누어지는데, 쥐글라르 파동은 대략 10년을 주기로 하여 생산 활동의 변동으로 나타나는 가장 표준적인 경기순환론의 하나이다. 유럽의 경기순환을 은행대출·이자율 및 물가에 대한 통계자료에 근거하여 연구한 프랑스의 경제학자 J.C.쥐글라르에 의해서 제기되었기 때문에 붙여진 이름이다. 그는 자본주의 경제에서는 고용·소득·생산량이 대폭적인 파동운동을 하고 그 파동의 모든 단계는 그 전단계로부터 차례차례 나타난다고 주장하였다. 이설은 종래의 학자들이 공황만을 문제로 삼은 데 비하여, 공황을 경제순환의 한 국면으로 주장한 점에서 큰 발견으로 현재에 이르기까지 경기변동의 표준이 되고 있다. 이 순환은 투자변동과 그에 따르는 생산·고

용·물가의 변동이며, 투자변동은 주로 설비투자의 회임기간과 기술혁신의 파급의 길이로써 규정된다. 콘드라티예프 파동: 콘드라티예프 파동의 제1파는 1780년대 말부터 1850년대 초까지, 제2파는 그 후 1890년대 초까지, 제3파는 그 후 다시 1920년대 초까지로 되어 있으나, 어떠한 원인에서 이러한 파동이 발생하였는가에 대해서는 충분한 설명을 하고 있지 않다. 원인으로서 전쟁·금생산량을 내세우는 사람도 있으나, 이노베이션에 의거해 장기파동에 대한 설명을 시도한 J.A.슘페터의 기술혁신설이 가장 유력하다. 제1파에서는 산업혁명과 그 침투과정, 제2파에서는 철도의 건설을 기간으로 하는 증기·강철의 보급, 제3파에서는 자동차·전기·화학의 각 산업발달과 같이 경제활동을 급속하게 신장시키는 기술진보나 신제품의 출현이 있었으며, 제2차 세계대전 후 석유화학산업과 전자공학에 의해서 제4파가 나타나 1970년경에 하강을 한다는 주장이다. 이 원인에 의하여 경기의 장기적 상승이 발생·지속되는데, 그러한 기술·제품의 보급이 일단 완료됨과 함께 이와 같은 상승기동력은 진정된다고 설명하고 있다.

쿠즈네츠 파동: 경제변동 주기의 종류로는 이제까지 콘드라티예프 파동(장기파동: 45~65년)·쥐글라르 파동(중기파동: 약 10년)·키친 파동(단기파동: 약 3년 반)이 지배적 형태로 되었고, 그 밖에 17년을 주기로 하는 A.H.한센의 건축경기순환론이 있었다.

1952년 미국의 경제학자 S.S.쿠즈네츠는 오랜 국민소득 통계에 관한 연구를 기반으로 하여 미국의 실질국민총생산의 성장률에 20년 전후를 주기로 하는 순환적 변동이 있음을 주장하였는데, 미국의 A.루이스가 이를 '쿠즈네츠 파동'이라 명명하였다. 콘드라티예프의 장기파동에는 미치지 못하나, 쥐글라르 파동의 배나 긴 이 파동의 특징은 물가지수나 이자율에서 얻어진 것이 아니라, 실질국민소득의 성장률 순환이므로 경제성장으로 인한 기복·부침을 알 수 있다는 점이다. 최근에 경제성장이론의 발전을 볼 때, 이와 같은 성장률 순환의 실증적 분석은 의의가 크다. 쿠즈네츠 파동에 관한 원인분석은 지금도 진행되고 있으며 그 하나로 유럽으로부터의 인구와 자본의 이용이 지적되고 있다. 이는 인구·자본의 이동이 쿠즈네츠 파동의 주기와 흡사하기 때문이다.

5) 새 케인즈학파의 경기변동이론

새 케인즈학파의 경기변동이론은 두 가지 점에서 기존의 전통적인 케인즈학파 이론과 구분된다. 첫째, 새 케인즈학파 경제학자들은 전통적인 케인즈학파 이론의 핵심인 임금이나 가격의 경직성에 대한 미시적 기초를 연구하였다. 둘째, 새 케인즈학파의 학자들의 이론적인 모형에 있어서는 불완전 경쟁, 불완전 정보 및 상대가격의 경직성이 중요한 역할을 한다. 이제 이와 같은 일반적인 특징을 바탕으로 새 케인즈학파 이론을 정리하여 보면 다음과 같다.

(1) 새 케인즈 학파의 가장 중요한 이론적 결과는 명목 가격의 조정 가능성에 작은 걸림돌이 있을 때 그보다 훨씬 큰 가격경직성이 나타날 수 있다는 사실이다. 이와 같은 명목경직성에 관한 이론은 Mankiw에 의해 처음 메뉴비용이라는 형태로 모형화된 다음, Akerlof and Yellen의 준합리성, Parkin의 가격조정비용의 형태로 발전하였다.

(2) 물가나 임금의 경직성이 경기변동에 심각한 효과를 미친다는 사실과 함께 물가나 임금의 조정이 동시에 일어나지 않기 때문에 추가적인 마찰이 일어난다는 사실은 일찍이 Fischer와 Phelps and Taylor에 의해 모형화되었다. 이들에 따르면 경제에는 장기명목계약이 존재하기 때문에 합리적인 방법으로 기대가 형성되고 통화량의 변화가 예상되었다고 하더라도 통화량의 변동은 실질효과를 갖는다. 그리고 Taylor는 그와 같은 실질효과는 모든 장기계약이 끝나고 모든 가격과 임금이 조정

된 다음까지도 지속될 수 있음을 보였다.

(3) 케인즈학파에 있어 지속적으로 제기되는 주장 가운데 하나는 현실경제의 변동을 이해하기 위해서는 불완전경쟁을 도입하여야 한다는 것이다. 즉, 대부분의 산출물 시장에 있어 기업은 가격수취자라기 보다는 가격설정자라는 것이다. 불완전 경쟁을 모형에 도입하여 그 효과를 분석한 모형으로는 Blanchard and Kiyotaki이 있다.

(4) 케인즈 이래로 조정의 실패는 매우 중요한 경제에 대한 정부개입의 근거였다. 그런데, 조정의 실패를 처음으로 모형화한 사람들은 Cooper and John(1988)이다. 이들은 외부효과 때문에 다중 균형이 나타나는 모형에 있어 산출량에 따라 후생의 순위가 결정되며, 그 때 정부의 개입은 경제를 보다 후생수준이 높은 경제로 이동시킬 수 있음을 보였다. 이는 1930년대 케인즈의 이론이 정부의 개입을 화두로 등장하였음을 상기할 때 가장 케인즈 학파적인 모형의 하나임을 알 수 있다.

(5) 새 케인즈학파의 노동시장에 관한 이론은 두 가지의 주제에 초점을 맞추고 있다. 이는 먼저 균형에서 비자발적 실업이 가능한가 하는 것이고 다음으로 현실적으로 낮은 노동공급 탄력도를 고려할 때 어떻게 하면 충분한 노동량의 변동이 가능한 모형을 얻을 수 있는가 하는 것이다. 이에 대한 새 케인즈 학파의 대답은 노동시장에 불완전성이 있는 경우에는 노동공급이 반드시 노동공급곡선 위에 있을 이유가 없으며, 따라서 노동공급 탄력도와 실질임금의 경기변동적 특성이 서로 일치하여야 할 필요가 없다는 것이다. 노동시장과 관련하여 가장 관심을 끌었던 실질불완전성은 효율임금이론이다. 이에 따르면 노동생산성은 임금에 영향을 받을 수 있으며, 따라서 노동시장에 초과공급이 있다고 하여도 기업은 임금을 낮추지 않을 이유가 있다는 것이다. 이와 같이 노동생산성이 임금에 영향을 받을 수 있는 이유로는 여러 모형이

연구되었다.

첫째: Shapiro and Stiglitz는 만일 임금을 높게 유지하면 태업을 들켜 해고될 때의 기회비용이 높게 유지됨으로 노동자들이 태업을 하지 않고 열심히 일하게 되어 생산성이 높게 유지된다는 태업모형을 제시하였다.

둘째: 노동자들의 일에 대한 열정은 그들을 고용하고 있는 기업이 그들을 공정하게 대접하고 있는가에 대한 인식을 바탕으로 하는데, 그와 같은 공정성은 그들이 받는 임금을 바탕으로 한다는 것이다. 따라서 임금을 높게 유지하면 노동자들의 사기가 유지되고, 그에 따라 생산성도 제고된다는 것이다. 이와 같은 공정성 모형은 Akerlof and Yellen 등에 의해 주장되었다. 이들 이외에도 임금과 노동자들의 영양상태를 연결짓는 이론, 임금과 노동자들의 전직을 연결짓는 이론 등 효율임금이론의 형태는 매우 다양하다.

(6) 신용시장에 관한 새 케인즈학파의 이론은 대부자와 차입자 사이의 비대칭적 정보의 효과를 분석하는데 그 초점이 있다. 즉, 차입자는 대부자보다 그들의 투자사업의 수익성과 그들이 바치는 사업에 대한 노력 그리고 그와 같은 사업의 수익에 대하여 보다 정확한 정보를 가지고 있다. 이와 같은 세 가지의 정보의 비대칭성의 효과에 관하여는 널리 연구된 바 있다. 즉, 이와 같은 비대칭성은 Stiglitz and Weiss이 보인 바와 같이 신용할당을 초래할 수도 있고, Townsend가 보인 바와 같이 계약의 형태를 채권계약으로 한정할 수도 있으며, Stiglitz and Weiss가 보인 바와 같이 비효율성 때문에 정부의 개입을 정당화할 수도 있다. 이와 같은 시용시장의 연구는 경기변동과 관련하여 다음과 같은 두 가지 점에서 중요하다. 먼저 신용시장의 불완전성은 금융정책의 전달경로를 풍부하게 하며, 실물충격의 전파결로 또한 다양하게 한다.

(7) 산출물시장에 관한 새 케인즈학파의 연구는 이윤폭의 경기변동적

특성에 초점을 맞추고 있다. 이때 이윤폭은 경기역행적으로 나타나는데, 이에 대하여는 Stiglitz가 보이고 있는 바와 같이 다양한 이론이 존재한다.

최근의 경기변동성 확대가 민간소비의 변동성 확대와 연관된 것으로 보인다는 점은 경제위기 이후 민간소비 변동성이 크게 높아진 것으로 나타나고 있어 증가율의 변동성 확대가 민간소비와 관련되어 있는 것으로 보였다. 특히, 과거 소득변동에 대해 예측력이 없었던 소비변동이 최근 들어 예측력이 있는 것으로 나타나고 있어 최근의 경기변동성확대가 소비변동성 확대와 인과관계를 지니고 있을 가능성이 높다는 점이 주었다. 이에 따라 다음으로는 소비변동성 증가의 원인이 무엇인지를 분석하였는데 두 가지 원인이 있는 것으로 나타났다.

첫째로는 경제위기 이후 경제구조의 변화 등으로 경제 환경의 불확실성이 높아진 것이 소비변동성 증가의 한 원인인 것으로 생각되었다. 현재 소비는 예상미래소득에 의하여 결정되며 따라서 현재의 예상치 못한 소득변화가 예상미래소득을 어느 정도 변화시키는가에 따라 현재의 소비가 변동되기 마련이다. 만일 위기 이후 경제의 구조변화 진행으로 현재의 예상치 못한 소득변동에 구조적 측면이 있다고 경제주체가 판단할 경우, 이 소득변동은 미래소득의 변동을 함축하는 것으로 예상될 수 있고 현재소비는 큰 폭으로 변동하게 된다. 계량분석에 의하면 현재소득의 예상치 못한 변동이 현재소비에 미치는 영향이 경제위기를 거치며 크게 상승한 것으로 나타나 이 같은 판단을 뒷받침하였다.

둘째로는 2000년 이후 전개된 가계신용의 급등과 급감이 소비의 거품증가 및 조정이 소비변동성 증가의 원인인 것으로 분석되었다. 경제위기 이후 최근 7년의 기간에 국한하여 소비증가율을 예상치 못한 소득변동과 가계신용 증가율에 회귀분석을 실시할 때, 최근 소비증가율은 예상치 못한 소득변동뿐 아니라 가계신용 증가율에 대해서도 통계적으로 유의한 수준에서 민감하게 반응한 것으로 나타났다. 일반적으로 금융부채가 소비변동에 대해 설명력을 갖는 현상은 유동성 제약의 존재로 해석되는 경향이 있으며, 이 관점에서 본다면 가계신용의 설명력 증가는 소비거품의 발생 이외에 유동성 제약의 확대로도 해석될 수 있다. 개인부채를 가계신용의 대용변수로 본다면 최근 가계신용의 소비변동에 대한 설명력은 대부분 가계신용 급등과 급감에 기인한 소비거품 발생 및 조정에 기인한 것으로 추측되었다. 왜냐하면 개인부채의 소비변동에 대한 설명력은 경제위기 전에는 미미하였고 최근 증가한 것으로 나타나기 때문이다. 유동성 제약은 최근 들어 완화되는 추세였을 것이므로 이 같은 설명력 증가는 가계신용 붐과 관련된 소비거품의 영향으로 보아야 한다는 추론이었다.

이상의 분석결과는 경기변동성 축소를 위해서는 ① 금융 안정성의 제고, ② 경제 환경 변화에 따른 불확실성 최소화 등이 요구한 것으로 해석되었다. 먼저 가계신용 급등락과 같은 유동성 급변에 의해 소비거품 등이 발생하는 것을 막는 것이 경기변동성 축소를 위하여 일차적으로 필요하며, 이는 전반적인 금융 불안정성 요인을 사전적으로 예방할 것을 요구한다. 또한 경제 환경의 불확실성에 따른 소비변동성 확대의 경우 단기적 정책대응에 의한 제거가 곤란하고 따라서 어느 정도는 경제시스템의 전환에 수반되는 불가피한 현상으로 수용하는 것이 필요하다.

경기변동에 대한 민감한 이해가 직업을 이해하는데 큰 도움이 되고, 경제를 이해하여 필요한 수요와 공급을 예측하며, 다양한 직업과 개인, 국가 발전에 필요한 모티브가 되는 것이다. 그러므로 직업과 경제를 알기 위해서는 경기변동에 대한 심도 있는 이해를 하여야 한다. 경제 발전은 거저 되는 것이 아니다. 우리의 관심과 질 높은 가치가 있을 때에 이루어지는 것임을 명심해야 할 것이다.

【저자약력】

● 약 력 ●

1994. U.S.A. Midwest University(M.Div 교역학석사)
2002. 고려대학교(교육정책학 석사－수석장학생)
2005. 성균관대학교 대학원 박사 Cand(교육행정학 전공)

한 만 봉

1991. 한국세무신문사 전문취재부 기자
1995. 한국어린이선교원신학교 캠퍼스 분교장
2002. 고려교육정책학회 상임회장(학진 학회검색 가능)
2002. 몬테소리학회 상임회장(학진 학회검색 가능)
2002. 고구려대학교 설립추진위원회 법인이사
2003. 한주신학 학술원 설립이사(신학원 교수)
2003. U.S.A. Glenford University 교육학과 교수 역임
2004. U.S.A. Cohen University 정책학과 외래교수 역임
2004. 한국복지상담학술재단 이사 겸 홍보처장
2005. U.S.A. Holy People University Campus 유학담당 지도교수 역임
2005. PHILIPPINE PRESBYTERIAN THEOLOGICAL COLLEGE 객원교수
2005. 혜전대학 adjunct professor 역임
2008. 혜전대학 초빙교수
2008. 지방분권신문사 사장(대표이사)

● 주요논저 ●
　「연구논문」
　우리나라의 복지행정제도에 관한 고찰 연구(1988)
　Kal Barth 의 신관 연구(1988)
　한국 민중문화와 민중 신학 연구(1992)
　Rein hold Niebuhr & Marx에 대한 상관관계 연구(1993)
　A CHRONOLOGICAL HARMONY OF THE RESURRECTION APPEARANCES

OF JESUS THE MESSIAH(1994)
북한종교의 변화 전망 연구(2002)
교육위원회와 지방의회 간의 갈등 현상에 관한 연구(2001)
조선조 과거시험 방식의 정책적 분석(공동, 2005)
조선의 과거제도에 대한 정책적 연구(공동, 2005)
조선왕조 과거제도 인사정책 연구(공동, 2005)
조선왕조 과거시험주기 정책적 주장 분석연구(공동, 2005)
조선왕조 과거제도가 현대 정책에 주는 의미(공동, 2005)
과거제도 시험주기의 정책 분석연구(공동, 2005)
북한 종교지형 변천 정책 분석연구(공동, 2005)

『저서』
「대학생활영어 ENGLISH LANGUAGE」(공저)
「행정경제교육」(저술)　　　　　　「행정정책기획론」(저술)
「의원학」(저술)　　　　　　　　　「국회의원학」(저술)
「교육정책학 상」(저술)　　　　　　「교육정책학 하」(저술)
「산학협동교육학」(저술)　　　　　「현대교육학실기론」(저술)
「현대환경행정론」(공저)　　　　　「행정사무관리론」(공저)
「영재교육심리」(저술)　　　　　　「인사행정학」(저술)
「행정복지론」(저술)　　　　　　　「조직신학」(공저)
「아다르마 성공비법」(저술)　　　　「동양환경행정」(저술)
「교육학과 비서행정」(저술)　　　　「7만교인 교육론」(저술)
「지방자치발전론」(저술)　　　　　「CEO 지도자론」(공저)
「NGO 행정론」(공저)　　　　　　「경영행정학」(저)
「전산실무」(저)　　　　　　　　　「실기교육방법론」(저)
「대박마케팅」(공저)　　　　　　　「사회복지행정론」(공저)
「행정학」(저)　　　　　　　　　　외 다수

◉ 연락처 ◉
doctor@skku.edu 010-4432-8561 041-633-8561,
633-5741, 631-2094

직업과 경제

• 초판 인쇄   2008년 12월 20일
• 초판 발행   2008년 12월 20일

• 지 은 이   한만봉
• 펴 낸 이   채종준
• 펴 낸 곳   한국학술정보㈜
           경기도 파주시 교하읍 문발리 513-5
           파주출판문화정보산업단지
           전화 031) 908-3181(대표) · 팩스 031) 908-3189
           홈페이지 http://www.kstudy.com
           e-mail(출판사업부) publish@kstudy.com
• 등   록   제일산-115호(2000. 6. 19)
• 가   격   16,000원

ISBN   978-89-534-9807-5 93370 (Paper Book)
        978-89-534-9808-2 98370 (e-Book)